韓国の教育格差と教育政策

韓国の社会教育・生涯教育政策の
歴史的展開と構造的特質

尹　敬勲　著

大学教育出版

韓国の教育格差と教育政策
―韓国の社会教育・生涯教育政策の歴史的展開と構造的特質―

目　次

序章 …………………………………………………………………………………… *1*
　第1節　本書の時代的背景 ……………………………………………………… *1*
　第2節　本書の研究課題の所在 ………………………………………………… *9*
　第3節　先行研究の考察 ………………………………………………………… *15*
　　1. 韓国の社会教育・生涯教育政策に関する国際的影響　*16*
　　2. 韓国の社会教育・生涯教育政策研究の動向　*23*
　第4節　本書の時代区分と研究の範囲 ………………………………………… *31*
　　1. 本書の時代区分　*31*
　　2. 本書の研究の範囲　*33*
　第5節　研究方法および用語の定義 …………………………………………… *33*
　　1. 研究方法　*33*
　　2. 本書の用語　*34*

第1章　識字教育と社会教育政策の展開（1945～1960年） ………… *38*
　第1節　日本統治期の社会教育政策に関する概括的検討
　　　　　（1910年8月～1945年8月） ……………………………………… *39*
　　1. 日本植民地統治期の朝鮮総督府の社会教育政策の変遷過程　*41*
　　2. 日本植民地統治期の朝鮮半島の社会教育政策の特徴と課題　*49*
　第2節　米軍政占領期の時代的背景 …………………………………………… *51*
　　1. 朝鮮半島の政治経済的背景　*51*
　　2. 朝鮮半島の教育状況　*55*
　第3節　米軍政占領期の社会教育政策の内容と展開 ………………………… *57*
　　1. 米軍政の社会教育政策の制度整備　*57*
　　2. 米軍政の社会教育政策の推進過程―識字教育を中心に―　*64*
　第4節　朝鮮戦争前後の社会教育政策の展開 ………………………………… *68*
　　1. 朝鮮戦争戦前後の韓国の社会背景　*68*
　　2. 朝鮮戦争後の社会教育政策の推進事業　*70*
　　3. 1945年から1950年代の社会教育政策の問題点　*77*

第2章　産業化と職業技術教育としての社会教育政策（1961～1972年） …… *79*
　第1節　1960年代の朴正熙政権（第1次）の政治経済的背景 ……………… *79*

1. 政治経済的背景　*79*

　　2. 教育状況　*84*

　第2節　社会教育政策関連法案をめぐる論議……………………………………*85*

　　1. 社会教育関連法の制定の動向　*85*

　　2. 社会教育法案に関する論議　*88*

　　3. 社会教育行政機構の改編と財政的整備　*89*

　第3節　社会教育政策の推進状況と特徴　……………………………………*90*

　　1. 識字教育の伝統と国民基礎教育　*90*

　　2. 国民啓蒙教育　*93*

　　3. 職業技術教育　*94*

　　4. 教養教育　*95*

　　5. 1960年代社会教育政策の特徴と課題　*96*

第3章　経済開発と国民意識改革の展開（1972～1980年）……………*99*

　第1節　1970年代の朴正熙政権（第2期）の時代的背景　………………*99*

　　1. 経済的背景　*99*

　　2. 政治状況　*101*

　　3. 教育状況　*103*

　第2節　社会教育関連法案の整備と行財政の編成……………………………*104*

　　1. 社会教育関連法整備の推進　*104*

　　2. 社会教育法案の作成をめぐる論議　*106*

　　3. 社会教育行政機構の改編と財政基盤の確保　*107*

　第3節　学校教育を補完する社会教育政策の展開……………………………*109*

　　1. 職業技術教育と企業内教育　*109*

　　2. 通信教育制度の推進　*112*

　　3. 学校教育を補完する社会教育の特徴　*114*

　第4節　経済開発と国民啓蒙教育の推進　………………………………………*115*

　　1. 全村教育（オンマウル）の推進　*115*

　　2. 国民啓蒙教育としてのセマウル教育の推進　*116*

　　3. 1970年代の社会教育政策の特徴と課題　*139*

第4章 文化教養教育としての社会教育政策の展開（1980～1992年）…… 142
第1節 1980年代の時代的背景 ……………………………………………… 142
1. 政治経済状況　*142*
2. 教育状況　*143*

第2節 社会教育法制度の整備と行政機構の改編 ……………………… 144
1. 社会教育関連法律の改正と整備　*145*
2. 社会教育法案の内容と特徴　*147*
3. 社会教育予算の推移と社会教育行政機構の改編　*149*

第3節 通信教育の普及と拡大 …………………………………………… 150
1. 放送通信大学　*150*
2. 放送通信高等学校　*152*

第4節 文化・教養教育政策の展開 ……………………………………… 153
1. 開放大学　*153*
2. 文化・教養教育　*155*

第5節 1980年代社会教育政策の特徴と課題 …………………………… 158
1. 社会教育法制化の意義と課題　*158*
2. 文化・教養教育重視の社会教育政策の意義と課題　*161*

第5章 情報化時代の生涯教育政策の展開と課題（1990年代以降）…… 164
第1節 1990年代以降の韓国の生涯教育政策をめぐる状況 …………… 164
1. 韓国における新自由主義理念の台頭　*164*
2. 新自由主義理念の拡大と教育政策の動向　*165*
3. 1990年代以降の生涯教育政策の全体的動向　*169*

第2節 「平生教育法（生涯教育法）」の整備と関連法案の内容 ……… 170
1. 「平生教育法（生涯教育法）」の成立過程と理念　*170*
2. 「平生教育法（生涯教育法）」の内容と特徴　*173*
3. 旧社会教育法と「平生教育法（生涯教育法）」の比較　*174*
4. 生涯教育（平生教育）関連法の整備　*175*

第3節 生涯教育（平生教育）関連行政の再編と推進方法 …………… 176
1. 生涯教育（平生教育）関連行政機構の再編　*176*
2. 生涯教育行政の財政状況　*178*

3．中央・地方生涯教育行政の推進　*178*
第4節　1990年代以降の生涯教育政策の内容と特徴 …………………… *181*
　　1．私設学院を中心とする生涯教育政策内容　*182*
　　2．遠隔媒体を活用した生涯教育政策内容　*183*
　　3．民間の教育市場活用型の自己啓発教育を支援する生涯教育政策内容　*184*
　　4．高等教育機関における生涯教育政策内容　*190*
第5節　1990年代以降の生涯教育政策の特徴と課題 …………………… *191*
　　1．1990年代以降の生涯教育行政の整備　*192*
　　2．文化教養学習活動の継承と学習者の動向　*194*
　　3．民主化以降の生涯教育政策の両義的性格と課題　*197*

第6章　「解放」以降の韓国の社会教育・生涯教育政策の歴史的性格と構造的特質 …………………………………………………… *201*
第1節　行政主導型の社会教育政策の歴史的展開と特徴 ……………… *201*
　　1．「解放」以降の韓国の民主主義体制の構築と識字教育の推進　*201*
　　2．産業化・工業化の推進と職業教育の展開　*205*
　　3．行政主導型の社会教育政策の拡大と課題　*207*
第2節　民間の教育市場活用型の生涯教育政策の展開と課題 ………… *212*
　　1．アジア通貨危機の要因と人的資源開発中心の生涯教育政策の性格と課題　*212*
　　2．地方分権化時代の生涯教育政策の推進と課題　*216*
第3節　韓国の社会教育・生涯教育政策の歴史的展開と政策構造の特徴 …… *219*
　　1．「解放」後の韓国の社会教育・生涯教育政策の歴史的展開と課題　*219*
　　2．韓国の社会教育・生涯教育政策の構造的特徴と教育疎外層の出現　*224*
第4節　今後の生涯教育政策の検討課題 ………………………………… *237*
　　1．生涯教育政策の基盤構築と教育機会の拡大　*238*
　　2．教育情報化と遠隔教育体系の整備と活性化の課題　*240*

終　章 ……………………………………………………………………………… *242*

注 …………………………………………………………………………………… *248*

参考文献一覧 ……………………………………………………………………… *272*

表一覧

表序-1	社会教育・生涯教育政策の対象と教育機会の疎外要因	10
表序-2	社会階層別の社会教育・生涯教育の参加率	11
表序-3	社会階層による社会教育・生涯教育の学習内容別参加度	12
表序-4	韓国の地域別の社会教育・生涯教育関連教育費の負担内訳	13
表1-1	国語（日本語）を解する朝鮮人の数	44
表1-2	朝鮮人口の学歴別現況（1944年度基準）	56
表1-3	解放当時南側の市・道別非識字者の統計	57
表1-4	米軍政期の各政党の教育（成人教育）に対する立場	58
表1-5	学務局改編による成人教育担当部署・機能	61
表1-6	成人教育指導者養成計画の状況	64
表1-7	成人教育指導者養成の全国的状況	65
表1-8	公民学校の各教科目の対照表	65
表1-9	成人教育協会の状況	67
表1-10	年度別非識字率の減少推移（1945～1958年）	71
表1-11	年度別啓蒙活動の実績概要（1950年代）	73
表1-12	年度別技術学校および高等技術学校の現況（1950年代）	74
表1-13	年度別公民学校の実施状況（1950年代）	75
表2-1	GNPと輸出の成長率の推移	81
表2-2	1960年代後半都市と農村の所得水準の比較	82
表2-3	1960年代国内人口移動の様相	82
表2-4	1960年代社会教育費の状況	89
表2-5	年度別成人学校の教育状況	92
表3-1	1970年代社会教育費の推移	108
表3-2	企業付設学校・特別学級の変動推移（1977～1992年）	111
表3-3	放送通信高等学校の年度別・学年別の学生数	112
表3-4	セマウル教育機関	126
表3-5	セマウル教育施設の設置状況	127
表3-6	セマウル教育指導者の構成状況	129
表3-7	教職員の構成	129
表3-8	セマウル教育担当者の経歴状況	130
表3-9	セマウル教育招聘講師の内訳	130
表3-10	セマウル教育の教育機材の内訳	131
表3-11	セマウル教育の受講者数の推移	132

表 3-12	セマウル指導者研修院の教育経費内訳	134
表 3-13	セマウル指導者研修院の講師手当	135
表 3-14	地方公務員教育院の1人あたり教育経費	135
表 3-15	地方公務員教育院の講師手当	136
表 3-16	現代重工業のセマウル教育研修院の予算内訳	137
表 4-1	1980年代の経済指標	143
表 4-2	1980年代社会教育予算の状況	150
表 4-3	年度別放送通信大学の学生数の推移（1972〜1991年）	151
表 4-4	年度別放送通信高等学校の変動推移（1974〜1991年）	152
表 4-5	開放大学の学校数と学生数の年度別状況（1984〜1990年）	155
表 4-6	大学付設生涯教育プログラムの編成状況	157
表 5-1	1990年代教育部の生涯教育予算の状況	178
表 5-2	生涯職業教育局（平生職業教育局）内の部署別業務内容	179
表 5-3	地域社会学校の教育的機能と性格	180
表 5-4	学院の年度別・系列別の増加趨勢	183
表 5-5	1990年代独学学位支援者および合格者の推移	186
表 5-6	時間制登録に対する各大学別志願者の推移	187
表 5-7	単位取得銀行制の評価認定機関および学習科目の推計	189
表 6-1	各地域別生涯教育の学習成果の水準	218
表 6-2	「解放」以降の韓国の社会教育・生涯教育政策の推進形態	221
表 6-3	社会階層別生涯教育活動の諸費用負担内訳	230
表 6-4	生涯教育士に対する専門化の要求	231
表 6-5	2006年度生涯教育関連予算の推移	232

図一覧

図序-1	社会階層間の所得格差の推移	4
図 1-1	朝鮮総督府の学務局組織表（1945年8月基準）	61
図 1-2	米軍政期の文教部機構	63
図 1-3	文教部社会教育行政機構（1955年2月17日）	76
図 3-1	文教部社会教育行政機構の組織図（1978年当時）	107
図 4-1	1981年度文教部の社会教育行政機構	149
図 5-1	教育部の生涯教育行政機構組織図（1996年7月）	176
図 5-2	教育部生涯教育行政機構組織図（1999年5月24日付）	177
図 5-3	ソウル特別市教育庁の生涯教育関連組織図	180

序　章

第1節　本書の時代的背景

　本書の時代的背景を述べる前に、昨今、金融危機が世界中に広がる中で、韓国の学界では多くの国で進められてきた「小さな政府」への改革を見直し、過去の「大きな政府」の効用をあらためて見直すべきだという政策議論が起こりつつあるという現状に少し触れておくこととする。

　韓国でもそういった議論が多少は行われるようになってきたが、その背景にはアジア通貨危機以後社会問題化した格差の拡大があるといわれる。これには所得格差だけでなく、教育格差も含まれる。規制緩和と市場主導を推進する従来の「小さな政府」の政策によって格差社会が生まれたという認識が高まり、その対処法として、政府の機能と役割を重視する大きな政府への方向転換が、一部の識者や専門家により提言されている。

　しかし過去にはそれと正反対の議論が起こり、財政政策と金融政策をうまく組み合わせて完全雇用を志向する大きな政府が主流になった時期もあった。このように、政府の政策というのは常に振り子が振れるように両極端の考え方の間を揺れていて、どちらかに行き過ぎて課題が発生すると、それを抑えるために反対方向に戻ろうとする力が作用し始めるという傾向があるらしい。つまり政府の政策は、時には逆方向に転換し、折衷案を求める流動的性質を持っているといえる。その転換の周期は、ドイツや日本における教育改革に代表されるように近年とみに短くなり、数年間で転換が繰り返されているように見受けられる。ところが韓国では、1997年のアジア通貨危機に端を発した経済危機以降、教育格差を含む階層間の格差が拡大しているにもかかわらず、11年を経た今もなお、「小さな政府」から「大きな政府」への政策転換を進める具体的な動きが見られない。

このように政策研究のなかで議論される枠組みを背後におき、近年の教育格差の拡大といわれる時代的状況を踏まえた上で、「解放」以降の社会教育・生涯教育政策の研究課題を通史的に考察する。そして、その考察を通じて同政策に内在している構造的問題と課題を把握する。以下ではまず、社会教育・生涯教育政策が課題としている論点を理解し、本研究の必要性を示すために、韓国の社会教育・生涯教育政策と関連する時代的背景を検討する。

　韓国では現在、教育格差を含む社会階層間の格差、地域格差が深刻な問題として指摘されている。企業に就職した上位大学出身者とそれ以外の大学出身者との賃金格差が最大で60%にも達するといった現実や、受験戦争の過熱化と低年齢化を受けて、既存の政策の修正を期待する声が上がっている。しかし、格差を是正するために政府の役割と関与のあり方を再考するなどの積極的な動きが見られないのが現状であり、前述した政策の流動的性質を教育政策に見いだすことが難しい。

　なぜ韓国の教育政策においては、市場主導・官から民への権限委譲の流れのなかで拡大した教育格差を是正するために、教育機会に恵まれない人びとを支援する方向への転換が図られないのだろうか。

　これに関連する疑問は2点ある。第1に、韓国には、一般的な政策転換の構造とは異なる特有の構造があるのではないかという疑問である。第2に、本書の関心事と関連する内容であるが、国民の多くが教育の価値を認めて学歴を重視し、政府の政策でも教育政策の重要度が高い韓国において、教育格差の是正策が遅れているのはなぜかという疑問である。

　これらの疑問の答えを探り、教育格差の拡大解消につながる政策（特に、社会教育・生涯教育政策）のあり方を検討するには、具体的な教育政策を取り上げてその歴史的展開を考察し、そこから敷衍して韓国特有の教育政策の構造を把握する必要があると思われる。

　したがって本書では、韓国の社会教育・生涯教育政策という特定の政策に焦点をあて、第2次大戦後の韓国の「解放」以降の同政策の通史的展開をたどり、その変遷から韓国の教育政策の構造的特徴を洗い出し、分析することとしたい。そうすることで、教育格差という問題の背後に存在していた要因を指摘し、その解決に必要な要素を示したいと考える。そして、本題に入る前にまずここで、韓国の教育政策（社会教育・生涯教育政策）は社会経済的状況と密接に関連しているという事実に基づき[1]、同政策を取り巻く全般的な社会経済状況を時系列的に把握する。

1945年8月15日、朝鮮半島は日本の植民地統治から「解放」された。その後、朝鮮半島の南側では米軍政の統治期を経て、1948年8月15日、南側に単独政府が登場した。この時代以降の韓国の教育政策を、政策内容の通説的理解に基づいて時期区分すると次のように説明できる。

　大韓民国初代政府が樹立された1948年8月15日以降、軍事政権が執権する1960年代前までの文民政権下の韓国の教育政策は、韓国の独自の教育制度の確立、朝鮮戦争以降は義務教育制度の確立と反共教育が主要な内容であった。その後、1960年代以降の軍事政権下では、初等教育の義務化を促進し、反共教育を実施した。1970年代に入ってからは、さらに農村と都市の地域間の教育格差を解消するために、初等教育機会の完全義務化が図られた。1980年代の軍事政権下では、経済成長を背景に、中等教育機会の義務化を図ると同時に、高等教育機会の拡大政策が推進された。しかし、1992年の文民政権登場以降からは民主化運動の成果に基づき、軍事政権下で実施されていた行政主導の教育政策から、学習者個々人の選択と教育結果の自己責任を重視する政策へ転換が図られることとなった。

　「解放」されて以来、1990年代までの韓国の教育政策は、義務教育制度の確立、高等教育機会の拡大という学校教育体系の整備が進められてきたことがわかる。このような教育制度が確立されてきた背景には、韓国経済の成長と民主化運動の推進という社会経済の発展を促す要因が常に存在していた。ただし、このような韓国の教育政策の展開も、1990年代半ば以降の経済状況の変化のなかで、今までの政策形態を継続することは困難となった。韓国の教育政策を規定していた社会経済状況が変化を見せ始めたのは1997年ごろのことである。その変化とは、アジア通貨危機が韓国経済を直撃したことである。具体的にいえば、1997年のアジア通貨危機に直面し、韓国の経済政策はIMFの統括下におかれるようになった。国家的経済危機に直面した韓国政府は、IMFに救済を求めたのである。このような事態は、「解放」以降、韓国では初めて成長一路の経済が停滞した一大事であった。

　韓国経済は自力で問題を打開することが実質上困難であったため、IMFの経済救済策を受容し、構造改革を推進せざるをえない状況となった。IMFの救済策に基づき、公企業の民営化が行われ、財閥企業の合併と解散が行われた。その過程で、企業はグローバル経済下の競争で生き残りをかけ、従業員のリストラを断行した。そして、企業はさらなる企業業績を向上させるために、労働者の賃金を抑制し、企業の事業費用を軽減し、低価格と高品質商品開発戦略を採って、輸出促進を

図ったのである[2]。

　しかし、企業の業績は徐々に回復したが、構造改革の過程で解雇された労働者の雇用が回復することはなかった。なぜならば、まず企業側は人件費を節減するために非正規雇用を増やしたからである。代わりに縮小された正規雇用の枠は、グローバル企業を目指す大企業の需要に合致した高学歴かつ外国語能力を有している人びとの雇用へと回された。このような雇用動向は構造改革以降、大企業を中心に拡大するようになった。その結果、非正規労働者と正規の労働者、中小企業と大企業という立場と企業規模の相違が、賃金の格差として顕著に現れ始めた。そして、企業と雇用形態の相違による賃金格差は、自ずと社会階層間の所得の差異に繋がった。これが、近年、韓国の社会階層間の所得格差が徐々に拡大し始めたことの主たる要因である。具体的な韓国の社会階層間の所得格差の推移は、図序-1のような調査結果からも確認できる。

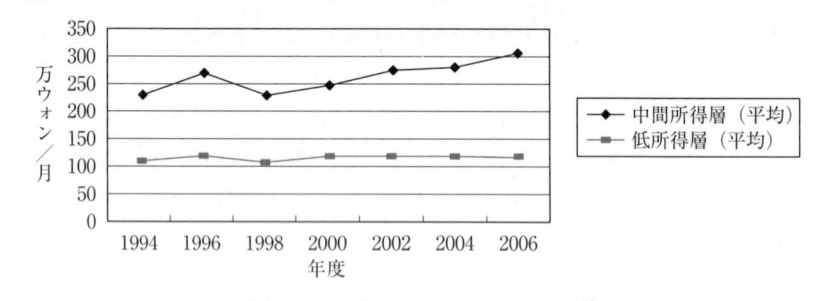

図序-1　社会階層間の所得格差の推移[3]
(최경수 (崔慶株)「사회통의 과제와 저소득층의 향상」(社会統合の課題と低所得層の増加)、韓国開発研究院『경제위기10년』(経済危機以降10年) 2008、p.268)

　図序-1のように所得格差が拡大されつつある理由は何だろうか。韓国開発研究所の調査によると、社会階層間の所得格差拡大の大きな理由は次の3点である。①学歴に基づく企業の賃金配分システムの問題である。②アジア通貨危機以降の企業の雇用の停滞による若者の失業率の増加である。すなわち、若者の失業率の増加が彼らの勤労意識の減退をもたらしたという見解である。③高い教育熱によって、学校教育と生涯教育における民間の教育施設に対する過度な教育投資が行われていることである。つまり、高賃金を得られるためには高学歴を獲得することが求められ、高学歴を獲得するためには、より質の良い教育機会を獲得することが必要であ

る。このような認識が韓国社会に定着し、学校教育の他、課外授業への教育投資が増加したということである。ただし、このような教育熱が、階層を問わず過度な教育投資によって家計を圧迫すると同時に、所得格差による教育機会の不平等を助長しているという[4]。実際に、近年の韓国社会では、図序-1で示されている社会階層間の所得格差の拡大状況が問題視され、その現象は「両極化（二極化）」と呼ばれ、社会問題として指摘されるに至った。今日の韓国の社会経済状況の主要な問題である「両極化（二極化）」の内容は、以下のように説明できる。

「両極化（二極化）」は基本的に社会経済的排除から発生するものであると理解されている。しかし、現在、韓国の社会問題である「両極化（二極化）」現象は、"知識と技術水準の差異によって生じる個人間の所得格差による、製造業とサービス業、輸出と国内産業、成長産業と伝統的産業間の格差を意味する産業間の「両極化（二極化）」と地域間の経済発展の「両極化（二極化）」および企業間の「両極化（二極化）」を包括する"[5]概念として理解されている。この「両極化（二極化）」の流れは、"アジア通貨危機以降、所得不平等が広がり、それに連動して貧困率が上昇し、貧困層の規模も拡大した"[6]ことに起因するといわれる。

ではまず「両極化（二極化）」をもたらした韓国の社会的背景を具体的に説明しておく。韓国社会において「両極化（二極化）」が生じた要因としては、①貿易の自由化、②ITの発達による技術格差、③資本の自由化と④高齢化の問題などがあげられている。

第1に、貿易の自由化の影響については、発展途上国からの労働集約的商品が輸入されたために単純労働の需要が減少し、単純労働と熟練労働間の賃金格差が拡大することで、所得の不平等が生まれたとされている。

第2に、技術格差については、技術の急速な進歩が個人・地域・階層間の新技術への適応度の差異をもたらし、それが「両極化（二極化）」を誘発したとされる。

第3に、資本の自由化は、金利の全体的下落により国際的金融投資が自由になり、資本の流動性が高まったことに端を発する。その結果、資産を「持てる者」と「持たざる者」の格差が生じ、社会階層差が広がったという認識がある。

第4に、高齢化の影響としては、所得が減少傾向にある老年層の人口が増え、相対的に老人層を支えるべき若年層の負担が増加する。このような状況下で生じた世代間の所得不均衡の状況が、「両極化（二極化）」の要因の一つであるといわれている[7]。

アジア通貨危機以降の韓国社会は輸出産業の低迷と貿易・資本の自由化による失業者、非正規雇用者の増加に伴って、高齢者社会に対応できる社会保障制度の構築が困難な状況にあり、このことが「両極化（二極化）」を拡大させた背景にあったと分析できる。上記の4つの要因を背景としたこの「両極化（二極化）」現象は、所得配分の不均衡により生まれる産業・企業と地域間の格差の総合的帰結であり、今日の韓国において最も深刻な社会問題の一つとして認識されている。

それでは、現在の韓国の社会経済の深刻な問題である「両極化（二極化）」は、教育政策にどのような影響を与えているのだろうか。教育政策は、同時代を生きる人びとの学ぶ権利を保障するという理念的意味をもっており、それは実社会の人びとが直面している社会経済状況の現実および問題と不可分の関係にあるからである。

そして、韓国の「両極化（二極化）」の社会経済状況と教育政策との関係を見てみると、第1に、「両極化（二極化）」は、所得の高い人と低い人の間の格差の拡大を意味しているという事実を確認しておく必要がある。第2に、韓国の企業の給与は、学歴によって決定される傾向が強いため、働く人びとの所得は学歴と密接な関連性がある。第3に、韓国の親は、所得の高低が学歴によって左右されると信じている傾向が強いため、学校教育の他、民間の教育市場へ多くの教育費を投資している現状と関係がある。すなわち、民間の教育市場への教育費の投資は、家計別の所得と関係があることを意味する。

この3つの要因をまとめると、韓国の人びとの所得は学歴の結果に左右される傾向が強く、そのため、学校教育の他、民間の教育市場に教育費を投資する人びとが多いと考えられる。しかし、アジア通貨危機以降、所得の格差が拡大されている状況（「両極化（二極化）」）において、自ずと民間の教育市場へ教育費の投資が可能な家庭とそうではない家庭との差が生じる結果となっている。韓国の教育政策は、このような教育の機会の差が「両極化（二極化）」が深刻化する中で、教育機会の不平等の問題へ発展することを憂慮していると考えられる。

実際に、こういった状況のなかで社会構造的側面から「両極化（二極化）」現象と教育政策との関連をみると、所得の不平等は深刻化し、社会統合の困難と貧困層の固定化などに関する懸念の声があがっている。

すなわち、"所得および職業の社会的地位は教育と関連し、所得の不平等による貧富格差は教育格差の結果と連動しており、所得の不平等は教育格差を深刻化させる結果を招く"[8]ということである。そして、問題を解決するためには、"社会的

弱者への配慮という政策判断に基づき、「疎外階層」[9]のための優先的雇用環境の整備、疎外階層を雇用した企業への税制減免制度の環境整備が必要である"[10]ということである。同時に、"所得格差によって生まれる疎外階層の貧困の定着と教育格差の問題を克服するには、教育に投資する経済的余裕のない低所得層向けの教育機会の拡大を支える政策を推進し、教育を通じた階層移動への道を開くことが必要であり、そのための公教育の再構築と疎外階層向けの職業訓練教育を含む生涯教育の推進という制度的安全装置が求められている"[11]とする意見も提示されている状況である。

上記の指摘は、所得格差と教育機会の格差の関連性を指摘する見解であるといえる。ただし、上記の指摘の他、韓国の社会経済の現状を踏まえてみると、所得格差の拡大に伴う教育機会の不平等の問題の関連性を確認できる。具体的にいえば、近年、韓国では所得格差が拡大されている。そして、韓国では、所得の高低が学歴に基づいて決定される風潮がある。その結果、より高い所得を得るために学校教育の他、民間の教育市場への教育費の投資が増加する状況である。ただし、所得格差が拡大するゆえに、教育費の負担を巡って社会階層間の格差が現れ始めたのである。

すなわち、所得格差が拡大しており、その所得格差は学歴に左右される傾向にあり、学歴を獲得するために家計の教育費が増加している。その結果、所得の格差によって教育費を払える能力の格差が生じるという構図が形成されるようになったと理解できる。そしてこのような構図が定着する中、韓国では、所得格差が社会階層間の教育格差と密接な関連を持つようになった。

このように所得の不平等に起因する「両極化（二極化）」の流れが拡大する中で、教育格差の拡大を指摘する声[12]を踏まえると、その声は次のような2つの側面からもたらされている。1つは所得格差に起因する地域間の教育格差であり、もう1つは所得格差に起因する学力格差である。

第1に、所得格差に起因する地域間の教育格差とは、「両極化（二極化）」現象の深刻化により社会階層が地域別に分化する傾向が著しく、その結果、貧困が世代を超えて継承され、都市居住地域間の教育格差が生じている状況を意味する[13]。具体的にいえば、大都市部で名門大学の進学率が高い地域には高学歴の教育経験を持つ家が集中し、上流階層の住宅地が形成される。それにより住宅価格が上昇し、他の社会階層を排除する結果を招き、さらに地域間の教育格差が拡大するという悪循環になっていると指摘されている[14]。教育施設面においても、貧困層が住む地区に

比べて高学歴の家庭が多く住む居住地区の方が公共図書館や他の教育福祉施設の数が多く、より環境が整っていると指摘されている[15]。

　問題は居住地域間の格差だけではない。地方自治制度の導入に伴い、基礎自治体別の教育への財政投資額の違いから、地方自治体間の格差が生じつつある。たとえば、済州道や京畿道は教育経費が多く支援されている一方、釜山や大丘などの地域は教育経費の支出が少ないのが現状である[16]。これは地方自治制度の発展がもたらした一つの現象である。社会階層間の所得格差による居住地域別の教育格差と地方自治の財政状況による教育格差という側面から、近年の韓国において地域間の教育格差は深刻な問題として取り上げられている。

　第2に、所得格差に起因する学力格差では、①貧困層の学力低下、②脱北者および外国人労働者の学力不足、③高等教育・生涯教育の学力格差が問題視されている。

　①貧困層の学力低下は、特に都市地域のアパート・団地を中心に貧困層が増えていることを背景に、家庭の教育支援が課題として指摘されるようになった。調査によると、高所得の家庭においては課外教育支出が年々増加する一方、低所得の家庭においては父母の教育支援と課外教育費の支出水準が概して低かった[17]。

　②北朝鮮からの脱北者と外国人労働者の識字教育および学力低下では、韓国社会に適応できず、社会適応教育や学校教育から中途で脱落する人びとの増加が指摘されている。脱北者の間では、北朝鮮と韓国の間の文化的相違によって学校生活や社会生活で困難を抱え、教育課程で脱落する人が年々増えている。一方、外国人労働者の場合は、家庭内と職場内の文化的相違によって言語の習得と教育支援活動が難しく、その結果既存の学校教育では追いつくのが困難な人びとが多い[18]。

　③高等教育・生涯教育における学力の格差では、社会階層による大学入学機会の格差、貧困層の非識字者の教育課題、階層別高等教育格差の拡大が指摘されている。所得水準が低い階層においては高等教育・生涯教育の機会の獲得が相対的に困難であり、親の所得水準によって高等教育・生涯教育機会そのものが剥奪されていることが教育格差の一つの形態であるといわれている[19]。

　以上のように、所得格差の拡大に起因する今日の韓国社会の「両極化(二極化)」現象は、社会階層間、地域間、学校教育内、高等教育・生涯教育の教育格差と密接な関連があるとみられる。これを受けて、今日の教育科学技術部および韓国教育開発院を軸とする政策研究においては、「両極化(二極化)」による教育格差解消のた

めの政策の策定と実行に関する議論が行われ、教育格差（①地域間の教育格差、②学校教育における学力格差）が現在の教育政策の重要な課題として指摘されるようになっている。

しかし、「両極化（二極化）」という社会問題によって発生した教育格差の問題の焦点は主に学校教育政策分野を中心に議論されており、脱北者の社会適応教育、外国人労働者向けの人権・識字・異文化教育、社会変化に対応するための職業訓練教育などの生涯教育政策の領域における格差の問題は十分に検討されていないのが現状である。

1960年代、Colemanによって教育格差の問題が論じられた頃にさかのぼってみても、教育格差の議論の主な対象は学校教育であった[20]。その状況は今日でもほとんど変わっておらず、教育格差の議論は依然として学校教育が中心である。

ただし、変化の動きがまったくないわけではない。生涯教育は、学習権の思想に基づき、誰でも、いつでも、どこでも学べる国民の権利として保障されている。それを受けて、生涯教育における教育格差の議論も行われつつある[21]。

したがって次節では、「両極化（二極化）」による教育格差が問題視されている昨今、生涯教育政策の視点から教育格差の諸論点を考察する。その後、本書の研究課題である韓国の「解放」後の社会教育・生涯教育政策の歴史的性格と特徴を検討することが、今日の「両極化（二極化）」による教育格差の拡大の遠因を把握することに繋がるという仮説の根拠を説明する。

第2節　本書の研究課題の所在

「両極化（二極化）」現象が教育政策とどのように関連しているのかという点については前節で確認した。本節では、社会教育・生涯教育政策の視点から「両極化（二極化）」の結果、議論されている教育疎外層に対する教育政策関連の内容を検討する。

韓国の教育科学技術部と韓国教育開発院による社会教育・生涯教育政策に関する議論をみると、同政策の本来の役割と意義は"教育機会が拡大する前に、教育を受けたいと望みながら受けられなかった人びとや、教育を受けたとしても社会生活を営む上で必要な基礎的知識を習得できなかった大人に対して教育機会を提供する

ものである"[22]と認識されている。実際、韓国教育開発院は2006年度の報告書のなかで、教育機会を十分に受けられない人びと、すなわち生涯教育政策の対象を表序-1のように説明している。

　下記の表では、韓国の社会教育・生涯教育政策の対象は、主に経済的・地理的・文化的要因によって教育機会から排除されている人びとであると定義されている。それを踏まえて、直近の生涯教育政策がどのような人びとを対象としているのかを確かめておきたい。その理由は、「両極化（二極化）」による教育格差が広がる状況の中、同政策が、従来通りに一部の疎外階層に対する教育機会の保障に重点をおいているのか、もしくは継続的に増加している疎外階層に対する教育機会を保障する政策へと転換しようとしているのかを確認しておく必要があるからである。

表序-1　社会教育・生涯教育政策の対象と教育機会の疎外要因[23]

条　件	生涯教育政策の対象	教育機会の疎外要因
経済的	低所得層の成人・失業者	低学歴、学業中断、失業、職業訓練意欲の喪失
地理的	農山魚村の居住者	教育施設の不足、文化的資源の欠如
障　害	身体・知的障害者	社会福祉施設（養護教育施設）の不足
文化的	脱北者、外国人労働者	教育機会の制限、韓国社会・資本主義社会への適応困難、就業困難など

（류방란（リュウバンラン）『한국사회의 교육복지지표개발 및 교육격차의 분석－교육복지지표개발（韓国社会の教育福祉指標開発および教育格差の分析―教育福祉指標開発）』한국교육개발원（韓国教育開発院）2006、p.40）

　そのためには、社会教育・生涯教育政策が今日直面している問題の考察が不可欠であるが、その前に確認すべき点として、社会教育・生涯教育の機会が韓国社会でどれほど保障されているかという現状の把握がある。それは、近年、社会教育・生涯教育の学習活動に関わっている学習者の参加状況を把握することで可能となる。

　韓国教育開発院の調査報告書の内容（2005年度）によると、"15歳以上の韓国の成人男女のなかで、一度でも生涯教育に参加した経験がある人びとは23.6％であり、参加した経験がないと答えた人びとは76.4％であった"[24]と記されている。"2002年の参加率が17.3％であったものが、2004年には21.6％"[25]に伸びており、成人のなかで生涯教育活動の参加者数は全体的に増加していることがわかる。

　しかし、教育格差という側面に注目した場合、全体的な状況だけでなく、所得や職業などで分類される社会階層別の参加状況を調べ、教育機会の差異を把握するこ

とも必要である。前述の調査によると、2005年時点での社会階層別の社会教育・生涯教育活動への参加の度合は表序-2の通りである。

表序-2によると、高学歴・高所得の社会階層の人びとのほうが社会教育・生涯教育活動への参加度が高いことがわかる。具体的には、大学卒以上の人びとの社会教育・生涯教育活動への参加度が33.2%であるのに対し、小学校卒の場合は10%である。また、職業と所得によっても参加度が異なる。事務系の職種の参加率は37.6%であるが、無職の場合は14%で、月収300万ウォン以上の高所得層の場合は36.7%であるのに対して、100万ウォン未満の層は9.7%にすぎない。

つまり、生涯教育活動の参加率が全体的に増加する中、社会階層による経験の差がかなり大きい。この事実は、生涯教育においても教育機会の格差が拡大しつつあることを示している。

社会教育・生涯教育における教育機会の格差の問題を打開するには、低所得層、障害者などの疎外階層の経済的格差の解消が先決であり、政府の積極的な政策支援が必要であると思われる。ところが、学習内容別の切り口でみると興味深い現象が起きている。疎外階層の所得増を目的とした職業訓練教育に参加した人びとの比率

表序-2 社会階層別の社会教育・生涯教育の参加率[26]

(単位:％、(人))

	社会階層	生涯教育経験（有）	生涯教育経験（無）	全体
学歴別	大学校	33.2	66.8	100 (1183)
	高等学校	21.1	78.9	100 (1119)
	中学校	13.4	86.6	100 (268)
	初等学校（小学校）	10.0	90.0	100 (430)
職業別	事務系	37.6	62.4	100 (585)
	技術系	23.0	77.0	100 (469)
	自営業	15.9	84.1	100 (660)
	主婦	23.1	76.9	100 (1044)
	無職	14.0	86.0	100 (242)
所得別	300万ウォン以上	36.7	63.3	100 (600)
	200〜299万ウォン	30.4	69.6	100 (664)
	100〜199万ウォン	20.5	79.5	100 (869)
	100万ウォン未満	9.7	90.3	100 (525)

(최돈민・양흥권・이세정（チェドンミン・ヤンフンゴン・リセジョン）『한국성인의 평생학습 참여실태조사（韓国成人の社会教育・生涯教育の参加実態調査）』한국교육개발원（韓国教育開発院）2005, p.136)

は46.9%であるが、その他では文化教養的学習活動に参加する人びとの割合がかなり大きい[27]という結果が出ている。裏を返せば、社会教育・生涯教育政策は依然として、教育格差の拡大を解消させることを可能とする学習内容（職業訓練など）よりも、学習者の個人的関心事（個人の趣味・教養の内容）に焦点をあてた内容編成に力を入れているとも解釈できる。社会階層別の参加の状況を学習内容別にみると、表序-3のようになる。

表序-3 社会階層による社会教育・生涯教育の学習内容別参加度[28]

(単位：%)

社会階層		職業関連	文化教養	市民社会	スポーツ	全体
学歴別	大学校	51.1	30.5	0.5	27.0	100 (393)
	高等学校	39.8	37.7	0.8	29.7	100 (236)
	中学校	36.1	36.1	2.8	33.3	100 (36)
	初等学校（小学校）	55.8	27.9	4.7	30.9	100 (43)
職業別	事務系	72.7	13.6	0.5	21.4	100 (220)
	技術系	78.7	18.5	0.0	10.2	100 (108)
	自営業	56.2	22.7	1.0	29.5	100 (105)
	主婦	5.8	62.7	2.1	38.6	100 (241)
	無職	41.2	26.5	0.0	44.1	100 (34)
所得別	300万ウォン以上	53.2	29.5	1.4	28.6	100 (220)
	200-299万ウォン	40.1	38.6	1.0	29.2	100 (202)
	100-199万ウォン	46.6	38.8	1.1	20.8	100 (178)
	100万ウォン未満	56.9	21.6	0.0	23.5	100 (51)

(최돈민・양흥권・이세정（チェドンミン・ヤンフンゴン・リセジョン）『한국성인의 평생학습 참여실태조사（韓国成人の社会教育・生涯教育の参加実態調査）』한국교육개발원（韓国教育開発院）2005, p.151)

表序-3によると、社会教育・生涯教育政策の成果として、職業訓練を最も必要とするはずの疎外階層でも、文化教養的学習への関心がかなり高いことがわかる。また、職業訓練教育では本来、疎外階層が主な対象となるはずが、実際の参加者の多くを事務系・高所得層が占めている。こういった状況が政策の焦点の比重によるものか、それとも教育内容の充実度や訴求力の問題かどうかは、この調査結果からは推しはかりようがないが、いずれにしても、教育格差を解消するための生涯教育政策という観点からみると、疎外階層向けの施策の充実が課題であるといえよう。

もちろん、学習者の個人的関心事（個人の趣味・教養の内容）を扱った学習も

重要であるが、前述した韓国の生涯教育の本来の役割が疎外階層の教育機会の保障に重点をおいているとすると、同政策の役割を再考する必要があると思われる。実際、今日の社会教育・生涯教育における格差の拡大の背景には、関連政策の役割・機能の衰退が指摘されている。その様子を端的に表す指標が、社会教育・生涯教育の学習活動に対する教育費負担の状況である（表序-4参照）。

表序-4　韓国の地域別の社会教育・生涯教育関連教育費の負担内訳[29]

(単位：％)

	無　料	雇用主	本　人	政　府	労働者組織	雇用保険	全　体
大都市	30.0	36.0	26.0	4.7	2.0	1.3	100 (150)
中小都市	40.5	24.4	25.2	6.9	3.1	0.0	100 (131)
市・郡	64.7	9.8	19.6	0.0	3.9	2.0	100 (51)

(최돈민・양흥권・이세정（チェドンミン・ヤンフンゴン・リセジョン）『한국성인의 평생학습 참여실태조사（韓国成人の社会教育・生涯教育の参加実態調査）』한국교육개발원（韓国教育開発院）2005、p.141）

　韓国の社会教育・生涯教育政策は、1990年代の文民政府以降、学習者の自由な学習内容選択と教育費の学習者自己負担を原則とする学習者の個人的関心事（個人の趣味・教養の内容）に基づく学習に政策の焦点が定められ、政府の教育負担を軽減する政策が促進された。しかし、農村地域においては婦人会・青年会（青年団）を中心とする地域団体が主導する教育活動が推進され、セマウル教育を中心とする無償の行政主導型の社会教育の性格を内在している教育が実施されたため、その地域の住民において教育費は基本的に政府の負担とみなされてきたことも事実である。したがって、教育費支援に関する当時の政策姿勢は表序-4にあるように、市・郡地域では無償の教育支援が60％以上という形で現在も一部は継承されてきているとみえる。

　本人と雇用主による教育費負担割合が高く、政府および公的機関による負担割合が低くなっている現在、1990年代以前の特徴であった生涯教育の行政支援の性格は衰退気味である。個人の負担額が増加した結果、所得格差に起因する教育格差が生まれ、今日の教育課題と一致する結果を招いたと思われる。

　このような現状に対し、韓国政府の生涯教育に関する教育費負担は諸外国に比べて貧弱であるという指摘がなされている。"OECD加盟国では生涯教育政策に国家の教育予算の約20％以上を投資しているが、韓国の場合は、生涯教育関連予算

が国家の教育予算の1％にも満たない"[30]。また、"政府の生涯教育の教育費支援の不足は、個人の教育費負担額を増加させ、低所得層の生涯教育に関する教育機会を剥奪する結果を招いている"[31]という批判の声も上がっている。

　教育疎外層の教育機会の保障の課題は、行政主導による社会教育政策の性格の弱体化と密接に関連している。したがって、行政主導による社会教育政策の問題点を改善し、教育疎外層のための学習機会を保障するための行政支援による生涯教育政策を推進する上で必要不可欠な行政支援の生涯教育政策の衰退の原因を探ることが課題であると考えられる。

　本書では、韓国の社会教育・生涯教育政策の現代的課題を歴史的な指摘から考察する。特に、以下の2つの論点に基づき検討する。

　第1に、今日の社会教育・生涯教育政策における疎外階層の教育機会の保障の問題は、グローバル化、新自由主義などの現在的要因であるという指摘が一般的であるが、必ずしもそうではないのではないかという疑問を投げかける。この疑問に基づき、本書では、教育疎外層に対する教育機会の保障の問題が指摘されている今日の社会教育・生涯教育政策上の課題は、韓国の社会教育・生涯教育政策の歴史的展開に内在している同政策の構造的特質と関連しているのではないかとの仮説をたてる。詳しくいえば、今日の教育疎外層に対する教育機会の保障という課題は、今日の生涯教育政策として一時的に浮上した問題として把握するのではなく、日本の植民地統治から「解放」以降の韓国の社会教育・生涯教育政策の背後に、過去の行政主導の政策への偏った政策への反省からさらに市場主導の政策へ偏ってしまったという問題が内在していたと捉えるべきではないのかということである。もちろん、このような政策転換の背景には、韓国の社会教育・生涯教育政策は常に経済成長および各政権の政治的利害に基づいて推進されてきたという特徴がある一方で、市民も各政権の政策として推進された同政策に反発することなく、むしろ同政策を積極的かつ能動的に活用してきたという歴史的経緯がある。したがって、韓国の社会教育・生涯教育政策は、行政側と市民相互が時代別の政策を積極的に活用しようとしたという特徴があり、その特徴に基づくと、韓国の生涯教育政策のなかで取り上げられる諸問題は時代別に断絶された政策として捉えるのではなく、通史的側面から捉えることが必要であると考えられる。そうすると、韓国の社会教育・生涯教育政策は、過去の学習課題であれ、現代の学習課題であれ、すべての課題を同政策の現在的視点から捉えなおすことができる。その結果、まず韓国の社会教育・生涯

教育政策の歴史的展開を通史的に考察することによって、各時代別の政策の特徴を構造的に把握できる。同時に、時代別の政策の関連に基づき、韓国の社会教育・生涯教育政策の構造的特質を分析することもできる。そうすることで、今日の生涯教育政策の課題（教育疎外層のための教育機会の保障）が、現在の問題として出現したという認識とは異なる視点として、韓国の社会教育・生涯教育政策の歴史的展開のなかで現れたという新たな視点に基づき、同政策が抱えている問題を検討することができると思われる。

第2に、韓国の社会教育・生涯教育政策の歴史的展開のなかで形成されている同政策の構造的特徴を踏まえて、生涯教育政策のなかで教育格差の問題に直面している教育疎外層の問題に焦点をあてる。その上で、教育疎外層と関連する生涯教育政策の課題を検討する。具体的にいえば、韓国の行政主導型の社会教育政策の役割を再考し、行政支援型の生涯教育政策を推進することによって、低所得層および疎外階層の教育機会の剥奪の問題を克服する政策のあり方を論じたいと思う。一例をあげると、1980年代以降の民間の教育市場活用型の生涯教育政策が推進され、1990年代以降、民間の学習市場重視の生涯教育政策が主流となり、教育疎外層の場合は生涯教育活動が経済的負担となった。

本書は、このような韓国の社会教育・生涯教育政策の状況を歴史研究の視点に基づき考察し、同政策の構造的特質を検討した上で、今日の教育疎外層に対する教育機会を保障するという問題と直結する現在の生涯教育政策の課題を論じる。

第3節　先行研究の考察

韓国の社会教育・生涯教育政策の動向に影響を与えてきた機関として名前がよくあがるのは、UNESCOとOECDであろう。"韓国の生涯教育政策の動向は、世界的に生涯教育の政策的議論を主導し、今後のグローバル時代の生涯教育政策の方向を先頭すると思われるUNESCOとOECDの両国際機関の生涯教育理念と政策の拡大・普及に影響を受けた"[32]といわれている。また、"1970年代後半から1980年代まではUNESCOの学習社会の理念に基づく生涯教育理念が韓国の生涯教育政策に反映され、1990年代に入ってからはOECDの人的資源開発を重視する生涯教育理念が生涯教育政策に影響を与え始めた"[33]と認識されている。

上記の認識に基づき、以下では両国際機関の生涯教育政策の動向を確認した上で、韓国の生涯教育政策に関する研究動向を具体的に述べる。

1. 韓国の社会教育・生涯教育政策に関する国際的影響

(1) UNESCOと韓国の社会教育・生涯教育政策の動向

韓国の社会教育・生涯教育研究者の一部[34]は、韓国の社会教育・生涯教育政策が世界的同政策の理念と政策の動向と合致するようになった契機をUNESCOの議論の中に求めている。以下では、UNESCOの生涯教育政策の展開を概略的に紹介するとともに、UNESCOの理念が韓国の政策にどんな影響を与えたかを具体的に述べる。

UNESCOの生涯教育の理念の展開の始まりは、1949年に開かれた第1次成人教育会議に端を発する。さらに1970年代に入りラングラン（Lengrand）の報告書が提出され、生涯教育に関する各種報告書と会議を通じて生涯教育の理念と方向性が提示され始めた時期が出発点と位置づけられている[35]。

UNESCOが生涯教育の理念を提唱するようになった背景には、第2次世界大戦以降、世界各国が直面していた教育危機の克服が可能な実効性ある新しい教育体制の確立を求めていたという時代的背景がある[36]といわれている。しかし、各国が独自に教育危機の打開に向けて生涯教育の教育体制の構築を試みることは困難な状況であり、UNESCOを軸とする国際協力の必要性が提示されるようになった[37]。このような時代的状況を背景に推進されたUNESCOの生涯教育政策の理念の国際的議論を時系列にとらえると以下のようになる。

まずは第1段階である。1949年、UNESCOの第1次成人教育国際会議がデンマークのエルシノアで開催された。この会議では、第2次世界大戦後の欧州・北米国家の再建のための自由教養教育が中心的内容として取り上げられた。ただし、この会議に参加したのは主に欧州と北米の先進諸国であったため、先進国と発展途上国との社会的・経済的事情を十分に考慮することなく自由教養教育を推進したことが課題であると後に指摘された。

第2段階としてUNESCOの第2次成人教育国際会議は1960年、モントリオールで開催された。この会議では変動する社会における成人教育というテーマが採択され、前回の会議の自由教養教育の他、発展途上国では識字教育を、急速な産業化過程に突入した先進国では職業技術教育の必要が議論された。また同会議では、成

人教育の役割は正規の学校教育を補完するものであるととらえ、成人教育の役割の多様化と国際的関心の増加を特徴として認識していた[38]。特に、韓国の生涯教育研究では、同会議のなかで議論された識字教育と職業技術教育が当時の急速な社会変動の様子を反映した生涯教育政策の理念を踏まえているとして同会議の議論を評価した[39]。その後、1970年代に入り、ラングランが生涯教育の理念を提唱する中、人口増加、科学知識・技術の変化、情報の急増と余暇の拡大などの社会変動の要因を指摘し、社会変化のなかでの個人の適応と自己実現を促す教育として生涯教育の役割が強調された。

第3段階として1970年代は、社会変化への個人の適応と自己実現が生涯教育の理念として議論されるようになった時期であった。1972年、第3次成人教育国際会議が東京で開催された。同会議では、"教育の機会均等、社会・文化・経済的発展のなかで生涯教育を位置づけ、生涯教育の理念の国際的普及が課題"[40]であるとして議論が行われた。約85か国の代表が出席し、各国の教育体制のなかでの生涯教育の確立が課題であるという認識を共有した。この時期、韓国でも初めて関連の会議が開催され、生涯教育の理念が紹介された。その後、1980年代に入ってから、UNESCOでは生涯教育の理念をめぐる議論より、生涯教育の理念を踏まえた教育実践に焦点があてられ、発展途上国の識字教育と先進諸国の疎外層に対する基礎教育体制の確立という学習機会の拡大に重点がおかれるようになった[41]。

第四段階として1985年、UNESCO第4次成人教育国際会議がパリで開催された。この会議でも、発展途上国の教育課題として識字教育が依然として重視される中、女性、高齢者、少数民族、障害者など、十分な教育機会を得られなかった人びとを対象とする教育機会の拡大が生涯教育の課題であるとされた[42]。教育疎外層のための教育機会の拡大を裏付ける「学習権 (the right to learn)」[43]が会議で採択され、経済的・社会的発展の中にあって教育機会に恵まれない民衆に対する教育権利・学習権を保障することの必要性が提唱された。しかし、"1990年代に入り、経済体制の新自由主義的再編、知識・情報化社会の到来、社会的統合とEUの経済的課題を解決する手段としての教育の役割の再考という社会的必要性が変化し、UNESCOはグローバルな視点から生涯教育の理念の方向を模索するようになった"[44]。

第五段階として1997年、ドイツのハンブルクで第五次UNESCO成人教育国際会議が開催された。同会議では、グローバリゼーションが拡大する中、学習者が生

涯教育の主体であるという大前提に基づき、生涯教育が進むべき方向が論じられた。その内容としては、①社会経済的発展のための闘争、正義、平等、伝統的文化に対する尊重と個人の自己変革と社会変革を促進する生涯教育の役割、②貧困、児童虐待、紛争、人種差別と民族葛藤などの人間の生活の苦痛を克服するための生涯教育の役割が掲げられ[45]、21世紀の新しい生涯教育の役割に関する議論が行われた。同会議では、教育疎外層に対する教育機会の拡大という生涯教育の理念よりは、むしろ、国際社会が抱える広義の問題に寄与する生涯教育の役割が主に議論されたことが特徴であるといえる。

上記の政策の動きをまとめると、5つの段階で展開されたといえる。①自由教養教育、②識字教育と技術教育を中心とする成人学習者向けの基礎教育、③生涯教育という教育体制の構築、④学習権宣言に基づき教育疎外層の教育機会の拡大、⑤グローバルな社会経済的環境の変化の中、個人の自己変革と社会変革を促す生涯教育の役割である。

以下、上記の政策が韓国の社会教育・生涯教育政策にどんな影響を与えたかを把握しておく。

UNESCOの理念が韓国の社会教育・生涯教育政策に与えた影響は、大きく分けて2つある。1つは、UNESCOの生涯教育理念が韓国の同政策の理念的土台を形成したことである。もう1つは、社会変化に順応的に適応する人的資源開発に比重をおく生涯教育政策の問題点を補完し、教育疎外層に対する学習機会の拡大・保障という同政策の根本理念を想起させたことである。

UNESCOの第1の影響として、その生涯教育理念が韓国社会に定着した経緯を見ていこう。同理念が関連政策の土台を形成し始めた出発点は、UNESCO韓国委員会が1970年の「世界教育の年」を機会に、ラングランの『L'education Permante』を翻訳し、全国に配布したことにさかのぼる。この時、生涯教育の必要性、意味、目的と方法などが韓国内に紹介され、韓国社会で生涯教育が定着するきっかけとなったといわれている[46]。実際に1970年代初め、韓国にラングランの生涯教育の理念が受容されるようになった背景には、重化学工業を軸とする経済成長を図る上で必要とされた国民全体の教育力の強化にその理由があった。当時、学校教育の義務化に基づく基礎学力の向上は推進されていたが、学校教育を補完する意味として、成人を対象とする教育を促す理念とその根拠となる理論が必要とされていた。当時、先進的欧米理論を受け入れようとしていた状況において、ラングラ

ンの生涯教育の理念は、韓国政府が政策推進過程で必要としていた理論であったのである。

このような理由を証明するように、1973年には、UNESCO韓国委員会の主催で「生涯教育の理念と戦略」というテーマで会議が開かれた。その後、生涯教育に関する議論は、1981年の韓国生涯教育機構の発足を契機に本格化した。その翌年（1982年）、韓国生涯教育機構の第1回大会が開催され、1983年にはUNESCO韓国委員会と共同で「生涯教育の基礎と体制」という報告がなされた。こういった過程を経て、UNESCOの生涯教育の概念が韓国内に紹介され[47]、生涯教育の理念が定着し始めたのである。すなわち、生涯教育は、①経済発展に伴い国民全体の教育水準を向上させようとする政策の意図、②貧困の状況下で十分な教育機会を得られなかった成人に対する教育機会の保障、③欧米の先進的教育理論の導入、という理由を背景に、韓国で定着したといえる。

第2の影響として、UNESCOが識字教育と学習権思想を重視するきっかけを提供したことである。UNESCOの学習権思想を疎外階層のための生涯教育政策の重要な理念として位置づけた議論では、"UNESCOは人間中心の学習理念に基づき成人教育と民衆教育を緊密に連携させ、民主主義の理念の下で個別的・集団的学習をする権利を擁護している"[48]と認識された。また、"UNESCOの学習権は、人間の基本権であると同時に、世界平和維持のための最後の防護手段でもある"[49]とみなされていた。

また、韓国教育開発院による近年の議論では、UNESCOの生涯教育理念の歴史的意義が次のように評価された。"韓国は、UNESCOの提唱する学習社会を志向し、生涯学習社会の建設を目標として掲げ、生涯教育法を制定することで法的基盤を確立し、その法律に依拠して生涯教育の専門化、地域化を図り、遠隔教育を含む多様な形態の生涯教育の推進を試みるに至った"[50]。この記述をみれば、韓国の生涯教育政策をめぐる環境の変化の背後にUNESCOの生涯教育理念があったことは明らかである。UNESCOの理念の貢献は、生涯教育を韓国国民が享受すべき教育権として位置づけ、すべての人びとに学びの機会を提供する政策の重要性を指摘したことにあるといえよう。

しかし、1990年代に入って状況は変化し始めた。グローバル経済・知識基盤社会の到来と新自由主義経済の浸透により、韓国の生涯教育研究のなかで従来のUNESCOの学習権思想に対する認識も変わっていった。

雇用の増加と人的資源の論理の台頭を背景に、生涯教育の役割認識に変化が起きた。教育疎外層向けというより、グローバル経済体制と知識基盤社会という社会変化に必要な人的資源を開発するための役割が求められ始めたのである。もちろん、学習権の保障と人権の尊重を重視するUNESCOの理念から受けつがれた精神が土台にあることには変わりはなかったが、1990年代以降の韓国の生涯教育研究においては、OECDを軸とする人的資源開発に寄与する生涯教育の理念が広がり始めた。次項では、OECDの影響を確認する。

（2）OECDと韓国の生涯教育政策の動向

1970年代以降の韓国は、工業化・産業化の推進に伴い社会の安定と経済の繁栄を目指した。そんな中、教育研究の世界における生涯教育に対する一般的認識は、UNESCOの生涯教育理念にのっとり、学ぶことを人間の基本的権利としてとらえ、個別的・集団的学習を推進するというものであった。

しかし、1990年代以降、大きな変化が訪れる。グローバル経済の展開と知識情報化社会の到来により、韓国社会では人びとの生涯教育に対する要求が多様化した。その結果、"グローバル化、情報化、構造的失業の社会問題の解決が求められ、OECDのリカレント教育、人的資源開発および社会的資本投資の拡大と、学びと働きの連携などを通じた学習経済論の視点に依拠した生涯教育政策が重要な関心事として浮上した"[51]。よって、1990年代後半以降、韓国の生涯教育においては"OECDの学習経済論にもとづいた人的資源開発論に研究と政策の関心が移った"[52]といわれている。

UNESCO型からOECD型への転換の背景には経済的理由があったことは看過できない。韓国は1997年、アジア通貨危機という、国家経済の根幹を脅かす金融危機に見舞われた。その結果、労働と学習を連携させる必要が生じ、経済活動に基づく生涯教育の推進が求められ、人的資源開発の理念が注目されるようになった。

このように1990年代以降の韓国の生涯教育政策および研究の軸は、OECDの提唱するリカレント教育と人的資源開発のための学習に焦点をあてる方向に展開されたことが特徴である。それでは、まずOECDの生涯教育政策の動向を確認しよう。

OECDのなかで生涯教育に関する議論が始まったのは1972年のOECD教育委員会の設置にさかのぼる。OECD教育委員会は加盟国における生涯教育体制の構築を支援するため、加盟国の教育政策を検討し、教育、人的資源開発、知識基盤社

会への対応という教育政策開発および提言を実施していた[53]。

OECD は、生涯教育に関する具体的政策提言として 1973 年、『Recurrent Education: a Strategy for Lifelong Learning』と題される、リカレント教育を提唱する政策文書を発表した。この文書のなかで OECD は、"既存の学校教育中心の教育体制は急激な社会変化の速度に適切に対応できず、その結果、労働市場の需要に応じた人材開発が困難となり、新しい知識と技術を習得する上で生涯にわたる継続教育が求められている。そのため、教育機会の再配分などの学校教育を超越した教育体制の革新が必要である"[54] と主張している。OECD はリカレント教育の提唱によって労働と学習の密接な連携の必要性を提示し、生涯にわたり随時労働市場を離れ、自由にキャリア開発のための学習を推進する教育形態を示した。

また OECD は、"単に労働と学習の連携という内容的側面にとどまらず、職業教育と余暇学習などを踏まえた教育機会の拡大の必要性を提示していた"[55]。すなわち、OECD は、この時期に①学校教育中心から生涯教育体制への転換の必要と、②労働と教育の連携を可能とした既存の教育体制の硬直性の克服という 2 つの問題に注目し、リカレント教育を通じた①と②の問題の克服を試みたと理解できる。

"1970 年代に提唱され始めた OECD のリカレント教育の精神は、1990 年代に入り韓国の生涯教育政策に導入され"[56]、労働と学習間の連携から生活者の生涯にわたる継続教育へと拡大する方向に導いた。その背景には当然ながら、OECD 内における活発な議論があった。

その経緯を確認すると、まず 1996 年に開かれた OECD 教育大臣会議では、すべての人びとが生涯にわたり能動的かつ持続的に学習を行うことを奨励する内容が議論された。時代的背景としては、1990 年代以降の OECD 加盟国のグローバル化、自由貿易、情報通信技術の発達、規制緩和、消費者の趣向の多様化などがある。これに伴い、労働市場では労働者の雇用・雇雇の柔軟な体制の導入、職場選択の拡大および職場移動の自由などの環境変化が起きた。

その影響で労働者には、社会変化に対応し、自らの教育を通じて雇用の可能性を持続させることが求められるようになった[57]。社会変化、特に労働市場の変化に伴い新しい教育体制の構築が必要であると認識した OECD は、柔軟な労働市場における人的資源開発という理念にもとづいて労働者の生涯にわたる学習の推進と雇用の確保の可能性を示し、新たな生涯教育体制の構築を促すに至った。

翌 1997 年に開催された OECD 加盟国の労働大臣会議では、若者と成人が継続

的に変化する労働市場の状況に適応するために必要な知識、技術、態度を保障する制度として生涯教育を位置づけた。1998年には福祉厚生関連大臣の会議で、人びとが生涯にわたって教育、労働と余暇などの時間をより効率的に活用できるように支援する生涯教育制度の整備の必要性が議論された[58]。

1990年代半ば以降、OECDは、生涯教育政策における重要な課題として、多様な学習の場で個人的学習の機会を提供し、持続的に変化する社会状況に適応可能な人びとを形成するために、教育部の他、労働部と福利厚生関連部署とが連携することが必要であるとした[59]。2000年に開かれたOECD教育大臣会議では、21世紀の知識基盤社会を迎え、社会経済的環境の変化に伴う教育と人的資源開発の重要性に対する共通認識を持ち、生涯教育と関連する教育としての識字教育の他、個人の問題解決能力、職場組織における創造力形成などの社会適応能力を形成する必要性が話し合われた[60]。

以上、1970年代後半から2000年代までの議論をみると、OECDの生涯教育の理念は、社会経済変化に適応するための教育の精神に基づき、生涯にわたる学習を通じて労働市場に適応可能な人的資源を開発し、同時にすべての人びとが自らの余暇活動を営為すること教育活動を奨励していると理解できる。

OECDの上記の理念が1990年代以降の韓国の生涯教育政策に与えた影響に関する議論を分析すると、3つの論点にまとめられる。第1に、OECDの教育勧告にあるように、教育の脱規制化、自律化と分権化を図り、政府の教育負担を軽減し、民間の教育市場を活用した生涯教育へと転換するという考え方が、韓国の社会教育・生涯教育政策に反映すべきであるとされ、韓国独自の政策の研究、開発の必要性が論じられた[61]。

第2に、OECDが注目した労働市場の変化に対応する能力を形成する教育の必要を受け入れ、成人の職業教育機関の設置・認定基準の緩和、企業の有給教育および休暇制度の改善などを軸とする職業訓練教育と生涯教育を連携させた、リカレント教育の奨励策が検討された[62]。

第3に、OECD型のリカレント教育を導入・普及させる中で、高等教育機関と連携した生涯教育を推進し、大学の社会人や地域社会への開放を促す。そうすることで、青年から高齢者まで幅広い層が職場と大学を往来しながら教育を受けられるような教育機会の拡大策が模索され始めた。同時に、社会人入学者の増加に伴って、大学の地域への貢献とともに、経営改善を図ろうとする動きが現れた[63]。

つまりOECDの生涯教育理念[64]は、社会変化に伴う労働市場の変化に適応可能な人的資源の開発と民間の教育市場の活用に基づく学習者中心の生涯教育政策を推進することで教育の規制緩和・自律化を図る方向性を示したという点で、韓国の生涯教育政策に影響を与えたといえる。

最後に、前項に述べたUNESCOの影響とOECDの影響の関連を再確認すると、韓国の生涯教育は、1990年代以前は教育疎外層を主な対象とする政策の役割に期待する方向であったが、1990年代以降は、人的資源開発と教育の自律化・脱規制化の方向へと展開した。端的にいえば、学習権の思想に基づく生涯教育政策（UNESCO型）から教育人的資源開発の理念に基づく生涯教育政策（OECD型）へ転換したことになる。

2. 韓国の社会教育・生涯教育政策研究の動向

UNESCOとOECDという2つの国際機関の理念の影響により、韓国の社会教育・生涯教育政策は、行政の役割が要求される学習形態から、学習者の個人的関心事（個人の趣味・教養の内容）に焦点をあてた学習形態へと方向転換していった。また、韓国の社会教育・生涯教育政策の理念がUNESCO型からOECD型へと変わる過程で、政策課題として浮上した教育疎外層の拡大および教育格差の問題は、OECDの理念に基づき推進された①人的資源開発目的の生涯教育政策と、②民間の教育機関を活用した生涯教育活動（民間の教育市場活用型の生涯教育政策）の促進、という2つの政策の結果として学習者の自己負担が増加したことと密接な関係があると思われる。

もちろん、民間の教育機関を活用した学習活動、すなわち民間の教育市場活用型の生涯教育政策のそれ自体は問題ではないが、低所得のために学習に取り組みたくても取り組めない人びとが増加していることも現実である。事実、東南アジア地域からの外国人労働者と北朝鮮からの脱北者の増加は韓国社会の新たな社会的弱者の出現と拡大を意味しており、その人びとのための教育支援（特に識字教育）も重要な課題として浮上している。この現状において、学習者の教育費の自己負担を増加させる政策の推進は検討すべき重要な課題であるに違いない。

それにもかかわらず、OECDの人的資源開発の理念を受け入れた1990年代以降、主流を形成した民間の教育市場の活用を重視する韓国の生涯教育政策は、学習者の自由な学習活動を保障する代わりに自己負担を増加させ、社会階層間の教育格

差の拡大の要因を作ったといわざるをえない。特に、新しく登場した外国人労働者や脱北者という社会的弱者のために、行政支援による生涯教育政策の土台が整備されていないことも、教育疎外層の教育機会の保障が問題視される要因となった。

このような韓国の社会教育・生涯教育政策が抱えている課題を念頭におきながら、本書に関連する先行研究を検討すると、UNESCOとOECDの両国際機構の理念に影響を受けた韓国の生涯教育政策の研究の実態を把握することができる。

「解放」後、韓国の社会教育・生涯教育政策の歴史的な流れをとらえた先行研究の事例はきわめて少ない。大韓民国政府の樹立後からアジア通貨危機以前までに注目したものが数少ない先行研究の大半を占め、米軍占領期から盧武鉉政権（参与政府）までを包括的にとらえた研究は皆無といってよい。そのため、関係者の間では「解放」後の生涯教育政策の歴史を包括的に把握した研究の欠如が問題とされてきた。

こうした動向を前提とした上で本書に関連する先行研究をあげてみよう。研究は以下の3つの形態に分類できる。

第1は、1948年8月15日の大韓民国政府樹立以降から軍部政権下の1991年までの社会教育政策を取り上げた研究である。この時期に注目した先行研究の例としては、①권건일（Kwon Gunil）『한국사회교육 정책에 관한 연구（韓国社会教育政策に関する研究）』(1995)、②김일중（Kim iljung）『한국 사회교육정책의 변천과 과제에 관한 연구（韓国社会教育政策の変遷と課題に関する研究）』(1997)、③유명길（Ryu Myunggil）『한국 사회교육정책의 변천과정에 관한 연구（韓国社会教育政策の変遷過程に関する研究）：1945-1999』(2000) がある。

①は、韓国の社会教育・生涯教育を、学校教育を補完する役割を持つものとして位置づけ、「解放」後の開放大学および職業能力教育の成果に焦点をあて、近年の遠隔教育に重点をおいた生涯教育の政策への転換が必要であると記している[65]。②は、社会教育・生涯教育政策の変遷過程には産業化・工業化などの社会変化の要因が重要な役割を果たすとし、韓国の社会教育・生涯教育政策は常に時代の変化と密接に関係してきたととらえている。すなわち、韓国の社会教育・生涯教育は政治的・社会的性格を内在していると分析した[66]。③の研究は、韓国の生涯教育政策の変遷過程について、UNESCO型の識字教育とOECD型の人的資源開発教育という2つの形態で推進されてきたと分析し、特に、職業技術教育に重点をおいた人的資源開発目的の教育として韓国の生涯教育の役割を示した[67]。

これら3つの研究の特徴は、職業技術教育、識字教育、遠隔教育（放送通信教育）という領域に焦点をあてて、生涯教育法（平生教育法）以前の生涯教育政策の役割を評価したことである。政策が直面している政治・社会・経済的状況が踏まえた議論が十分になされていないことが課題と思われる。

　第2は、①社会教育政策の動向を社会学的に分析した研究と、②生涯教育政策を政治的・経済的側面からとらえ、文化・教養を中心とする生涯教育の政治的意図と役割の変化を分析した研究である。前者の研究としては、권두승（Kwon Dusung）『한국 사회교육의 변천에 관한 사회학적 분석（韓国社会教育の変遷に関する社会学的分析）』(1990) がある。同研究は、社会教育関連文献の数を時代別に集計し、社会教育の特徴を時代ごとにとらえて考察している。後者の例としては、안상현（An Sanghyun）『1980년대 사회교육정책의 정치경제학적 분석(1980年代の社会教育政策の政治経済学的分析)』(1993) がある。同研究は1980年代の全斗煥政権時代の社会教育政策を主題としており、高度経済成長と社会教育・生涯教育の役割を関連づけながら、以前の時代には注目されていなかった文化的・教養的学習の側面を重視する生涯教育政策の意義を唱えている。また、軍事政権の政治的正当性を確保するために、文化教養教育の推進を通じて福祉国家の建設を試みる政治的意図から生涯教育政策の役割の重要性をとらえた研究でもある。

　前者の研究は、関連分野の文献をテーマ別に分類し、社会教育・生涯教育政策の時代的特徴をとらえようとしたと思われる。しかし同研究は、研究の歴史的理解に根本的な問題を抱えている。具体例をあげると、권두승（Kwon Dusung）は社会教育・生涯教育の理論的分析軸において欧米の成人教育および市民教育の理論研究の類型を取り上げ、韓国の生涯教育文献数を集計し、欧米の成人教育理論の形態にそって分類した。この分類に基づき권두승（Kwon Dusung）は、1950年代から1980年代までの韓国の生涯教育の性格は行政支援の側面より、学習者の個人的関心事（個人の趣味・教養の内容）に基づく学習を通じた自己啓発を重視する個人的性格をもっていたと分析した[68]。

　しかし、この論文では、当時の政権が体制維持の目的に基づいて生涯教育を利用したという側面が十分論じられてこなかったため、1980年代の政策の性格を的確にとらえきれなかったといえる。권두승（Kwon Dusung）の研究の問題は、韓国の社会教育・生涯教育の歴史的性格を踏まえることなく、欧米の成人教育理論に韓国の生涯教育を適用させようとしたことにある。

一方、後者の안상헌（An Sanghyun）の研究は、余暇・文化教養教育の拡大を1980年代当時の経済成長の産物としてとらえ、この時代の生涯教育の特徴を説明している。しかし、안상헌（An Sanghyun）の研究は、1980年代の生涯教育政策の特性と、前後の時代動向との関連を説明するまでには至らず[69]、政策に内在する同時代の歴史的意味が十分考慮されていなかった。

上記の2つの研究は、韓国の社会教育・生涯教育を歴史的な視点から捉えることを目的としたにもかかわらず、軍事政権下の社会教育政策の内容が十分検討されていないという問題点を露呈している。

第3に、日本で発表された韓国の社会教育・生涯教育政策に関する研究として、1990年代後半以降の生涯教育政策をめぐる研究がある。①魯在化「韓国の地方分権と自治体生涯教育の展望」（日本社会教育学会編年報『地方分権と自治体社会教育の展望（第44集）』東洋館出版社2000、pp.227-240）、②李正連「韓国生涯教育の動向と課題」（新海英行・牧野篤編『現代世界の生涯学習』大学教育出版2002、pp.348-360）③尹敬勲「韓国における生涯教育法の推進と課題」（日本社会教育学会編『社会教育関連法制の現代的検討』（第47集）東洋館出版社2003、pp.189-201）、④金侖貞「韓国生涯教育におけるパラダイム転換とその課題」（東京大学大学院教育学研究科生涯教育計画講座社会教育学研究室紀要『生涯学習・社会教育学研究』第29号2004、pp.53-62）である。

これらの研究は、社会教育政策から生涯教育政策へ転換する過程に注目している。①は、地方自治体の生涯教育行政の実態と課題を論じている。②は、韓国の生涯教育制度を全体的紹介する中で、法制化と生涯教育の実践との乖離を指摘している。③は、社会教育法と生涯教育法への法整備過程を分析すると同時に、韓国社会を動かす教育機能として生涯教育の役割に注目し、情報通信技術の発達と遠隔教育に関して新たに制定された生涯教育法整備の内容を検討し、1997年のアジア通貨危機以降の人的資源開発を促す役割を担う生涯教育政策の成果的側面と課題を考察した。④は、社会教育法から生涯教育法へ転換する過程の意義を考察するために、旧社会教育法と生涯教育法（平生教育法）の性格・内容の相違を中心に把握し、地方自治体の生涯教育政策の推進の重要性を論じた。

しかし、日本社会教育学会年報に発表された①の研究の場合、韓国の地方分権という主題にそって、地方分権化が始まった当時の地方自治体の生涯教育の推進の動向[70]を紹介する程度にとどまっており、政策の中核的な要素（学習権思想、人的

資源開発、地域格差と教育格差）については言及されていない。②は、韓国の生涯教育制度の実践が行政主導に偏重しているとし、生涯教育の機能と範疇こそ拡大したものの、その理念は十分実現できず、理念の矮小化をもたらしたと指摘した[71]。すなわち、行政主導の社会教育政策の推進・制度化を問題視している。④の研究も、②の研究同様、学習権思想に基づく学習者中心・需要者中心の生涯教育の政策の策定とともに、教育不平等の問題が発生しないため対策を整えた生涯教育政策の推進が必要であると指摘した[72]。

一方、③は、②と④の論文にみられる行政主導型の社会教育政策に対する批判的見解とは異なり、教育疎外層向けの行政支援型の生涯教育政策の役割に着目することが必要であることを強調している。その背景には、学習権思想に基づく学習者中心・需要者中心の理念に支えられて、所得格差による教育格差の問題が深刻化していく中、過去の行政主導型の社会教育政策を省察的に捉え、今日においては行政支援型の生涯教育政策の推進が今後は重要視されるという論点を指摘しているからである。さらに③の論文は、遠隔教育を含め、教育疎外層に生涯教育の機会を提供する政策の推進が重要であると論じている[73]。

日本において発表された韓国の社会教育・生涯教育研究の動向を整理すると、4つの研究すべてが1990年代後半以降の生涯教育法（平生教育法）制定以後の政策動向に注目している。逆にいえば、今まで日本の社会教育研究領域では、「解放」後の韓国の社会教育・生涯教育政策の歴史的特徴と課題を包括的にとらえた研究が行われていないことを意味する。

また1990年代以降の生涯教育政策では、学習者の個人的関心事（個人の趣味・教養の内容）に焦点をあてた学習が主な視点となっており、行政支援型の生涯教育の役割を重視する視点には注目していない。したがって、韓国の生涯教育政策に関する研究には、①「解放」後の韓国の社会教育・生涯教育政策の歴史的特徴と課題を把握する研究、②教育疎外層の教育機会の保障という課題を踏まえた研究、の視点が必要であると思われる。

韓国の社会教育・生涯教育政策に関する研究は、UNESCOとOECDの生涯教育理念を受け入れ、識字教育および・職業教育から個人的学習や人的資源開発のための学習へと移行してきた。しかし研究者の活動の拠点別でみると、韓国と日本では研究の潮流が異なっている。韓国では生涯教育法（平生教育法）制定以前までの研究が主流をなし、日本では社会教育・生涯教育法制定以降の研究が主流をなすと

いうように分かれている。さらに、「解放」以降の韓国の社会教育・生涯教育政策の歴史的特徴と課題を考察した研究、今日の教育格差の拡大を問題視した研究、そして教育疎外層の教育機会の保障に関する研究は、韓国でも日本でも行われていないのである。

　その理由を概略的に説明すると、韓国社会は「解放」以降、新しい国家づくりの過程で、軍事政権の主導下で重化学工業を軸とする経済成長政策が推進され、その過程で教育政策においては国民全体に平等な教育機会を保障しようとする政策が実施されたという歴史的経緯がある。そして、1980年代後半までは、国家経済の発展途上と人びとの生活が豊かになっていく過渡期であり、教育機会が保障されている状況であったため、教育格差はあまり問題視されることはなかった。

　しかし、1980年代後半に入り、軍事政権の抑圧的支配体制に対して反対する民主化運動が展開されるようになった。そして、新自由主義の理念に基盤をおいた文民政府が登場し、所得格差と教育格差が現れ始め、韓国社会において教育疎外層の台頭が問題視されるようになった。すなわち、文民政府の登場以来、急速な新自由主義に基づく教育政策が実施されたがゆえに、教育疎外層に対する支援の内容を踏まえた教育政策は十分に整えられることはなかったということを意味する。もちろん、この時期の社会教育・生涯教育政策では、グローバル化が格差をもたらすという議論は見られなかった。そして、実際に、教育格差が問題視されるようになったのは、文民政権以降の新自由主義という国際的潮流、グローバル化を「世界化」と名づけ、肯定的理念として定着させるようになったのである。しかし、その後、アジア通貨危機を機に教育疎外層の増加が顕著に現れ、教育疎外層の拡大が教育政策分野における問題として浮上するようになった。この時点から、先行研究でも指摘しているように、新自由主義とグローバル化が一つの枠組みのなかで、近年の教育疎外層を中心とする教育格差の問題は、新自由主義およびグローバル化という国際的潮流に起因するという理解が広がりを見せるようになったのである。

　ただし、既存の先行研究のなかで指摘しているように、教育疎外層の増加と教育格差の拡大の問題の要因は、新自由主義とグローバル化という外的要因が重要な比重を占めているという事実をそのまま受け入れるべきであろうか。

　本書はこのような先行研究の視点に疑問を提示し、近年の教育疎外層の拡大の問題を、先行研究が指摘しているように新自由主義およびグローバル化という国際的要因がもたらしたものとして把握するのではなく、韓国の教育政策（社会教育・

生涯教育政策)の歴史的展開を踏まえた近年の教育疎外層の拡大の問題として把握する。すなわち、本書では、近年、韓国の社会教育・生涯教育政策の主要な課題として浮上している教育格差の拡大の問題は、韓国の社会教育・生涯教育政策の歴史的展開過程に内在している構造的特質と関連しているという視点に基づき、同政策が直面している課題の遠因を分析する。具体的にいえば、韓国の社会教育・生涯教育政策は、民衆の識字教育、職業教育と教養教育・高等教育の機会提供という内容を中心に展開されてきたという歴史的事実があり、この事実からみても、教育疎外層の拡大は本来韓国の社会教育・生涯教育政策が重視していたはずの一般民衆(学習者)に対する教育機会の保障が十分になされなくなったことを意味するからである。したがって、近年の教育疎外層の拡大の問題を、アジア通貨危機以降の一時的教育政策の不備の問題として捉えるのではなく、韓国の社会教育・生涯教育政策の通史的視点から捉え直し、社会教育・生涯教育政策に内包している構造的問題を検討することが必要であると考える。

　これを踏まえて、本書は、第1に、上記の先行研究で検討されていない「解放」以降の韓国の社会教育・生涯教育政策の歴史的特徴(行政主導型の生涯教育政策)とその課題(民間の教育市場活用型の生涯教育政策による教育格差の拡大の問題)を把握する。元々、社会的弱者に教育機会を保障し、すべての人びとが生涯にわたり学ぶことを促すことが社会教育・生涯教育政策の役割であった。しかし、過去の行政主導の政策は、すべての人びとに対する学習機会を保障する反面、学習内容の自由を抑圧する問題が現れた。その後、行政主導の政策に対する反省から、市場主導によって、学習者の自己負担の原則と学習内容の自由な選択を保障する政策が推進された。ただし、自己負担を原則とする市場主導の政策の結果、学習費用を負担する能力の有無によって、現在は所得格差の拡大に伴い教育格差が広がるという問題が表出されている状況である。第2に、「解放」後の韓国の社会教育・生涯教育政策の歴史的特徴である「行政主導型の社会教育政策」の意義を再検討しながら、アジア通貨危機以降の生涯教育政策の課題として指摘されている教育疎外層の問題を、今日という一時的な問題として捉えるのではなく、社会教育・生涯教育政策の歴史的展開の文脈のなかで捉えることで、同政策の構造的特質(過去の行政主導の政策への反省とその反省による市場主導の政策への偏り)を把握する。さらに、詳しくいえば、上記の本書の目的に基づいて把握可能な特徴をまとめると、以下のように説明できる。

本書の第1の特徴は、「解放」直後の米軍政期の社会教育政策を、現代の韓国の生涯教育政策の一過程として位置づけることで、日本の植民地統治からの脱皮を意図した韓国の教育政策の歴史的意味合いを把握することである。つまり、米軍政期の社会教育政策とその後の社会教育・生涯教育政策との関連性を考察することになるが、これは、既存の先行研究に欠落している要素を考慮に入れる意図があると同時に、韓国の社会教育・生涯教育政策の歴史的変遷に関する研究では初めての試みであるという意味合いも含まれている。

　第2の特徴は、日本で発表された社会教育・生涯教育に関する研究としては初めて、「解放」後の韓国の生涯教育政策を通史的視点から検討し、その特徴と課題を考察したことである。そうすることで、日本の社会教育研究においてあまり重視されてこなかった韓国の社会教育・生涯教育政策の理解を深める一助となれば幸いである。またこの論文が、東アジア生涯教育研究の土台を構築していくきっかけとなればと期待している。

　第3の特徴は、今日の韓国の教育政策における最も深刻な問題として取り上げられている教育格差の拡大をくいとめることとして、歴史的視点に基づき新たに出現した社会的弱者（外国人労働者・脱北者）を支援するために必要であると思われる行政支援型の生涯教育政策の必要と課題を論じることである。近年、社会教育・生涯教育政策の深刻な課題として指摘されている教育疎外層の問題を、今日の一時的な問題として捉えるのではなく、社会教育・生涯教育政策の歴史的展開の文脈のなかで捉え、韓国の生涯教育政策の構造的特質を把握する。そうすることで、韓国の社会教育・生涯教育政策の歴史的性格は、経済成長と各政権の政治的利害に基づく政策策定の性格が強く、同時に市民の側も生涯教育政策に対する批判的受容より、積極的かつ能動的に活用してきたという韓国独自の同政策の構造と課題を明らかにする。そして、このような歴史的性格からみると、韓国の社会教育・生涯教育政策は、社会的弱者といわれる教育疎外層のための教育機会を保障する政策的視点が歴史的に欠けていたという問題を注記していく。

第4節　本書の時代区分と研究の範囲

1. 本書の時代区分

　「解放」後の韓国の社会教育・生涯教育政策の歴史的考察を行う際、まず関連の先行研究と関連領域研究で使われている時代区分の用語を考慮した上で、本書で採用する時代区分を定義する必要があると思われる。したがって、以下では、本書の時代区分の根拠となる韓国の歴史研究上の時代区分の形態（韓国の現代史研究と教育史研究の例）をまず概略的に説明する。

　第1に、現代史研究における時代区分は今日も論議の的となっているが、一般的なのは、社会発展段階の経済史的区分を軸とした政権の変化による区分である[74]。そのなかで、韓国現代史を捉える際には、10年単位で区切る方法が一般的であるが、時代区分の特徴は次のように説明できる。経済史的視点による時代区分では、1940年代の「解放」と朝鮮半島分断の時期、1950年代の朝鮮戦争と資本蓄積の時期、1960年代と1970年代の経済成長と軍事独裁のファシズムの時期、1980年代の民衆回遊型の軍事独裁の時期と1990年代の文民政権の新自由経済政策の時期というように分けられている。現代史を1950年代から始まったと定義づけ、軍事政権の支配的性格を批判的にとらえ、前面に出しているのが特徴である。

　第2に、教育史研究の時代区分も10年単位が普遍的である。「文教40年史」および「教育50年史」のように教育部の政策史の例があげられる。教育政策史の時代区分の詳細をみると、① 1950年代の社会教育政策を「胎動期」、② 1960年代の社会教育政策を「船出の時期」、③ 1970年代の社会教育政策を「展開期」、④ 1980年代以降の社会教育教育政策の「発展期」と名づけている。その他、先行研究である「권두승（KwonDusung）」、「권건일（KwonGunil）」、「김일중（Kimiljung）」と「유명길（RyuMyunggil）」による研究で採用されたのは10年単位の区分となっている。上記の韓国の現代史と教育政策史の時代区分と同様に、10年間隔が一般的形態であるといえる。

　韓国の歴史研究の時代区分にはこの2つの形態が通説である。本書は、2つの時代区分のなかで、韓国の教育史研究の時代区分に基づき行う。まず、本書で独自の時代区分を試みるのではなく、先行研究の時代区分を採用した理由は、韓国の社会

教育・生涯教育政策は、教育史研究の時代区分のなかでみられるように教育政策史の変遷と同様の展開を示しており、教育政策の歴史的変遷と分離した形で社会教育・生涯教育政策の独自の時代区分を行うことは困難であるからである。そのため、本書では、時代区分の骨格としては教育史研究と同様の時代区分を行い、社会教育・生涯教育政策を通史的に考察する。

ただし、上記の先行研究のなかで確認したように、社会教育・生涯教育政策研究では一般的に教育史研究の時代区分のなかでは含まれていた米軍政期が含まれておらず、大韓民国政府樹立を出発点として、それ以後から時代区分が始まっているという特徴があった。米軍政期の社会教育・生涯教育政策が必要な理由は、「解放」後韓国の教育政策の理念的土台（民主主義教育）と成人教育の枠組みのなかで韓国政府と民衆の主体性に基づく社会教育・生涯教育政策の基礎が形成されたからである。すなわち、米軍政期から今日までの教育政策（社会教育・生涯教育政策を含む）は、政策内容を決定する理念的側面からみると連続線上であると理解できる。このような理由から本書では、既存の教育史研究における時代区分のなかでは欠落されていた米軍政期の時代を踏まえ、先行研究の時代区分の不十分なところを補完しながら、社会教育・生涯教育政策研究の時代区分を行う。

したがって本書では、米軍政から「解放」直後の韓国政府の政策の連続性に注目し、第1期を米軍政から1950年代までに設定したのである。そして、第2期（前期：1962～72年の朴正熙政権第1期）は、軍事政権下で推進された産業化および農業近代化を推進する中で実施した職業技術教育の観点から区分した。次に、1970年代を中心に軍事政権の政策に焦点をあて、高度経済成長と地域社会開発を促進するための国民の啓蒙教育の特性に基づき第3期（中期：1972～1979年の朴正熙政権第2期）として区分した。そして、軍事政権（後期：1980～1992年の全斗煥・盧泰愚政権）の文化教養政策の推進と社会教育法の制定に注目し、1980年から1990年代前半までを第4期として区分した。その後、1990年代後半から現在までを文民政府の登場に伴い展開された生涯教育政策と「平生教育法（生涯教育法）」制定・施行という内容に注目し、第5期として区分した。

本書は、社会教育・生涯教育政策の方向性と政治的・社会的背景に基づき5つの時期に分けることで、より政策内容中心の時代区分を試みた。

2. 本書の研究の範囲

　本書は、「解放」後、韓国の社会教育・生涯教育政策の歴史的特徴（行政主導型の社会教育政策）と課題（民間の教育市場活用型の生涯教育政策による教育格差の拡大）を通史的に考察する。その考察に基づき、「解放」後の韓国の社会教育・生涯教育政策の歴史的特徴（行政主導型の社会教育政策）を批判的に検討する。さらに、韓国の社会教育・生涯教育政策の歴史的展開に基づき、近年、韓国の生涯教育政策の課題として指摘されている教育疎外層の問題を、社会教育・生涯教育政策の歴史的展開の文脈に基づき捉え直す。そうすることで、現在の教育疎外層の問題を、グローバル化と新自由主義に基づく政策の結果として断定する視点が普遍的である状況に異論を示すと同時に、社会教育・生涯教育政策の歴史的な構造的特質を把握する。この点が本書の研究目的であることはすでに確認した通りである。以下では、本書の研究の範囲を概略的に説明する。

　本書の研究の範囲は、以下の3つに要約される。第1に、本書は、「解放」後の韓国の社会教育・生涯教育政策を検討対象としている。ただし、第1章の第1節においては、戦前の韓国の社会教育政策を概略的に述べている。これは本来の本書の研究の範疇の外であるが、あえて取り上げた理由は、「解放」後の政策展開の特性を戦前との関わりにおいて述べるためであることを明記しておく。

　第2に、本書は、特定の時期の政策に焦点をあてることなく、韓国の社会教育・生涯教育政策の歴史的特徴と課題を理解し、それをもとにして、社会教育・生涯教育政策の構造的特徴を把握する。さらに、今日の教育格差の拡大が問題視されている教育状況下での行政支援型の生涯教育政策の役割と課題を分析する。

第5節　研究方法および用語の定義

1. 研究方法

　「解放」後の韓国の社会教育・生涯教育政策の歴史は政権ごとに独自の政策が推進されてきたという歴史的経緯がある。同時に、朝鮮戦争および軍事クーデターなどの政局の困難によって生存している各政権担当者の確認の有無は困難である他、

非民主的政権移譲のなかで第一資料の確保は非常に困難であり、その結果、同研究では文献研究を中心に「解放」後の韓国の社会教育・生涯教育政策のマクロ分析を行わざるをえない状況である。まず、先行研究のなかで取り上げた研究を含め、本書と関連する研究の方法としては、①「解放」後の韓国の社会教育・生涯教育政策の歴史的展開を把握する研究、②現在の教育格差の現状を定量的に分析し、生涯教育の問題点を示す研究、③「解放」後の韓国の社会教育・生涯教育政策の歴史的特徴と課題を検討し、その上で歴史的視点から今日の教育格差の問題を捉える研究、という３つの研究の形態があると思われる。本書では、③の研究の形態に基づき、「解放」後の韓国の社会教育・生涯教育政策の歴史的特徴と課題を示すと同時に、今日の教育格差の拡大という課題に直面している韓国の社会教育・生涯教育政策の課題を歴史的視点から検討する。

　本書では、社会教育・生涯教育政策の歴史関連資料および文献の分析を中心に研究を行う。具体的にいえば、第１に、米軍政、文教部・教育部（現在：教育科学技術部）と関連部署の社会教育・生涯教育政策に関する文献を中心に、歴史資料に基づく検証を行う。第２に、社会教育・生涯教育白書、教育統計年報、文教部統計資料、韓国教育開発院、その他関係機関の統計資料、生涯教育政策報告書、関係論文などで示されている政策の内容を検討し、統計に基づき韓国の生涯教育政策の時代的変遷の詳細の把握と分析を行う。つまり文献・統計資料を中心とする歴史政策研究の方法を用いている。

2. 本書の用語

　本書では、韓国の「社会教育」と「平生教育」について「社会教育」と「生涯教育」という表記を使っているが、まず用語の意味をここで確認しておく。

　一般的に韓国で使われている「平生教育」とは、日本では「生涯学習」として認識されている用語の意味に近く、その意味は、人間が生涯にわたっていつでも、どこでも学習できることを指し、教育形態のなかで広義の学習を表している。ただし、その用語の意味をつきつめると、韓国では、日本で一般的に使われている「生涯学習」という用語より、「生涯教育」という意味に近い「平生教育」ということばが広く使われている。したがって、本書では、「生涯教育」という用語を主に使うこととする。具体的に、韓国で使われている「生涯教育」という用語の概念を把握すると、以下の２つの視点から「生涯教育」という言葉の意味をめぐる議論の形態を

把握できる。

　第1の説は、"人間の生活の質の向上という理念を追求するために、①幼児教育、青年教育、成人教育、高齢者教育という人間の発達軸を垂直的に統合した教育課程、②家庭教育、社会教育、学校教育という教育機能別に水平的に統合した教育課程、を総称している"[75]。生涯教育に関するこうした理解は、個人の潜在能力の開発と、社会発展への参加が可能な能力の形成を前提において定義されている。

　第2の説は、"継続的な自己主導の学習を通じて自己啓発と継続的学習を促進する、意図的かつ体系的な活動である"[76]とする見解である。また、現在の韓国で生涯教育と混同されがちな概念としては、社会教育、成人教育、非正規教育、追加教育、リカレント教育、地域社会教育などがある。

　しかし、韓国では「生涯教育法（平生教育法）」が制定・公布されて以来、上記の用語（社会教育、成人教育、非正規教育、追加教育、リカレント教育、地域社会教育）はすべて「生涯教育（平生教育）」として統一され、使われるようになった。

　それで、本書の場合は、時系列で社会教育・生涯教育政策を検討する際、1990年代以前の「社会教育」の用語が主に使われた時代には「社会教育」の用語をそのまま使い、1990年代前半以降使われ始めた「平生教育」に関しては、「生涯教育」として統一させる。このような区分に基づくと、序章と終章の場合は、「社会教育」と「生涯教育」が併記される。第1章以降、米軍政期から1980年代までの時期に関する記述のなかでは、「社会教育」という呼称が一般的であったため、「社会教育」を採用する（第2章～第4章）。第5章では、1990年代に入り、UNESCOとOECDの生涯教育に関する国際的動向が韓国の社会教育・生涯教育政策に影響を与えたため、「社会教育」の代わりに「生涯教育」という用語が主流となったため、「生涯教育」という表現を主に使う。そして、最後に第6章と終章では、「社会教育」と「生涯教育」という2つの用語が使われた時代的特徴と問題点を総合的にとらえているため、序章と同様に政策内容と関連する時代的状況に基づき「社会教育」と「生涯教育」という表現を使う。「社会教育」と「生涯教育」という用語が混在しているため、少々理解しにくい側面はあるが、これらの用語が混在している状況自体が「解放」後の韓国の社会教育・生涯教育の特徴であるため、政策の実態をできる限り詳しく説明できるような形で、2つの用語を併用する。

　本書の用語を整理すると、第1章から第4章までにおいては「社会教育」を、

第5章では「生涯教育」を、序章・第6章・終章では「社会教育」と「生涯教育」という用語を併用する。

さらに、「解放」後の韓国の社会教育・生涯教育政策の特徴を分析すると、同政策の構造的特徴を把握する言葉は、時代別の社会教育・生涯教育政策の特徴に基づいて以下の3つの形態で説明できる。

第1は、1945年から1992年の軍事政権下で実施された社会教育・生涯教育政策の特徴を表す表現として「行政主導型の社会教育政策」である。「行政主導型の社会教育政策」とは、言葉通りに、行政の積極的かつ統制的手法によって実施された生涯教育政策を表している。

第2は、「民間の教育市場活用型の生涯教育政策」である。これは、1992年以降の文民政権登場以来、新自由主義理念に基づく規制緩和および地方分権の政策の流れのなかで、民間の教育市場を活用しながら、生涯教育活動においては学習者の負担を原則とする生涯教育政策の特徴を表すことばである。実際に、本書ではこの時期の生涯教育政策を、「民間の教育市場活用型の生涯教育政策」として表現している。前述した「行政主導型の社会教育政策」とは異なり、行政の生涯教育政策に関する財政的支援や干与を抑制すると同時に、教育疎外層に対する教育機会の保障よりも、生涯教育の財源の縮小と民間の教育市場中心の生涯教育活動を奨励した政策を、「民間の教育市場活用型の生涯教育政策」として表している。

第3は、「行政支援型の生涯教育政策」である。上記の「行政主導型の社会教育政策」と「民間の教育市場活用型の生涯教育政策」が、「解放」後の韓国の社会教育・生涯教育政策の歴史的性格を表す2つの特徴であるとすると、2つの性格は相対する性格を表している。しかし、社会教育・生涯教育政策の歴史的視点に基づいて今日の生涯教育政策の課題を捉えると、教育格差の拡大によって教育疎外層の教育機会を保障する課題を克服するためには、「民間の教育市場活用型の生涯教育政策」を見直すことが求められる。しかし、そうだとしても、軍事政権下の社会教育・生涯教育政策の歴史的性格である「行政主導型の社会教育政策」を戻ることも時代錯誤的な発想であると思われる。したがって、「行政主導型の社会教育政策」の歴史的性格を省察的に検討し、「民間の教育市場活用型の生涯教育政策」の負の遺産（教育格差の拡大における教育疎外層への教育機会保障）を克服する内容を包括する概念が求められている。これが本書では「行政支援型の生涯教育政策」である。

本書で上記の３つの概念の表現を用いざるをえない理由は、韓国で生涯教育と呼んでいる社会教育・生涯教育政策に関する先行研究において同政策の歴史的性格を規定する概念が不在であることに起因している。

第1章　識字教育と社会教育政策の展開
（1945～1960年）

　第2次世界大戦が連合国軍の勝利によって終わり、朝鮮半島は日本の統治から「解放」された（1945年8月15日）。その直後、連合国軍のなかでソ連軍とアメリカ軍がそれぞれ北側と南側に進駐し、朝鮮半島の社会的混乱の解決と独立国家への政権移譲をもくろんだ。当時の朝鮮半島は、両軍の駐留と信託統治（trusteeship）をめぐり、賛成する北側と反対する南側というように国論が二分し、社会的混乱が深刻化している状況であった。

　結果的に信託統治下におかれた半島は、北側にソ連軍、南側にアメリカ軍という2か国の軍隊の駐屯が決まり、韓国（南側）では3年間のアメリカ軍の占領（以下、米軍政）が始まった。米軍政占領政策が推進されるなか、民主国家の教育理念と方針が制定された。その主な特徴は、教育の民主化と機会均等の理念を、中央・地方行政機構の強化・義務教育制度の確立・成人教育計画により推進していく方針を示したことであった。

　U.N.（国際連合）の決議に基づき実施された1948年5月10日の南側の総選挙で選ばれた代表によって、憲法が制定・公布（1948年7月17日）された。しかし、朝鮮戦争の勃発（1950年）により、1950年代の教育政策には、①「解放」後の教育の復興、②反共産主義教育の拡大、③義務教育による教育機会の拡大、④識字教育の推進を主要な内容とする新しい課題が浮上した。

　「解放」以降、韓国の教育史を政治経済的枠組みの視点から時系列的に区分すると、米軍政による占領期から1950年代までを、「解放」後の韓国の社会教育政策の第1期として位置づけるのが通説である。この時代区分によると、第1期の特徴は、次の2点に集約される。

　第1に、当時の教育政策は、"韓国の民主社会建設に決定的影響をおよぼし、38度線以南の秩序維持と独立国家の樹立と同時に日本支配の残存を払拭させることを目的"[77]としていたという認識があった。第2に、初期の3年間の米軍政期は、"軍

政の法令に基づいて、日本の軍国主義による植民地的思想と形態を払拭し、解放された韓国を民主化させるための直接統治"[78]であるととらえられていた。つまり、朝鮮半島の南側（韓国）における米軍政期は、①日本による支配の残在の払拭と②民主主義理念の普及を目的とし、独立政権が発足する以前の社会混乱期の、過渡期的性格を内在しているというのである。

米軍政からの政権移管、韓国独立政権の樹立までの社会教育における優先課題は、日本の植民地統治下の皇国臣民教育の結果の産物であった韓国国民の非識字対策であった。識字教育は、教育普及に先立つ課題として位置づけられ、この時期を代表する社会教育政策とされた。

以上を踏まえたうえで、本章では、米軍政期から朝鮮戦争にいたるまでの初期の社会教育政策の内容・特徴・課題を考察する。しかし、その前に、米軍政期から朝鮮戦争経て1950年代まで展開された社会教育政策の理解を深めるために、戦前の社会教育政策の全体的動向を紹介する。その上で、米軍政期から1950年代までの時期を第1期とし、当時の社会教育政策について論じる。

第1節　日本統治期の社会教育政策に関する概括的検討
（1910年8月～1945年8月）

韓国の生涯教育政策の歴史的特徴と課題を検討する前に、本節では日本の植民地統治下の朝鮮半島の社会教育政策の動向を検討する。ただし、本書は「解放」後の韓国の社会教育・生涯教育政策に焦点を当てているため、本節の内容は「解放」後の同政策の理解を深めるための補助的意味を持つことを前提としていることを改めて明記しておく。

上記の前提を踏まえた上で戦前の朝鮮半島の社会教育政策を概括的に理解するためには、まず①日本統治期の朝鮮半島の社会教育政策の時代設定と②日本の統治期の朝鮮半島の社会教育政策の推進主体という2つの側面を把握する必要がある。つまり、戦前の朝鮮半島の社会教育政策の動向を理解するためには、日韓併合条約の締結から終戦まで期間の戦前という時代区分に基づき、同時期の社会教育政策の主体が取り組んだ同政策の特徴を理解することが必要である。そのために、まず日本植民地統治下の時期区分と同時期の社会教育政策の推進主体の位置づけを確認す

ると、以下のように把握することができる。

第1に、日本植民地統治下の朝鮮半島の社会教育政策を考察する上で時代区分を検討すると、その時代は日韓併合条約が交わされた時期に遡る。1910年の日韓併合条約以来、すべての外政と内政の権限が日本に移譲されるようになった。所謂、日本の植民地統治と呼ばれる時期である。本節では、日韓併合条約（1910年）以来から第2次世界大戦が終わる1945年8月の終戦によって韓国が解放される時期までを戦前の時期として設定する。

第2に、1910年の日韓併合条約以降、朝鮮半島の行政政策は朝鮮総督府によって統括・管理されるようになった。具体的にみると、この時代朝鮮総督府は、財政、治安、司法、国土管理、産業・貿易、金融・郵政、交通・運輸、電気・通信、地方制度と教育に至るまですべての政策を統括する役割を遂行していた。すなわち、日本の統治期の朝鮮半島の社会教育政策を推進する主体が朝鮮総督府であったことを理解することができる。

上記の記述を整理すると、日韓併合条約締結以来から1945年8月まで日本植民地統治下の朝鮮半島の社会教育政策は朝鮮総督府によって主管されてきたと理解できる。したがって、本節では、朝鮮総督府によって施行されてきた社会教育政策の動向を中心に考察する。この期間の社会教育政策に関する研究はすでにいくつかの先行研究が日本と韓国で出されている。まず代表的研究の内容を簡単に紹介する。

韓国における日本植民地統治下の社会教育政策に関する代表的研究としては、①金道洙「우리나라의 近代社会教育政策과 活動形態의 展開過程—日帝統治時代를 中心으로—」（わが国の近代社会教育政策と活動形態の展開過程—日本帝国統治時代を中心に—）檀国大学校教育大学院『教育論集』（創刊号）1985と②李明實「황민화·정책기의 조선총독부에의한 사회교육행정기구의 재편」（皇民化政策期の朝鮮総督府による社会教育行政機構の再編）韓国教育史学会編『韓国教育史学』（第21集）1999がある。他方、日本における戦前の朝鮮半島の社会教育に関する研究は、③李正連『韓国の社会教育の起源と展開—大韓帝国末期から植民地時代までを中心に—』大学教育出版2008がある。これら戦前の朝鮮半島の社会教育に関する研究をみると、上記の①と②の研究と③の研究の間には日本の統治期の社会教育に対する異なる認識が存在していることがわかる。①と②の場合、日本植民地統治下の社会教育が日本の植民地政策の一環として推進されたと主張し、社会教育は韓国の人びとの民族意識を抹殺すると同時に、内鮮一体という皇国臣民化教育を通じて韓国

の人びとを植民地支配に対して従順な人として形成させる愚民化政策の代表的教育であると捉えていた。その結果、日本の統治期の社会教育は韓国民衆の民族意識と独立意識を抑制する教化的性格が強かったと評価している。一方、③の場合は、まず日本植民地統治下の社会教育と近代化の関係に注目し、主体的に日本の近代化を朝鮮半島へ受容しようとしたという事実を示しながら、韓国民衆も近代的文明・思考を形成する上で能動的にかかわり、そのなかで社会教育は植民地下の韓国社会の近代化に貢献する側面もあったという問題提起を行った。

　先行研究の内容を踏まえると、日本の統治期の朝鮮半島の社会教育に関する評価は、韓国と日本の研究のなかで異なる側面へ注目していることをわかる。しかし、本節では、日本植民地統治下の朝鮮半島の社会教育の動向を概略的に考察する上で、先行研究のように日本の植民地統治をめぐる評価の問題へ焦点を当てるのではなく、朝鮮総督府による社会教育政策の推進内容とその特徴、そしてこの時期の社会教育政策が「解放」後の米軍政の社会教育政策へ移行する上で与えた影響に注目する。その理由は、韓国の教育政策は米軍政占領期から日本の植民地統治下の教育の残滓をなくすことから始まったからである。そのため、「解放」後の韓国の社会教育・生涯教育政策を歴史的に検討するためには、朝鮮総督府の教育政策を概略的に検討し、日本の植民地統治期の教育政策をまず確認しておくことが必要であると思われる。したがって、本項では、第1に、朝鮮総督府の社会教育政策の内容を各総督の統治期別に区分して各自の政策内容を検討する。第2に、各時期別の政策内容に基づき、社会教育政策の変遷過程を考察し、日本の植民地統治下の朝鮮半島の社会教育政策の特徴を把握する。

1. 日本植民地統治期の朝鮮総督府の社会教育政策の変遷過程

　日韓併合条約締結以降の朝鮮半島の社会教育政策を、朝鮮総督府の政策変遷に基づいて検討すると、朝鮮総督府の各総督の政策推進事項を時系列に把握できる。しかし、実際に、朝鮮総督府の総督の施政方針のなかでは、教育関連政策を具体的に推進した場合と前任者の政策を継承した場合がある。そのため、本項では、約35年の間に着任した全10人の朝鮮総督府総督の政策のなかで、具体的に教育関連政策へ力を入れていた各総督の施政（①寺内正毅、②斎藤實（第1期と第2期）、③宇垣一成、④南次郎）に焦点をあて、教育政策内容の変遷を考察する。

(1) 寺内正毅総督時代の社会教育政策内容

1910年8月22日「日韓併合に関する条約」が締結され、その結果、朝鮮半島は日本の統治下に入り、朝鮮半島の立法権、統師権、行政権と司法権は朝鮮総督府総督の権限下に置かれるようになった。そして、第1代総督として着任したのが寺内正毅（在任期間：1910年10月～1916年10月）であった。寺内総督の施政は、"併合の終局の目的は物質的に朝鮮民衆の福利を増進するのみならず進んで精神的同化を図り以て内鮮一家の実を擧ぐるにあるは言を要せぬ所である"[79]と方針を示し、併合後の朝鮮半島において教育政策を通じた内鮮一体の実現を図ろうとしたものである。内鮮一体を図るための寺内総督の統治下の教育政策は、朝鮮半島教育の体系を確立することに比重をおいていた。具体的に、寺内総督の諭告に基づいて朝鮮半島の教育体系を確立することに関する内容をみると以下のように記されている。

　　帝国教育ノ大本ハ夙ニ教育ニ関スル勅語ニ明示セラルル所之ヲ国体ニ原ネ之ヲ歴史ニ徵シ確乎トシテ動カスヘカラス朝鮮教育ノ本義亦此ニ在リ
　　惟フニ朝鮮ハ未タ内地ト事情ノ同シカヲサルモノアリ是ヲ以テ其ノ教育ハ特ニ力ヲ徳性ノ涵養ト国語ノ普及トニ致シ以テ帝国臣民タルノ資質ト品性トヲ具ヘシメムコトヲ要ス…[80]

上記の記述からみると、寺内総督統治下の教育政策の目標は①帝国臣民としての徳性の涵養と②日本語（上記では国語）普及を目的としていたと理解できる。さらに、①と②の目標を達成するために、寺内総督統治下の総督府は、併合以前の書堂と郷校を中心とした朝鮮の学制を廃止し、普通教育・実業教育・専門教育を軸とする学制へと組み替える改革を断行した。第1に、普通教育では、普通学校・高等普通学校・女子高等普通学校を設置し、国語（日本語）教授を主としながら国民性養成に力をいれていた。第2に、専門教育では普通教育後の教育機関として医学教育機関を、実業教育では農林・工業教育を主とする教育機関を設置した[81]。寺内総督統治下へ教育政策を担当していた隈本繁吉は、「教化意見書」のなかで、朝鮮民衆の同化を実現する手段として教育を掲げ、"初等教育ハ主トシテ日本語ヲ普及セシムル機関"[82]であると記し、同化教育の最初に取り組むべきものとして日本語教育の重要性を披瀝していた。すなわち、寺内総督統治下においては併合直後の日本の統治に対する民衆の反発を抑制し、日本への同化を図ることが最優先の課題であったと考えられる。そして、この課題を克服するために、寺内総督の施政のなかで推進された教育政策では、併合前の朝鮮の学制を改編し、日本の学制を導入し、普通

教育機会の拡大を試みた。普通教育機会の拡大と同時に、日本語普及のための日本語教育を実施することで、朝鮮半島の民衆が日本へ同化するよう教育政策を推進したと見られる。

　以上の内容を踏まえると、寺内総督統治下の教育政策は、社会教育政策という特定の教育範疇は確立されず、学制の改編という教育体系の確立と同化教育の一環として日本語教育が拡大された時期であったと理解できる。

（2）斎藤實総督時代の社会教育政策内容

　斎藤實総督の着任と伴い、朝鮮半島の統治は文化政治といわれている時代へ入るようになった。従来、朝鮮総督府の官制のなかで総督の任用は武官に限るという制約があった。斎藤は、この制約を撤廃すると同時に、憲兵警察制度の廃止によって普通警察制度の導入と学校の教員などの制服着用を廃止する政策を推進し、文化主義という施政方針を打ち出した。すなわち、文化的開発に力を注ぐ文化政治の実現を図ることで、自らの統治時代の特徴として文化政治を掲げたのである[83]。実際に、斎藤総督統治下の官制改革は文化政治（強権的統治ではなく、同化を求める統治）を推進する制度的土台となった。斎藤は訓示のなかで、"（一）言論・集会・出版等に対しては秩序および公共の維持に妨げなき限り相当考慮を加へ民意の暢達を計ること、（一）教育・産業・交通・警察・衛生・社会救済其の他各般の行政に刷新を加へ国民生活の安定を図り一般の福利を増進するに於て新たに一生面を開くこと…（原文ママ）"[84]と述べ、文化的要素を施政の中核へおくことで文化政治の推進をもくろんだ。このような斎藤総督統治期の文化政治という施政方針下の教育政策の内容は次のように把握できる。

1）第1次斎藤総督時代の社会教育政策（在任期間：1919年8月～1927年12月）

　斎藤総督はが着任して以来、2つの教育政策へ取り組み始めた。一つは、"文化施設の拡張上特に教育の振興に力を効すの必要を認め、差當り先づ普通学校修業年限の延長竝に高等普通学校補習科制度の設置を断行して此等国民教育の基礎たるべき普通教育を内地"[85]へ普及させることである。もう1つは、新朝鮮教育令を施行することで大学教育制度を確立する同時に、"古来の良風美俗を尊重し、醇良なる人格陶冶を図り進みて社会に奉仕するの念厚うし、同胞輯睦の美風を涵養するに努め且国語に熟達せしむることに重きを置き、勤労愛好の精神を養ひ興業治産の志操を鞏固ならしむるのは新教育の要旨とする所である（原文ママ）"[86]と述べ、日本

語教育の普及に基づく国民の精神教育を図ろうとしたのである。

具体的にみると、①大学教育制度の確立と推進という側面からいえば、帝国大学を設立し、法文学部と医学部を軸とする高等教育課程を確立・実施することであった。実際に、総督府は、朝鮮半島の教育政策のなかで、大学教育の推進は朝鮮半島の近代化の一環であり、教育政策の近代化を反映すると捉えていた。すなわち、斎藤総督統治下で大学教育制度を確立することで、文化水準の向上を図ろうとしたといわれている。さらに、②日本語普及という観点からみると、朝鮮総督府は、日本語普及を新朝鮮教育令の眼目の主なるものであると認識し、斎藤総督統治下で日本語を理解する朝鮮人の数は増え、内鮮一体の政策の成果が表れたと自ら評価し始めた。朝鮮総督府が把握した日本語教育の統計は、表1-1のように記されている。

表1-1 国語（日本語）を解する朝鮮人の数[87]

人・年	1919	1920	1921	1922	1923	1924	1925	1926	1927
稍々解し得る者	200,195	244,643	290,707	386,158	485,260	549,137	615,033	690,448	753,618
普通会話に差支えなき者	102,712	122,722	250,517	178,871	227,007	268,860	332,113	374,998	424,530

（朝鮮総督府編『施政二十五年史』朝鮮総督府1935年、p.489）

上記の表から見ると、日韓併合以来継続的に推進されてきた日本語普及の教育政策は、確実に朝鮮民衆へ浸透しつつあったと理解できる。そして、斎藤総督統治下の施政は日本語普及に伴い、言論・出版・集会を奨励する異例の政策を打ち出すことで、社会教育の土台となる制度的基盤を整え始めたと理解できる。

以上のように斎藤総督統治下では、教育へ比重をおいた政策の推進（大学教育制度の確立と新朝鮮教育令の施行）に伴い、文化政治と呼ばれる国民の意識改革を図る政策が奨励され始めたという特徴がある。実際に、東亜日報や朝鮮日報などの新聞社が設立され、国民文化的活動を促す動きが顕著に現れ始めた。朝鮮民衆の主体的文化活動が実施される中で、日本の統治に対する反対組織の結社と民族意識の向上を図ろうとする独立運動が拡大し始めたこともこの時期の特徴でもあった。すなわち、この統治の時期は、①朝鮮総督府の政策として教育機会が広がったという側面と②総督府の政策を活用した朝鮮半島の独立運動を促す組織的結社の形成とい

う相対的性格が表れた時期であったと理解できる。

2）第2次斎藤総督時代の社会教育政策（在任期間：1929年9月～1931年5月）

斎藤實総督の後任として陸軍大将山梨半造が第4代朝鮮総督府総督として着任し、1927年から1929年まで約2年間勤め、文化政策と経済発展という二大目標を掲げ、産業の開発と民衆生活の安定を図ろうとした。教育政策においては、斎藤総督統治期の教育政策を継承し、大学教育を含む教育制度の整備と改善を推進しようとした。しかし、約2年で総督としての仕事を終え、再び斎藤實が第5代朝鮮総督府総督として着任することになり、第2期斎藤総督統治の時代が始まった。

第2次斎藤総督統治期の主要事業は、地方自治制度の確立であった。そして、教育政策も地方自治制度に基づく事業内容へ改善が求められるようになった。この時期の教育政策は地方単位の普通学校、実業学校と私立学校の設立を奨励し、地域単位で各学校の管理を行うことを目的としていた。普通学校は日本語教育とともに基礎教育を継続的に担当し、実業教育（実業補習学校）は産業の発展を図るという目的下で必要な技術教育を実施することであった。他方、私立教育においては総督府が民族教育思想に基づく学校の管理を担当することになったため、地方自治制度に基づく私立学校の教育に関する統制が行われるようになった。したがって、地方自治制度下で私立学校の管理・統制を通じて民族意識の高揚と独立運動の推進を図ろうとした私立学校の教育方針は困難に直面するようになった。

一方、この時期、社会教育の性格を内在している教育政策としては「思想の善導と教育の実際化」であった。第1次斎藤総督の教育政策の結果、言論・出版・集会の自由がある程度保障され、朝鮮半島の独立を図る運動が全国各地で行われるようになった。このような結果に対し、第2次斎藤総督の施政は、不良思想の防止のための教育の推進を促した。"（一）朝鮮教育令の精神の実現"と"（二）勤労教育を鼓吹し、学校教育をして実際生活へ即せしむる（原文ママ）"[88]ことという二つの内容へ焦点をあて、日本の統治に対する反発を抑制するための教育を推進した。具体的にみると、地方自治制度に基づき自治体管轄の青年訓練所という社会施設を設置し、青年の思想改善と軍事基礎教育・実業教育を促進させることを図ったと把握できる。すなわち、この時期において朝鮮半島では日本の植民地統治に対する独立運動が地域単位まで浸透したため、総督府統治に対する反発を抑制するための思想教育と地域単位の管理が重要な教育政策として必要とされた時期であったと理解できる。

(3) 宇垣一成総督時代の社会教育政策

　斎藤総督の後を承け、陸軍大将宇垣一成（在任期間：1931年6月〜1936年9月）が第6代朝鮮総督府総督として赴任した。しかし、この時期は満州事変が勃発し、日本の大陸進出の政策と第2次世界対戦の兆候が顕著に表れ、国際的情勢は激変し始めていた。したがって、宇垣総督統治下の朝鮮半島の施政は新しい転機を迎えるようになった時期でもあった。宇垣総督統治下の施政方針は次のように把握することができる。

　宇垣総督は諭告のなかで特に当時の時代的状況を踏まえ、"今や非常時局に処し、吾人は須らく大局に著眼し時勢を達観し、東洋に於ける吾人の立場を自覺し、官民を論せず渾和融和一体一元となり、勇猛心を奮起して体なる天賦の資源開拓に努力すべき"[89]と述べている。日本が直面している当時の時代的情況からみると、満州事変後、日本はアジア進出と大東亜戦争へ国力を集結させるという課題に直面し、朝鮮半島の政策も内鮮一体の協力がより切実に必要とされるようになった。実際に、宇垣総督の施政は具体的施策として「農山漁村振興」・「自力更生運動」を示し、両施策が朝鮮半島の今後の統治を左右する重要な要素となると主張した。

　具体的に教育政策に焦点を当てると、内鮮一体の強化に伴い、国力の集合を意図した宇垣総督施政の教育政策は斎藤総督の施政の文化政治の流れから転換を図るようになった。国民の意識改革を図る社会教化として「国民精神の作興」を具体的政策の例としてあげることができる。「国民精神の作興」とは、①わが尊厳たる国体観念、宏達なる肇国の理想、儼然たる国憲の精神、3,000年の伝統の国民道徳、内鮮一体の信念を闡明し、皇室を中心とする国民の一致団結を図ること、②内鮮融和より内鮮一体へ進む、③尊厳宗高なる国体に基づき盡忠報国の精神を益々振起し、日常生活に実践するということ、④官民一体による国力の充実に寄与することと⑤国民教養の向上を軸となる内容を内包していた[90]。宇垣総督施政の「国民精神の作興」は、内鮮一体の同化主義を提唱し、朝鮮民衆に対する本格的啓蒙教育を推進しようとしたと理解できる。以前の総督施政の教育政策が日本語普及と学制の改革などであったとすると、この時期から精神面の啓蒙教育が教育政策の重要事業として台頭したのである。もちろん、国民精神涵養の啓蒙教育的側面の他、地方自治制度の整備に伴い、簡易学校が設置され、就学機会に恵まれない児童に対する基礎教育と日本語教育を地域単位で推進する動きが現れた。実際に、日本語教育を受ける人びとは780,137人を超え[91]、以前より日本語が朝鮮半島の民衆のなかで普及したこ

とを確認することができる。宇垣総督の統治施政は、満州事変などの国際的情勢の影響から国民の精神教育を通じた同化主義教育と日本語普及という両政策に力を入れた時期であったと理解できる。

（4）南次郎総督時代の社会教育政策

　1939年の第2次世界大戦が始まる直前、陸軍大将南次郎（在任期間：1936年8月～1942年）が朝鮮総督として赴任した。南次郎が総督として在任した6年間は継続在任期間としては最も長期であり、斎藤総督が推進した文化政治に対して皇国臣民化政策を推進することで、朝鮮半島の植民地の歴史のなかでは武断政治と呼ばれる時期でもあった。具体的に、南総督統治下の施政方針をみると、①内鮮一体の徹底的具現、②鮮満一如・日満一心、③国家総動員の発動による半島施設の内地従属化を実現し、戦時経済下の朝鮮半島の役割遂行と④自力更生運動を主要な項目としてあげていた[92]。特に、南総督の施政は内鮮一体を政策の軸とすえ、皇国臣民化の教育政策を主たるものとして位置づけた。同時に、この時期から社会教育という枠組みのなかで政策を推進し始めたのも特徴であったと考えられる。さらに、南総督統治下の教育政策の主要方針を確認すると、同施政は朝鮮教育令の改正を行い、南総督の諭告のなかで以下のように記している。

　　　抑々朝鮮統治ノ目標ハ斯域同胞ヲシテ眞個皇国臣民タルノ本質ニ徹セシメ内鮮一体倶
　　ニ治平ノ慶ニ頼リ東亜ノ事ニ処スルニ在リ。即チ歴代当局苦心相承ケ一視同仁ノ聖旨ヲ
　　奉体シテ施政ノ暢達民福ノ増進ヲ図リ特ニ教育ニ於イテハ我ガ国民彛倫ノ規範タル教育
　　ニ関スル勅語ニ恪遵シ日本精神ノ培養ニ努メテ以テ今日ノ庶績ヲ見ルニ至レリ[93]

　南総督の施政方針は、皇国臣民化政策の推進であり、そのための教育を通じた日本精神の培養が朝鮮半島の民衆に対して必要であると述べられている。さらに、南総督統治下の施政は陸軍特別志願兵制度を制定し、志願兵の訓練のための朝鮮総督府陸軍志願者訓練所を設置した。南総督の施政は、単に内鮮一体を図る教育に留まることなく、第2次世界大戦へ参戦しようとする日本の国際的情勢に基づき軍事教育と訓練を包括する教育政策を推進しようとしていた。すなわち、斎藤総督時代の文化政治とは相対する政策方針の流れを形成していたと理解できる。特に、南総督の施政は社会教育においてもより具体的政策方針と内容を定めていた。その政策方針と内容は、以下のように説明することができる。

南総督統治下の社会教育政策は大きく4つの形態で区分される。第1に、社会教化的性格が強い社会教育政策である。具体的内容をみると、①宇垣総督統治期の政策を継承した「国民精神の作興」、②皇国臣民の誓詞の普及、③興亜奉公日（愛国日）の制定実施、④教化団体連合会の組織、⑤勤労報国団体の結成、⑥青年団の指導などをあげられる。これらの項目からみると、皇国臣民を形成する社会組織の結成と日本へ従順かつ忠誠を示す国民意識の形成が社会教育の役割として位置づけられていたと理解できる。第2に、時局巡回公演とラジオを通じた啓蒙教育である。朝鮮人民の啓蒙のために巡回公演とラジオを通じた教育の実施を社会教育政策のなかで定めたことが特徴的であった。第3に、朝鮮教化団体連合会や朝鮮文芸会を中心とする朝鮮人の知識人や有職者を中心とする組織を結成し、その組織の活動を通じて朝鮮人民を皇国臣民化へ啓蒙しようとする動きが社会教育政策として実施された。第四に、日本語の普及事業をより積極的に遂行し、朝鮮語使用禁止と創氏改名を通じて完全な内鮮一体を図るための社会教育政策を推進した[94]。さらに、1939年以降、第2次世界大戦が勃発し、戦争への物的・人的資源の確保が必要とされる中で、南総督の施政は「国民精神総動員運動」を推進した。国民精神総動員運動は、"内鮮一体を基調とする統治方針の徹底並びに半島同胞の皇国臣民化を図るを以て大眼目とする（原文ママ）"[95]という目的下で、朝鮮半島の民衆を皇国臣民として同化させ、戦争への支援を獲得しようとした。

　上記の南総督統治下の社会教育政策の性格を整理すると、南総督統治下の社会教育政策は、第2次世界大戦の勃発という国際的情勢の変化に伴い、朝鮮半島の民衆の日本へ同化を促す内鮮一体化の性格が強かったと考えられる。そして、国民精神の作興のような啓蒙教育と日本語教育を軸とする社会教育政策が南総督統治下の社会教育の特徴であった。その後、戦争が激化する中で、南総督統治下の社会教育政策は、後任総督である小磯国昭と阿部信行へ継承され、1945年8月日本の植民地統治は終わるまで継続して展開された。

　次項では、4つの時期で区分された朝鮮総督府の教育政策の内容と既存の日本の植民地支配・統治下の社会教育に関する先行研究の内容を踏まえ、この時期の朝鮮半島の社会教育政策の特徴と課題を概略的に考察する。

2. 日本植民地統治期の朝鮮半島の社会教育政策の特徴と課題

　日韓併合条約締結後、実際に日本の統治下で置かれた朝鮮半島には朝鮮総督府が設置され、総督や政務統監の主導下で政治経済から教育に至るまでさまざまな政策が展開された。その政策のなかで、朝鮮総督府の施政は内鮮一体を目的とする同化政策が主要な目標として掲げられた。内鮮一体の同化政策を推進する上で、教育政策の役割は大きな影響を与えていた。朝鮮総督府の教育政策の構図をみると、次のように区分して把握することができる。

　朝鮮総督府の同化政策の一環として教育政策の第一段階は、日本語普及のための教育であった。当時旧韓末の政治的権力の掌握をめぐる党派の対立と前近代的産業と貧困の状況を打開することを掲げた朝鮮総督府は、日本の近代的学制に基づく朝鮮半島の学制の改正と内鮮一体を図る基礎政策として日本語普及・拡大を主要事業として推進した。すなわち、朝鮮半島の産業の発展を促すためにも、朝鮮半島の民衆の朝鮮総督府の政策への協力は必要不可欠な要素であったため、日本語普及に基づく言語・風俗の同化政策から取り組んだと理解できる。しかし、民間のレベルでは、朝鮮半島の民衆のなかで日本の統治に反対する運動（3・1独立運動）が展開されるなど、"日本の植民地統治に対する批判と抵抗を促し、朝鮮民族の覚醒を図ろうとする啓蒙運動"[96] が拡大されていた。

　日本の統治に対する不満が拡大することを危惧した朝鮮総督府の第2段階の同化政策は、斎藤総督の施政に代表される文化政治であった。京成鉄道を完成するなど産業面で近代化の事業が着々進む中、朝鮮民衆を皇国臣民として形成することは日本語教育の拡大にもかかわらず、十分な成果を上げずにいた。このような状況を克服する施策として文化政治は、言論・出版・集会の自由を一定の範囲で保障し、普及しつつある日本語教育の成果を踏まえて、朝鮮人民の文化的意識を向上させるための啓蒙教育を遂行した。したがって、全国各地に社会教化を遂行する組織が結成され、民衆に対する教化事業が展開されるようになった。他方、斎藤総督の施策とは異なり、言論・出版・集会の自由が保障されたことを期に、朝鮮民衆の民族意識を高揚させようとする新聞の発刊や社会教育組織が現れ始めた。産業の発展と日本語を話す民衆の増加という朝鮮総督府の教育政策の意図が一定の成果を上げられる中で、朝鮮民衆の抵抗の動きが拡大したのも事実であった。

　満州事変と第2次世界大戦の兆候が見え始め、国際的情勢が変化し、日本の大

東亜戦略のための朝鮮半島の役割が期待される中で、朝鮮総督府（宇垣一成と南次郎統治期）の第3段階の同化政策は皇国臣民化政策をよく強行的に推進し、朝鮮半島の民衆を日本の戦略へ動員しようとする動きへ転換するようになった。特に、日本語普及政策は学校に在学している青年および一般民衆に対する日本語使用、創氏改名と各種集会活動での日本語使用を義務化するなど、朝鮮語の使用がほとんど禁じられる状況であった。すなわち、皇国臣民化の同化政策が頂点に達する時期であったと考えられる。さらに、日本語普及だけでなく、国民総動員運動を展開し、皇国臣民としての責務を果たし、日本の戦争に対する協力を促したのである。当然、このように朝鮮総督府の施政が強化された背景には日本の統治に対する朝鮮民衆の抵抗運動が内外で多発していたことも看過できない事実であった。結局、日本の統治に対する抵抗運動を抑止する手段として、上記の日本語普及と国民総動員運動の啓蒙運動と代表される社会教育政策が整備されたのが、この段階の社会教育の特徴であると理解できる。

　①日本語教育による同化政策の推進、②産業発展と文化政治を踏まえた国民意識の啓蒙と内鮮一体の政策と③日本語使用の義務化・国民総動員運動の政策という流れで推進された朝鮮総督府の社会教育政策は、朝鮮半島の民衆を同化すると同時に近代化政策を推進しようとする朝鮮総督府の朝鮮半島に対する統治政策の手段であったと考えられる。

　しかし、この時代の社会教育に関する韓国の社会教育研究における通説的見解は以下の通りである。金道洙によれば、日本植民地統治下の社会教育政策の意義は、①社会教育行政制度の整備と②近代的社会教育体制の確立という成果の側面もあると指摘しながら、それよりも皇国臣民化という植民地政策を通じて朝鮮民衆の民族的意識を抹殺しようとする問題の方が大きいと主張されている[97]。他方、李正連は、この時期の社会教育は"①朝鮮総督府によって制度化された社会教育と②民衆によって実践される社会教育"[98]という2つの社会教育の形態で相互相対する目的の下で展開されてきたと説明している。両者の意見を踏まえると、朝鮮総督府の社会教育政策と民衆の社会教育実践とは相対する性格が内在していたと捉えることができる。したがって、朝鮮総督府の同化政策に基づく社会教育政策は、同化政策と近代化という大命題を実現するための国民意識改革と日本語教育を実施することで、産業の発展と日本語の普及には成功しながらも、民衆の従順な皇国臣民化までは実現できなかったと考えられる。

ただし、日本植民地統治下の時代において朝鮮総督府の社会教育政策を検討する中で注目すべき点が1つある。それは、日本語教育が「解放」後の社会教育政策史の研究に重要な歴史的意味を与えているということである。その理由は、日本語教育はこの時代の朝鮮総督府の教育政策のなかで36年間一貫して推進され、上記の表で把握したように最も民衆へ普及した内容であるからである。少なくとも、日本語教育の推進と伴い、官公事業と各種地域事業において朝鮮語の使用は減少し、日本語の識字者の増加と朝鮮語の識字者の減少という結果を招くことになった。その結果、日本の統治下から「解放」された時点では、朝鮮語の識字者の比率は非常に低い状況となった。さらに、日本語普及の増加と朝鮮語識字者の減少という朝鮮総督府の教育政策の産物は、終戦以降日本の植民地統治の政治的性格から脱皮を目論む米軍政および初代韓国政府において識字問題が社会教育政策のなかで重要な課題であることを自覚させる遠因となる。この点は次節で詳しく検討する。結局、戦前の朝鮮総督府統治下の社会教育政策の性格を整理すると、2つの側面から分析することができる。1つは、朝鮮半島の内鮮一体の同化政策の推進の手段として「日本語普及」と「朝鮮民衆の国民意識の皇国臣民化」という側面である。もう1つは、朝鮮総督府の教育政策が全国に拡大することによって、韓国の民衆が近代的学校教育を受ける機会を得られると同時に、民衆の側も積極的に学校教育へ参加したという側面である。この2つの側面からみると、日本の植民地統治下の教育政策は、植民地統治下では朝鮮民衆が近代学校教育機会を得られたという点で評価されながらも、日本語教育の奨励によって「解放」以降では同化政策の手段として教育政策の推進という批判的側面がなされるという両義性をもっていたとその特徴を把握できる。

第2節　米軍政占領期の時代的背景

1. 朝鮮半島の政治経済的背景

　本節では、米軍政占領期（以下、米軍政期）の時代的背景（政治的・経済的）を、社会教育に関連する視点から把握する。第2次世界大戦後の韓国にとって、日本の植民地統治からの「解放」は、自由民主主義と社会・共産主義と二分された朝鮮半

島の体制における新しい世界秩序の形成過程のなかで位置づけられていた。

当時、ソ連と中国による朝鮮半島の政治的支配を憂慮した米国政府の極東アジア戦略の一環として南側に駐屯するようになった米軍政は、韓国が自由民主主義国家の一員として位置を確保するように"自由かつ独立した国家の樹立（布告令第1号）"[99]に必要な条件を形成することが「解放」後韓国の課題であるととらえた。米軍政によって提示された「自由かつ独立した国家の樹立」という概念は、米国的な民主主義の理念に立脚した国家の建設を奨励すると同時に、共産主義運動の禁止を示唆していた。言いかえれば、米軍政の意図は、韓国が共産主義とソ連寄りの路線に進むのを防ぎ、親米的な単独政府を樹立することであったといえる。つまり米軍政の一次的任務は、朝鮮半島に共産主義に対する防波堤を構築することであった[100]と理解できる。その防波堤を築くために米軍政によって実施された具体的政策は、①韓国保守陣営との提携強化、②強力な警察力の確立、③南側の独自の軍隊創設、④左派の粉砕[101]であった。

米軍政の4つの政策は、反共国家の建設を目的とすると同時に、冷戦のイデオロギーと経済の再編を軸としており、そのため日本の植民地時代に親日的活動を展開してきた保守陣営との提携を強化した。日本の軍・警察組織下で活動していた人材を再登用し、反共産主義体制を構築するうえで土台となる軍・警察組織を確立することで、左派勢力を粉砕しようとしたのである。

左派勢力打倒の取り組みの一環として、米軍政は1946年2月23日、米軍政庁法令第55号を発表し、各政党および社会団体を登録することを義務化した[102]。これを期に、共産主義勢力の政治活動を規制すると同時に、イデオロギーの拡散を防ごうとしたのである。朝鮮共産党の機関紙『解放日報』が1946年5月18日に停刊処分されたのはその一例である。後に初代大統領となる李承晩は、米軍政の政策に対して、1946年6月3日井邑市の演説会で"南朝鮮だけでも即時自律的政府を樹立すべきである"[103]という単独政府案を発表した。このように米軍政と保守陣営の提携は、南側でも支持勢力を確保しようとする動きを強化する契機となった。

実際、第2次世界大戦の終戦直後の朝鮮半島は、「イデオロギー的戦場」といえるほど左右の対立が熾烈だった。特に、米国務省の極東部長 Vincent が1945年10月20日に朝鮮信託管理表示[104]という信託管理構想を公式に表明し、1947年12月27日に信託統治の決定がモスクワで発表されて以来、信託統治の賛否をめぐる左派・右派の対立は激化した。具体的にいえば、モスクワ三国外相会議で採択さ

れた韓国信託統治案に対して、1945年12月27日の同会議場で韓国信託統治のために米ソ共同委員会を構成するという発表がされるやいなや、金九を中心とする大韓民国上海臨時政府の要人たちが結束して信託統治反対と独立を掲げ、それをきっかけに反対運動が全国的に展開された。

初期の反対運動は韓国民衆の感情を刺激し、左右を問わず幅広く大衆の支持を獲得した。しかし、統一政府樹立をめぐって左右の意見の対立が拡大するなか、左派勢力はソ連の意見に従い、信託統治賛成へと態度を一変させた。その結果、左右の対立はさらに激化した[105]。その後の米軍政の政策は、保守陣営と連携し、朝鮮半島の南側に単独政府を樹立する政策に帰結した。すなわち、"米国の政策は、ソ連の封鎖政策と冷戦化へ転換することによって、政治的に朝鮮半島の南側では反共国家が形成され、軍事戦略的に共産圏を封鎖する防波堤として役割を担うことになった"[106]。こうした米軍政期の政治的再編過程は、教育政策に関して次のような課題を示した。

「解放」当時、南側に単独政府を樹立するために総選挙が実施されたが、国民の約80%が非識字教育者であることは、米軍政にとっての政治的負担となった。米軍政の最優先課題が米国に友好的な反共民主国家の建設であったとすれば、米国式民主主義制度の導入と定着には、国民の識字率向上が必要だという認識がおのずから出てきただろう。政治の社会化、政治エリートの補充と新しい国家理念の普及は、国民、特に成人の識字を前提としていた。また、民主主義確立の必須条件となる選挙にも識字教育は不可欠だった。選挙を初めて経験する国民に制度を周知徹底させるために、識字教育を含む教育政策が米軍政の重要な政治的課題の一つとして浮上したのである。政治的課題として識字教育が注目された理由は、当時の選挙を実施する上で、候補者の名前、公約と投票方法などすべての内容を読むことができない民衆が多く、実際に候補者の名前を読めない段階で有権者が正しい投票行動ができることは困難であったからである。そのため、まず民主主義の基礎となる民意を実現する選挙を実施するために、識字教育が必要とされたのである。

一方、米軍政期の朝鮮半島の南側の経済的背景は、「解放」後の韓国が本格的に米国主導の世界経済体制の周辺部に編入されることを示唆していた。米軍政期の土地、賃金、援助、労働に関する一連の研究[107]は、当時の経済の再編過程を説明している。具体的には次のような記述がみられる。"日本の植民地経済の遺産である非自立的経済体制と南北間の分離による自立経済の構築は妨害され、米軍政期の土

地改革は地主勢力の抵抗によって計画的に実行することができない状況であった。さらに、疲弊していた朝鮮半島南側の経済に対する米軍政の援助政策は、消費財中心の対米援助に編っていたため、経済的自立の生産的基盤を助成することができず、植民地時代に日本人が残した財産は一部の商人に格安な価格で払い下げられ、けっきょく韓国独自の民族資本を形成する契機を喪失させた"[108]。

米軍政期の経済政策に対する不満が高まるにつれ、その表出として労働運動と農民運動が広がった。特に、左派的性格が強い"朝鮮労働組合全国評議会と全国農民組合を通じた労働運動は、保守勢力と米軍政の政策に対して敵対的勢力として作用した"[109]。そのため、米軍政庁では左翼の農民教育と労働教育に対抗する取り組みの一環として、広報課から成人対象の純粋なハングル紙『農民週報』を発行した[110]。米軍政庁の活動報告書である「Summation of U・S Military Government Activities in Korea」によると、"『農民週報 (Farmers Weekly)』は、4面中1面の政治欄、2面の教養と経済欄、3面の営農欄と4面の婦女・子ども欄で構成された農村啓蒙新聞であった。一方、都市地域では、『週刊ダイジェスト (Chukan Digest)』という無料新聞が米軍政庁によって配布された。当時、両新聞の発行部数は60万部にいたった"[111]。

同じく「Summation of U・S Military Government Activities in Korea」という資料には、毎月の活動報告書には「労働」という項目があり、労働組合・労働教育・産業福祉 (Industrial health and education) に多くの紙面が割かれていた。民主労働組合運営に関する教育のため、労働紛争の合法的解決方法などを内容とするラジオ番組も制作・放送していた[112]。また米軍政は、「A Steward's Role in Grievance Procedure on Collective Bargaining」という資料を韓国語に翻訳し、労働者に配布することで、左翼主導の労働運動に対抗し、労働組合の合法的紛争・交渉について啓蒙するための労働者教育を実施していた[113]。

当時の韓国では、米国の援助に依存して自立した経済基盤の構築が困難ななか、労働者の賃金闘争などが起こっていた。そのため米軍政にとっては、農民・労働者向けの教育を通じて、経済状況が招く社会不安を解消することが最優先であっただろう。しかし農民・労働者教育を推進するうえで、次のような社会教育の課題が浮上した。

第1に、「解放」後の韓国は、米国の援助に頼り資本主義経済体制に編入されることによる経済の建て直しを目的としていたため、再建に従事する労働人口の確保

が必要となった。しかし当時の韓国大衆は、十分な教育機会を得られていなかっただけでなく、文字を読めない非識字者が8割を占め、労働力として活用するための識字教育が求められた。

第2に、南側の左翼支持勢力であった農民・労働運動組織への対抗策として、米軍政は民主的労働組合の運営・組織化を支える農民・労働者教育を必要とした。当然ながら、学校教育を受ける年齢を過ぎた農民・労働者を啓蒙するための識字教育が課題となった。

米軍政期の経済状況は、「解放」後の新しい国家建設という目標の下、資本主義経済体制を定着させ、自立経済を確立すると同時に、左派の農民・労働運動の拡散を阻止するという2つの課題を抱えていた。これらの課題を克服するために、識字教育を中心とする成人教育の推進が必要とされた。結果的に、政治的背景においても、経済的背景においても、同様の課題が現れたということになる。

2. 朝鮮半島の教育状況

植民地時代に朝鮮半島を統治した朝鮮総督府の韓国民族に対する「同化」・「差別」に基づく政策の特徴は、皇国臣民化および愚民化であったというのが韓国の研究における通説である[114]。特に、植民地教育政策の副産物として、韓国民衆の非識字率の拡大が大きな問題として指摘されていた。当時の南側の教育状況を分析した米軍政の報告書にも、日本の植民地教育政策による韓国民衆の非識字者の拡大に関する記述がある。"韓国成人の80%が読み書きもできない文盲（非識字者）であり、他の20%も多数は漢字と日本語だけしか読めない人びとであり、ハングルは判読できなかった。その原因は、日本の植民地時代の学校教育が韓国語で実施されておらず、差別的政策によって一般民衆の多数が学校教育を受けることができなかったからである。たとえば、学歴別人口構成比をみると、1944年の韓国居住総人口中、日本人の割合は3%に過ぎなかったが、韓国の学校の全体における総合大学の卒業者の半分近く、短大・師範大学・技術専門学校の卒業者の47%、中等学校卒業者の44%、2年制中学校卒業者の73%が日本人であった。一方、日本側の人口調査によると、南側の人口約1,700万人中、773万3,000人が文盲（非識字者）であり、そのうち約400万人が18～45歳であった"[115]。さらに、初等教育を受けるべき児童の約半数にあたる154万2,645人しか学校教育を受けられなかったということは、児童の相当数が文盲（非識字者）であったことを意味する[116]。

この非識字者の状況は、米軍政統治が始まる頃にはさらに深刻化していた。"6-12歳の児童489万2,418中、就学児童は172万1,873人であった"[117]という数値にそれが表れている。また、成人も同様の状況であった。当時、韓国の実情に詳しかった米軍政文教部の首席顧問のHorace.G.Underwoodも、"韓国人の80%が文盲であり、残りの20%の多数は韓国語ではなく、漢文を読む人びとであった"[118]と報告している。米軍政の文献情報をもとに把握した解放直後の非識字率の約80%は、書き・算数を含まず、単に読みだけを基準とした分析だったようで、書き・算数を含めると、非識字者の数はさらに多かったと推測できる。

米軍政が非識字問題を朝鮮半島の南側の教育課題であるととらえる一方で、対立勢力であった左派組織は、この状況をどう認識していただろうか。左派陣営も当時、独自の学歴人口構成比を示し、1944年を基準として約2,000万人の非識字者があると指摘し、米軍政同様、識字教育の必要性を力説していた。

表1-2 朝鮮人口の学歴別現況（1944年度基準）[119]

（単位：人）

学校別	男	女	合 計
大学卒	7,292	102	7,374
短大・専門学校卒	18,555	3,509	22,064
高等学校卒	162,111	37,531	199,642
中学校卒	40,702	9,240	49,942
国民学校卒	1,281,490	355,552	1,637,042
国民学校中退	190,250	64,555	254,805
科目履修	864,308	115,814	980,122
不就学者	8,430,940	11,211,835	19,642,775

（민주주의・민족전선（民主主義・民族戰線）編集『해방조선Ⅱ（解放朝鮮）』과학과 사상（科学と思想）1988）

左派勢力による表1-2の分析も、米軍政と同じく識字教育の必要性を示唆している。そして、左派・米軍政（右派連携）に関わりなく、解放当時の韓国の教育状況を調査した記録によると、南側では12歳以上の総人口の約77%におよぶ人びとが非識字者であると指摘されている。具体的には表1-3のようになる。

米軍政と左派陣営の資料からわかるように識字教育は、「解放」後の状況のなかで社会教育を含む教育政策の重要課題であったといえる。この点を踏まえて、当時の教育上の課題を整理すると、以下の3点に区分して説明できる。

表1-3 解放当時南側の市・道別非識字者の統計[120]

(単位：人、％)

市・道別	13歳以上総人口	非識字者総人口	非識字者比率	備　考
京　畿	1,807,259	1,251,002	68％	ソウルを含む
忠　北	592,890	493,268	83％	
忠　南	1,017,297	803,004	78％	
全　北	1,008,511	824,065	81％	
全　南	1,660,093	1,278,809	77％	済州道を含む
慶　北	1,534,283	1,236,835	80％	
慶　南	1,467,178	1,158,112	78％	
江　原	1,165,627	935,807	80％	
計	10,253,138	7,980,807	77％	

(한국 교육 십년사 간행회（韓国教育十年史刊行会）編『한국 교육 십년사（韓国教育十年史）』풍문사（Pungmunsa）1960)

　第1に、識字教育に焦点をあてた社会教育は、一般成人および年齢13歳以上の未就学者の教育を意味し、就学年齢を超過した青少年と一般成人を啓蒙、または再教育することで公民としての資質を向上させることが目的となった。第2に、上記の資料にみられるように、当時総人口（13歳以上）の約80％が非識字者であり、このような教育状況は左派・右派それぞれの陣営の政治上の目的を達成するためにも克服すべき課題であった。第3に、経済的側面からみても、自立経済の確立のために、生産性向上と農民・労働運動の民主化を推進する基盤となる識字教育が求められた。以上の3つの課題から、米軍政の教育政策は「成人教育の領域のなかでの識字教育」であったと考えられる。次項では、米軍政の社会教育の制度整備と識字教育を中心とする政策展開を考察する。

第3節　米軍政占領期の社会教育政策の内容と展開

1. 米軍政の社会教育政策の制度整備

　本項では、米軍政期の成人教育政策の動向を、前項で述べた識字教育の課題に焦点をあてて把握する。その前にまず、米軍政期における社会教育をめぐる左派・右派の議論について触れておこう。

(1) 韓国政界の社会教育政策をめぐる論議

米軍政の占領期に入って乱立した各政党と政治家は、社会教育、特に識字教育に対する関心が強かった。この点は、当時の各政党の政党綱領などに示された教育に関する見解から読みとれる。以下、政党別の教育に関する見解を表1-4にまとめる。

表1-4 米軍政期の各政党の教育（成人教育）に対する立場

政党	路線	教育に関する立場
韓国民主党[121]	右派	特別教育費負担、教育機関の地域適正分布、教員優待
朝鮮人民共和国[122]	左派	一般大衆の識字教育、義務教育制度の実施
社会労働党[123]	左派	義務教育制度と民主的開発教育
韓国独立党[124]	民族主義	国費による教育実施、識字教育、教育機会均等
朝鮮共産党[125]	左派	教育機関の大拡充、勤労教育、国家の教育費補助
国民党[126]	右派	国家責任制の義務教育制度実施、学術研究機関の拡充
民衆党[127]	右派	小・中・高・大学および各種学校の国立化、国家教育制度
朝鮮人民党[128]	左派	識字教育および社会教育の推進
朝鮮新民党[129]	左派	義務教育制度、教育機会の拡大と識字教育の展開
建国婦女同盟[130]	左派	朝鮮女性の意識啓蒙
愛国婦人会[131]	右派	知能啓発、自我向上
南朝鮮労働党[132]	左派	成人の識字教育を政府事業と民主政党・社会団体の自主的事業への取り組みと相互協力、生産職場の労働者教育と婦女啓蒙

（各政党別の参考文献の資料に基づき筆者作成）

このように、米軍政期に登場した各政党は、成人教育を含め教育に対する党の立場を表明していた。政治路線別の区分でみると、右派より左派のほうが立場をより具体的に示しているが、その背景には左派の政治的基盤が勤労人民・無産階級の大衆であったという事実があり、彼らに配慮する教育政策を目指したと理解できる。

一例をあげると、朝鮮共産党の党首であった朴憲永は、非識字問題の原因・規模・解決方法に関して意見をはっきりと表明している。"朝鮮の現実をみると、36年間の日本の植民地政策により、すべての社会教育施設と教育制度が絶対多数の勤労大衆と人口の半分を占める婦女大衆に使われることはなかった。今、識字教育運動を積極的に展開し、ハングルを普及し、漢文を廃止することで、国文専用を推進しなければならない"[133]と朴憲永は述べ、勤労大衆と女性に対する識字教育の必

要性を強調した。

その一方で、右派および民族主義の政党も識字教育の推進に関心を示していた。社会主義・民族主義路線をとり、建国準備委員会を代表としていた呂運亨は、義務教育制度と一般大衆の識字教育を提唱し[134]、学校教育と社会教育の両側面で支える教育政策を打ち出していた。また、中国から帰国した大韓民国臨時政府指導者は、国民啓蒙のための行動組織として韓国青年会を組織し、識字教育を中心とする国民啓蒙教育として社会教育を展開した。特に、韓国独立党を代表して金九が、識字教育の必要性を説くことが民族国家の建設のために不可欠な要素であると主張した[135]。

一方、保守右翼路線の政党の立場はどうだったか。李承晩は"一般大衆と農民たちの知識発達なくしては民主共和制度の確立は難しい"[136]と述べ、共和制樹立のために国民の識字教育が先決条件であるという見解を示した。また、当時韓国民主党の代弁人であった元世勲は、"国の主は国民であり、国民に対する啓蒙、特に、農民啓蒙運動が急務である。まず、農民たちにハングルと数字を教えなければならない。次に、国史と倫理・道徳を教え、精神的信念を育むことが必要である"[137]と述べ、啓蒙運動および国民啓蒙教育の側面から識字教育の必要性を主張した。

米軍政期の社会教育について政党と政治家らは、左派・右派に関わりなく、識字教育の必要性を認識していた。ただし、保守・右派より左派・民族主義路線の政党のほうが識字教育の解決方法を具体的に提示していたという違いがある。この相違を踏まえて、米軍占領下の識字教育に関する政治的議論を要約すると次のようになる。

第1に、識字教育については、左派、右派の政治的理念の対立なく、解放後の最優先教育課題であるという共通認識がなされた。第2に、単にハングルの習得のみを識字教育の目的とするのでなく、精神的側面での国民の啓蒙を識字教育のもう1つの目的として位置づけた。第3に、識字教育を通じて民主主義国家建設を実現しようとした。

ただし、政党・政治家が主張したような識字教育は、米軍政期の正式な教育政策としては実現せず、あくまで政治運動の一環として展開された。その理由は、米軍政は当時、南側の民主主義政権の樹立を最優先課題として抱えており、各政党の政策を積極的に支援することはなかったからである。その代わり、米軍政文教部による独自の社会教育政策が展開された。次項では、米軍政の社会教育政策について述べる。

(2) 米軍政の社会教育行政の構築

米軍政が朝鮮半島の南側に進駐し、朝鮮総督府内の学務局を接受した当時(1945年9月11日)の課題は、休校状態である学校を再開し、教育問題に関する韓国人からの助言を受け入れ、学務局と各学校の日本人職員を韓国人に交代させることであった[138]。

しかし学校教育の義務化などの急務が山積する状況下で、南側の教育改革に大きな役割を果たしていた韓国教育委員会にも社会教育担当は存在しなかった。韓国教育委員会は、①初等教育、②中等教育、③専門教育、④教育全般、⑤女子教育、⑥高等教育、⑦一般教育、⑧医学教育、⑨農業教育を専門とする学界代表で構成されており、社会教育分科は組織されていなかった。つまり終戦直後、韓国教育委員会と米軍政教育担当部局の両方にとって、社会教育が重要な課題であるとの認識がなかったというのが実情であった。

米軍政当局は、1945年9月17日一般命令第4号を発令し、同年9月24日を期して全国の国民学校(小学校)を再開することを指示した[139]。特に、算数および理科のような教科目の他は、日本語の教科書を使うことを禁じ、使う場合も教師に制限することを強調した[140]。一般命令第4号は、韓国語で教育を実施すると同時に、韓国語教材の使用をほぼ義務づけたという点で、韓国語の識字教育の必要性を間接的に表していると理解できる。米軍政は、識字教育に代表される社会教育を含め、朝鮮総督府の学務局から米軍政の文教部へと組織改編を行うことになるが、その過程を以下に述べていこう。

朝鮮総督府の学務局機構編成によると、成人教育関連業務は図1-1にあるように、宗教課の社会教育系の担当であった。

朝鮮総督府の社会教育係は、韓国人の宗教生活と個人生活を統制・管理する役割を担っていた。日本植民地統治の行政機構を接受した米軍政は、総督府組織を改編し、成人教育の新たな機能を検討するようになった。米軍政庁の学務局は1945年10月6日付で、総督府の学務局を、学務課、編修課、検定課、企画課、文化福祉課、気象課、総務室からなる組織に改正した。以後、同学務局が1946年3月29日に米軍政庁文教部に昇格・改編されるまで、6か月間に6回の組織変更があった。この組織改編、機能、人員構成を、成人教育のための時系列で整理すると表1-5に要約することができる。

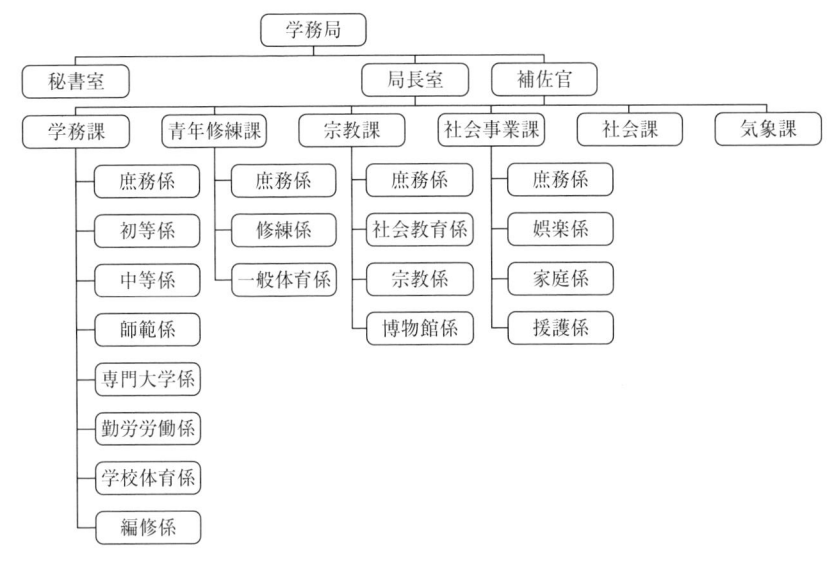

第1章　識字教育と社会教育政策の展開（1945〜1960年）　*61*

```
                            ┌─────┐
                            │学務局│
                            └──┬──┘
        ┌──────────┬──────────┼──────────┐
    ┌───┴──┐   ┌───┴──┐   ┌───┴──┐
    │秘書室│   │局長室│   │補佐官│
    └──────┘   └──────┘   └──────┘
┌─────┬─────┬─────┬─────┬─────┬─────┐
学務課 青年修練課 宗教課 社会事業課 社会課 気象課
```

- 学務課: 庶務係／初等係／中等係／師範係／専門大学係／勤労労働係／学校体育係／編修係
- 青年修練課: 庶務係／修練係／一般体育係
- 宗教課: 庶務係／社会教育係／宗教係／博物館係
- 社会事業課: 庶務係／娯楽係／家庭係／援護係

図1-1　朝鮮総督府の学務局組織表（1945年8月基準）[141]
（강길수（カンギルス）『한국교육행정사연구（韓国教育行政史研究）』재동문화사（Jaedongmunhwasa）1976

表 1-5　学務局改編による成人教育担当部署・機能 [142]

機構改編日付	関連部署名称	担当機能（担当者）
第1次学務局機構 （1945.10.6）	学務課、文化福祉課	成人教育、文化財、宗教、芸術福祉社会
第2次学務局機構 （1945.10.16）	学務課、芸術宗教課、社会課	文化福祉課を芸術宗教課と社会課に細分
第3次学務局機構 （1945.11.16）	学務課、芸術宗教課	成人教育、芸術、宗教、文化（Karl.L.Rhoads 大尉）
第4次学務局機構 （1945.12.19）	芸術宗教課	成人教育課長（Ford.M.Milan）
第5次学務局機構 （1946.1.21.）	成人教育課新設、芸術宗教課を教化課に改称。	韓国語普及、文盲退治（識字教育）（Walter.D.Giffard 大尉）
第6次学務局機構 （1946.3.1）	成人教育課 – 啓蒙課・再教育課教化課 – 文化施設係、芸術係、体育係、教導係	啓蒙、再教育、教化（Ralph.G.Grant 大尉）

（정태수（ジョンテス）「미군정기 한국교육행정의 기구와 요원의 연구（米軍政期の韓国教育行政の機構と要員の研究）」、정태수・신세호（ジョンテス・シンセホ）『전환기의 한국교육（転換期の韓国教育）』예지각（Yejigak）1991，：内容に基づき筆者作成）

学務局組織改編で、成人の識字教育と関連した重要な取り組みは、1946年1月に実施された第5次機構改編である。なぜなら、この改編で初めて新設された「成人教育課」が識字教育（文盲退治）の推進を担当することが明記され、米軍政が社会教育政策の一環として識字教育を管轄するようになったことを意味しているからである。

その後米軍政庁は、軍政法令第64号（1946年3月29日）で「朝鮮政府各部署の名称」を公布し、従来の「局」を「部」に、「課」を「局」に昇格させ、さらに下に課、係、班の順で細分化された単位組織を置くことを規定し、行政機構の改編を行った。それに伴い、朝鮮総督府の名称を使用していた学務局も文教部と改称された[143]。

ここで注目すべきは、社会教育政策を管轄する成人教育課が成人教育局に昇格となった点である。成人教育局は、啓蒙課と再教育課に分かれ、国語普及事業を担当するようになった。改編後の組織を図1-2に示す。

機構改編後の成人教育局の担当業務をみると、まず部署内に組織された成人教育協会の活動として国語普及事業（識字教育関連事業）がある。その他、①一般啓蒙、②国民教養教育、③成人指導者養成、④成人教育資料調査研究、⑤成人教育協調団体監督、⑥成人教育諸般施設および指導監督業務。こうした活動を成人教育局の業務として位置づけた背景には、"総選挙という民主主義の土台を形成するうえで必要不可欠な成人の政治社会化教育として識字教育の推進が意図されていた"[144]という米軍政の意図があったといえる。

こうして朝鮮総督府の学務局から米軍政期の成人教育局に移行する過程で、社会教育は政策推進機構内に組織化され、専門的担当官の管理下におかれた。その結果、識字教育を含む社会教育が政府主導事業として韓国（南側）で始まった。社会教育が行政機構のなかに編入されて政府主導事業として推進されたという事実は、社会教育政策の制度的保障を表している。また、同政策には国民啓蒙的性格が内在している点も看過できない。次項では、成人教育局を中心に展開された米軍政の識字教育についてさらに具体的に述べる。

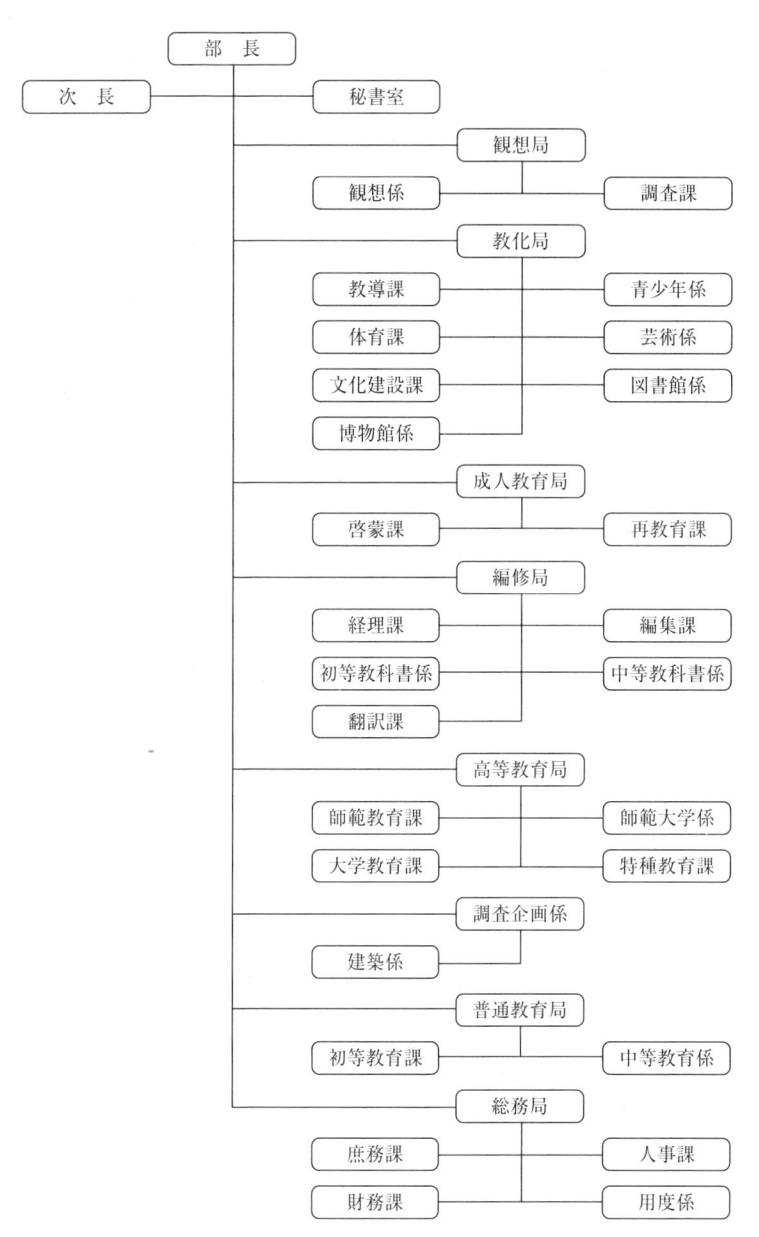

第1章　識字教育と社会教育政策の展開（1945〜1960年）　*63*

```
                    ┌─ 部　長 ─┐
         ┌─ 次　長 ─┤         │
                    │         ├─ 秘書室
                    │
                    ├─ 観想局
                    │    ├─ 観想係 ─── 調査課
                    │
                    ├─ 教化局
                    │    ├─ 教導課 ─── 青少年係
                    │    ├─ 体育課 ─── 芸術係
                    │    ├─ 文化建設課 ─ 図書館係
                    │    └─ 博物館係
                    │
                    ├─ 成人教育局
                    │    └─ 啓蒙課 ─── 再教育課
                    │
                    ├─ 編修局
                    │    ├─ 経理課 ─── 編集課
                    │    ├─ 初等教科書係 ─ 中等教科書係
                    │    └─ 翻訳課
                    │
                    ├─ 高等教育局
                    │    ├─ 師範教育課 ─ 師範大学係
                    │    └─ 大学教育課 ─ 特種教育課
                    │
                    ├─ 調査企画係
                    │    └─ 建築係
                    │
                    ├─ 普通教育局
                    │    └─ 初等教育課 ─ 中等教育係
                    │
                    └─ 総務局
                         ├─ 庶務課 ─── 人事課
                         └─ 財務課 ─── 用度係
```

図1-2　米軍政期の文教部機構[145]
（総務処『大韓民国政府組織変遷史』総務処　1988）

2. 米軍政の社会教育政策の推進過程―識字教育を中心に―

本項では成人教育局の事業の一環として推進された識字教育、社会教育専門の指導者の養成と施設整備について具体的に考察する。

(1) 社会教育の指導者の養成と施設整備

米軍政の文教部と米軍政関連団体である成人教育協会は、当時の教師不足を補うために、まず「成人教育師」という指導者を養成し、各市・郡に配置して、彼らに市・郡の下部行政単位である区・邑・面・洞・里の地域の成人教育を担う指導者を養成させることを計画していた[146]。成人教育指導者養成計画の一環として、講習会が表 1-6 のような日程で実施された。

表 1-6 成人教育指導者養成計画の状況[147]

(1947 年 11 月末まで)

回　数	期　間	受講者数	備　考
1 回	1946.4.5 – 1946.5.4	145（男）	ソウル
2 回	1946.5.8 – 1946.6.6	104（女）	ソウル
3 回	1947.2.17 – 1947.2.26	115（男）	ソウル

(한국 교육 십년사 간행회 (韓国教育十年史刊行会) 編『한국 교육 십년사 (韓国教育十年史)』풍문사 (Pungmunsa) 1960)

成人教育師養成計画（3 回）に基づく主要受講科目は、公民、国語、国史、教育、失業、衛生、音楽、生活改善、民主主義理論、図書館研究など、多彩な内容であった。第 1 次指導者講習会の結果報告によると、1 か月間の講習修了後、男子卒業生 150 人、女子 113 人の成人教育指導者が巣立ったという[148]。彼らは、国語、国史、音楽、数学、生活改善などの学科を学んで自分の故郷へ戻り、地方の指導者を育成する一方で、農閑期に成人教育を実践する役割を担うようになった。以下に指導者養成の状況を示す。

米軍政の文教部は成人教育指導者養成の他に、地域における社会教育計画を持っており、そのための施設整備が必要となった。識字教育の取り組みとして官民共同の国文講習会が全国的に広がり、新しい社会教育施設として公民学校が設立され始めた。公民学校は、学齢（6～12 歳）を超えた青年および成人を対象とした識字教育と、公民としての基礎的資質の形成を目的とした講習会の中間的教育機関であっ

表1-7 成人教育指導者養成の全国的状況[149]

市道別	区・邑・面 指導者		洞・里 指導者		計	
	講習会数	受講者数	講習回数	受講者数	講習会数	受講者数
京 畿	95	2,568	147	5,307	242	7,875
江 原	35	887	132	2,927	167	3,814
忠 北	26	649	30	1,502	56	2,151
忠 南	50	254	418	5,318	468	5,572
全 南	25	430	230	6,616	255	7,046
済 州			20	423	20	423
合 計	231	4,788	977	22,093	1,208	22,881

(中央大学校付設韓国教育問題研究所編『文教史』中央大学出版部 1974)

た。

公民学校は、1946年5月に制定された「公民学校設置要領」にもとづいて設立された。"学齢を超えた一般未就学の成人を啓蒙指導することで、義務教育の推進とともに全国男女の啓蒙運動へと拡大し、各郡・面に公民学校が設置された"[150]という。この学校の目的は、"初等程度の13歳以上の2・3年生の少年科、18歳以上の成人科 (1・2年制)、この他に1年制の補習科を置き、公民・国語・職業指導・音楽を教え、民主国家の公民として資質を向上させるための教育を実施すること"[151]であった。

また、"公民学校は、公立だけでなく、区・邑・面・洞・里の首長の承認を得て設立することを可能とした。つまり、米軍政文教部の成人教育局では多くの公民学校を設立し、啓蒙運動の拡大に拍車をかけたい"[152]と考えていたとみられる。公

表1-8 公民学校の各教科目の対照表[153]

区 分	授業年数	対 象	教科目	備 考
少年科	2~3年	13歳以上の国民学校	公民、国語、国史、地理、算数、理科、音楽、体操、家事および裁縫	国民学校と同一課程
成人科	1~2年	18歳以上の国民学校未就学者	公民、国語、算数	
補習科	1年	13歳以上の国民学校卒業者	公民、国語、国史	1948年1月高等公民学校に改編

(『漢成日報』1946年9月1日)

民学校の課程概要を表にすると次のようになる。

家庭の事情などで就学機会に恵まれなかたり、上級学校に進学ができなかった人びとを対象とした公民学校は、短い間にその数が急増した。米軍政文教部の成人教育局は、公立学校を設置し、成人教育指導者を養成するなかで、日本の植民地下で十分な教育機会を獲得できなかった一般大衆向けの教育政策の展開を模索していたとみられる。一方、成人教育局主導の識字教育においては、成人教育協会と関連団体の協力も重要な役割を果たしていた。この点を次項では考察する。

(2) 社会教育関連団体による識字教育の推進

本項では、米軍政文教部の成人教育局の識字教育・国民啓蒙政策を実践していく過程で、同政策に協力した関連団体の活動内容をもとに、米軍政期の成人教育政策の動向を把握する。

まず、成人教育局の識字教育を推進するために結成された成人教育協会の運営状況を確認する。正式名称「成人教育協会総本部」として設立された成人教育協会の設立目的・組織・性格・構成は、以下の通りである。

> 民族的意識を向上させ、7割以上の文盲を相手に国文の読み書きができるようにさせ、公民としての品格を向上させるために成人教育関係者が12日米軍政庁第2会議室に集まり、成人教育協会総本部を組織した。この協会は、米軍政庁の成人教育局に事務所をおき、道・府・郡・面・洞里ごとに分会を組織し、純民間団体として発足した[154]。

成人教育協会は、地方団体の事業推進に対する援助と各地方団体間の相互連絡・情報交換を図り、成人教育関係施設、教材、その他の出版物の刊行配布と指導者養成および啓蒙・教化事業などの推進を目的として設立された。その主要事業は、①識字教育と教化事業、②公民学校および高等公民学校の設置運営、③邑・面（地域単位）の成人教育協会の結成・成人教育指導者の配置であった[155]。成人教育協会の実践事例をみると、中央都市では"成人教育を徹底的に推進しようと、京成府に成人教育協会を組織し、各成人教育指導者をして成人教育に関する方策を研究しようとした"[156]という記述にみられるように、成人教育のあり方を議論していた。そして、"12歳以上の男女を対象として成人教育を実施した"[157]。

一方、郡単位の事例をみると、"京畿道始興郡では、「解放」されてから1年間が過ぎても、文盲者が数多くおり、1947年2月8日午後2時に安養国民学校の講

第1章　識字教育と社会教育政策の展開（1945〜1960年）　*67*

堂に郡首以下、官民有志100人が集まり「始興成人教育協会」を結成した"[158)] ということで、地域有志と地域行政の協力の下で成人教育協会が結成されたことがわかる。

中央と地方の両方に活動を広げた成人教育協会は、総本部を米軍政庁文教部の成人教育局内に設置し、各地域（市・郡・邑・面・里洞）に地方分会を設置する形で下部組織を設けていた。さらに、地域有志の協力を得て、米軍政の教育政策の意図を、成人教育指導者を通じて普及させ、国民の啓蒙と識字教育を推進していたと理解できる。成人教育協会の活動の規模を表1-9に示す。

表1-9　成人教育協会の状況

（1947年3月1日集計）

市・道別	区・邑・面支部数	洞里分会数	会員数	備　考
ソウル・京畿	214	4,479	295,277	＊重要事業
忠　北	105	1,469	157,922	1. 識字教育および教化事業
忠　南	164	2,532	175,117	2. 公民学校経営
全　北	−	−	−	3. 邑・面単位の成人教育指導者の配置
全　南	240	5,247	461,967	
慶　北	−	−	−	
慶　南	244	4,763	513,812	
江　原	75	1,163	80,518	
済　州	−	−	−	
計	1,042	19,653	1,684,625	

（『自由新聞』1947年12月12日）

成人教育協会が、中央主導の啓蒙教育および識字教育の推進を奨励し、全国規模に拡大させる役割を果たしていたことがうかがえる。

次に、米軍政期の末期、1947年5月の総選挙の日程が議論されるなかで、国文講習会による「ハングル開学促進運動」の例をあげよう。ハングル開学促進運動が実施された当時の状況について、次のような記述がある。

　　一定期間内に18歳以上の文盲男女全部がハングルを解読できるようにし、これから迎える普通選挙に寄与すると同時に、彼ら文盲の人びとに対して祖国再建の新しい希望の道を開こうと、文教部は5〜6月の2か月にわたって南側で「ハングル開学促進運動」を展開した。実施方法としては、各洞里村落または教化団体が主催し、その区域内に1箇所以上の講習を実施するようになり、講師は講習会が開かれる地域の有識者がつとめ

た。一方、講演隊と督励隊を派遣し、映画館の映画上映の間を利用し、ハングル開学を宣伝した[159]。

ハングル開学促進運動は、大韓民国政府樹立の前に憲法制定を行うための普通選挙への備えとして、識字教育を早急に展開するために地域単位で行われた運動であった。米軍政文教部がハングル開学促進運動の推進を南側の普通選挙、民主主義を定着させる最初の試みとしてとらえていたことも特徴的である[160]。

米軍政期の社会教育は、文教部の成人教育局の主導で実施され、その過程で、成人教育協会などの各種関連団体の協力を得て推進された。ただし、関連団体が行ったのは独自の事業というよりも、米軍政文教部の成人教育局の行政指導下で「識字教育と国民啓蒙教育運動」を中心とする社会教育事業であった。米軍政主導の識字教育と国民啓蒙教育は、南側での総選挙後、単独政府が樹立するまでの3年間におよんだ。

以上を踏まえ、次項では韓国政府樹立後の社会教育政策を検討するが、その前に米軍政期の成人教育政策の性格を整理しておく。同政策は、単に識字教育のための識字教育にとどまらず、国民啓蒙という思想的・政治的性格を内包していた。当時の政治状況は左派・右派の対立が激化し、社会不安が起き、共産主義勢力の主導で農民・労働運動が盛んに行われていた。この政治状況下で展開された識字教育は、米軍政が意図した民主主義理念を南側に定着させるための教育課題であり、また識字教育の成果を通じて、民主主義理念を韓国国民に普及させる国民啓蒙運動の推進も教育課題であったといえる。

第4節　朝鮮戦争前後の社会教育政策の展開

1. 朝鮮戦争戦前後の韓国の社会背景

UN（国際連合）の決議にもとづいて1948年5月10日、朝鮮半島の南側で総選挙が実施された。この選挙で選出された代表が制憲国会を構成し、7月17日に大韓民国憲法を制定・公布し、次の大統領を選出し、政府を組織した。その後8月15日には、米軍政期を終え、大韓民国政府樹立を世界に対して宣布した。しかし当時、左派・右派の思想的葛藤はさらに深刻化し、政治・社会・経済不安は続いて

いた。

　教育政策の観点からみると、米軍政の教育政策を引き継ぐ憲法（教育関連条項）に基づき就学と進学の機会均等を原則とする教育制度が採択され、教育の機会が拡大されたことは、韓国政府樹立後の教育政策の特徴である[161]。義務教育と民主国家の実現のために教育計画に関する議論がなされたが、1950年に勃発した朝鮮戦争で、韓国の教育の発展可能性への期待はそがれた。就学率は政府樹立当時には74.8%であったのに対し、戦中の1951年には69.8%に落ちた[162]。政府は、1951年教育法の改正を通じて現在の6-3-3-4の学校制度を導入したが、この頃、政治・思想上の葛藤と戦争中の経済疲弊により、政府の政策全体が事実上の空白期に入った。

　3年間続いた朝鮮戦争が休戦協定により終結した結果として朝鮮半島は分断され、政治・軍事・経済・社会・文化・イデオロギー・個々人の意識や生活のあらゆる局面において、南北に分かれることになった。「解放」後、韓国の政治・経済・社会状況が変わっていくなかで、「解放」後の復興および再建は最優先の国家課題となった。

　文教当局は教育秩序の正常化を図り、教育発展の機会を探ろうと、教育政策の主眼を定めた。①戦争で破壊された教育施設の復旧、②教員の需給・養成と人事に関する体制の確立、③反共および道義教育の強化と教育課程の改編、④義務教育の実質的推進、⑤科学技術教育の振興、⑥教科書の改善、研究機能の強化、入試制度の改善など教育の質的向上のための施策強化、⑦教育財政の整備・確立などに重点をおくようになった[163]。

　特にこの間、学校教育の領域では1950年に施行予定で戦争により保留されていた計画が再開された。すなわち、義務教育制度の整備である。1954年に始まり1959年に完成をみた「6年間計画」によって、適齢児童の96%が国民学校（小学校）に就学する義務教育が実現した。また教育課程の改編では、時代的状況（政治的葛藤と「解放」後の復興・経済再建）が反映され、反共・道徳・実業教育が強調されるようになった[164]。

　一方、社会教育の領域では、米軍政期から実施されていた公民学校および成人教育協会の識字教育と関連団体の活動を一元化し、非識字者に国文教育を義務づけるため、公民学校の成人班を設置した。米軍政が理念的モデルとして示した教育法の草案に基づき1949年12月31日に公布された教育法と義務教育条項、憲法16

条に定められた内容に依拠して、民主国家実現に適した教育政策の推進を試みたのである。

しかし、朝鮮戦争中は学校教育と社会教育の政策は実行に移されることはなく、青空学校形態の教育が一般的に実施されるようになった。「解放」後、それまで散発的に行われていた公民学校を中心とする成人班の社会教育を義務教育課程として位置づけ、全国的に推進する「文盲退治（識字教育）5か年計画」が立案され、米軍政の識字教育を継承する国文（ハングル）教育が始まった。以上を踏まえて次項では、識字教育に焦点をあて、1950年代まで展開された社会教育政策を考察する。

2. 朝鮮戦争後の社会教育政策の推進事業

朝鮮戦争後の社会教育政策は、関連の法制度が不備のまま、李承晩政権の政治的意図を含んだ形で推進された。当時の社会教育政策は、①識字教育、②国民啓蒙教育、③職業技術教育、④学校教育の補完教育、⑤教養教育という5つの項目に分類できる。以下、その動向を確認する。

（1）識字教育

米軍政期から独立政府樹立、朝鮮戦争を経て、韓国の教育においては、脱植民地意識として韓国固有の伝統的価値観の確立と自由民主主義意識を形成させるための国民啓蒙が主要な課題として浮上した。そのなかで、米軍政による成人教育の、わずか3年という期間では十分成果をあげられなかった識字教育の推進が、国民啓蒙のために実施すべき教育課題となった[165]。

1948年8月15日に大韓民国政府が樹立されたが、優先的教育課題は、米軍政期の社会教育政策と同様、初等義務教育制度の定着に加えて、識字教育と国民啓蒙であった。1950年代に入ると、政府は5次におよぶ本格的な文盲退治計画を策定した。1954年文教部で上申された「5次にわたる文盲退治（識字教育）計画」は同年2月16日国務会議で議決され、当該事業は1958年までの5年間で推進されることになった。

「文盲退治（識字教育）計画」は、農閑期を利用し、70日から90日までの教育期間と国民学校（初等学校）2年生水準の国語教育を内容とし、日常生活で必要な読み・書き・算数の能力を養うことを目的として実施された。内容は以下のように整理できる[166]。

第1章　識字教育と社会教育政策の展開（1945～1960年）　*71*

「第1次文盲退治（識字教育）政策」は1954年3月18日から5月31日まで75日間実施されたが、その対象は19歳以上の文盲者全員とし、文教部、内務部、国防部によって推進された。

「第2次文盲退治（識字教育）政策」は1955年3月12日から5月31日まで81日間、12歳以上の文盲者を対象として実施された。この期間、識字教育は文教部で担当し、就学督励は内務部が、宣伝・広報事業は広報室で行った。全国の62,192か所に教育班を設置し、65,158人の講師を委嘱・配置し、教育を実施した。

「第3次文盲退治（識字教育）政策」は、文教部が主導し、農村部、保健福祉部、内務部の関連官庁の協力を得て、1956年1月20日から同年3月31日まで実施された。対象は、12歳以上45歳以下の文盲者であった。

「第4次文盲退治（識字教育）政策」は、1957年1月20日から4月20日まで90日間、文教部によって推進された。第4次教育は、第3次教育と同様、12歳以上45歳以下の文盲者を対象とし、全国に2万0,694か所の教育班を設置し、24,345人の講師を委嘱・配置し、国文普通教育と文盲退治教育を実施した。

「第5次文盲退治（識字教育）政策」は、1958年1月21日から3月31日まで70日間、内務部と広報室の主導で行われた。12歳以上の文盲者を対象とし、33,185か所の教育班を設置し、3万9,364人の講師を委嘱・配置し、文盲退治教育を実施した。文教部の統計からみると、識字教育の成果は表1-10のように記されている。

表1-10　年度別非識字率の減少推移（1945～1958年）[167]

（単位：人、％）

年度	12歳以上総数	識字者数	非識字者数	非識字率（％）	その他
1945	10,253,138	2,272,236	7,980,922	78.0	解放同時
1948	13,087,405	7,676,325	5,441,080	41.0	政府樹立同時
1953	12,269,739	9,124,480	3,145,259	26.0	第一次識字教育
1954	12,269,739	10,560,719	1,709,020	14.0	第二次識字教育
1955	12,269,739	10,745,698	1,524,041	12.0	第三次識字教育
1956	13,911,678	12,492,713	1,419,205	10.0	第四次識字教育
1957	13,713,873	12,568,590	1,145,293	8.3	第五次識字教育
1958	13,713,873	13,150,891	562,982	4.1	識字教育成功期

（최재만（チェジェマン）「문맹퇴치교육에관하여（識字教育に関して）」『문교월보（文教月報）』（第49号）1959）

1つの識字教育の事例を紹介すると、慶尚南道の金海市にある中学校では夜間の3学級において識字教室を開いた。教師は、該当中学校の先生と非常勤の教員が授業を担当し、ハングルの基礎、基礎算数、そして道徳を重要な教科内容としていた。学生は、女性の比率が多く、出席者の年齢は10代から60代まで幅広く参加していた。当時、授業を担当していた教師に筆者が話しを聞いたところ、"当時電気事情が良くない中で、みんな毎日疲れていたのにもかかわらず、欠席することなく来てくれたので、こちらも教え甲斐があった"[168]と回想している。ただし、当時の識字教育は公立学校の施設を借りて、推進される傾向が強かったため、学習環境としては劣悪な状況であった。しかし、学習者の学習意欲が高かったことが、当時の政策の成果があがったことの理由の一つであったと推察できる。

　結果的に、朝鮮戦争前後の識字教育は、米軍政期の識字教育を継承し、文教部、内務部、保健福祉部、農村部と広報室などの関係官庁の協力を得て、当時の民衆の強い学習意欲を背景に政府主導下で推進されたという点が特徴として指摘できる。

(2) 国民啓蒙教育

　当時の社会教育政策のもう1つの特徴は国民啓蒙教育の推進であった。ただし、米軍政庁から政権を移譲された後、朝鮮戦争が勃発するまでは、政治・思想上の混乱が続き、識字教育と並行して国民の啓蒙を実施するのは困難であった。しかし、朝鮮戦争の休戦を期に社会教育政策は、識字教育（文盲退治教育）と並行して地域社会発展を促すための啓蒙事業と職業技術教育を強化する方向に展開された。

　具体的には、1952年のUNKRAの支援により農事普及会の組織が、UNESCOの支援により新生活教育院が設立された。1957年には、農事院が発足し、農村の生活改善と地域開発のための指導者養成に力を入れると同時に、農村青少年の教導、農事技術の普及と協同組合指導などの事業を展開した[169]。また1955年、文教部は3つの巡回啓蒙班を組織・実施したが、この啓蒙班は全国各地を巡回しながら地域有志を対象とする国民道義の涵養、生活改善、奉仕の精神および愛国心の高揚を目的とする講演を主な事業内容としていた。さらに、各種文化映画を上映しながら、住民を対象とする精神改革を通じた生活改善を試みる啓蒙教育が推進されたことも例としてあげられる[170]。

　以上の活動からみると、この時期の社会教育政策は、国家・民族意識を養うことに重点をおいていたと考えられる。講義と映画上映などの方法を活用した啓蒙班

表 1-11　年度別啓蒙活動の実績概要（1950 年代）[171]

年　度	派遣日数（日）	映　画		講　義	
		上映回数	観覧者数	講義回数	参席者数
1955	260	158	222,207	178	127,152
1956	222	150	205,030	159	64,845
1957	248	216	297,370	213	48,408
1958	105	70	79,030	65	38,547

（최재만（チェジェマン）「문맹퇴치교육에관하여（識字教育に関して）」『문교월보（文教月報）』（第 49 号）1959）

の活動実績は以上の表のようにまとめられる。

　国民啓蒙教育を目標とする 1950 年代の社会教育活動は全国各地域の郷土単位で行われ、愛郷心の涵養とともに生活改善などの意識および環境の変化に注力していた。識字教育と並行して推進されるなかで、農漁村の文化向上と地域住民への国文普及を目指していたと思われる。

（3）職業技術教育

　朝鮮戦争後の経済再建と復興のためには、復興事業を担う人材を養成することも社会教育政策の責務であった。そこで、実務的知識と技術の習得を目標とした職業技術教育が、技術学校と高等技術学校の設置を通じて行われた。技術学校と高等技術学校は、専門的技術の習得と国家社会の産業の実態に注目し、経済的経営と実務的企画に熟する人材教育を目標として設定していた（教育法第 13 条）。技術教育と高等技術教育の教育年数は 1～3 年であり、入学資格は技術学校の場合、国民学校を卒業または同等以上の学歴を持っている者であった。特に高等技術学校では、特別に高等学校程度の学歴を持っている者に特殊な専門技術教育を行うために、1 年間の専攻科を設置するよう定めていた（教育法第 134 条）。

　技術学校と高等技術学校の課程と教科目は同一であるが、扱われる内容の水準が異なった。主な教育内容は農業技術、他の各種事務、洋裁、家事など。科目は必須科目と選択科目に分かれ、必須科目は専門技術科目、国語・科学・社会・数学・体育、選択科目は美術・外国語・音楽・家事などの教養科目として組み込まれていた（教育法施行令第 166 条・第 167 条）。

　年々増加の一途をたどった職業技術教育施設は、技術学校の場合は教育委員会

表1-12 年度別技術学校および高等技術学校の現況（1950年代）[172]

年度	技術学校 学校数	技術学校 学生数	高等技術学校 学校数	高等技術学校 学生数
1950	1	149	10	920
1951	4	378	15	1,366
1952	15	1,388	23	1,978
1953	22	2,323	38	3,493
1954	30	3,227	47	4,864
1955	42	4,387	55	5,681
1956	47	4,910	60	6,145
1957	58	6,502	65	6,505
1958	61	6,752	66	6,665
1959	61	7,314	66	9,409

（文教部『文教統計年報』1951年-1960年の各年度資料より作成）

の認可を得て設置された。一方、高等技術学校は、文教部長官によって設立認可され、市道教育委員会の指揮・監督を受けていた[173]。このように職業技術教育が朝鮮戦争前後を期に拡大した背景には、成人向けの専門技術教育施設が乏しい状況を克服し、技術系人材養成の土台を構築する意図があったと思われる。また、識字教育と国民啓蒙教育を中心とする社会教育政策に、米軍政成人教育局の政策の流れを継承する側面があったのに対し、職業技術教育は韓国政府が独自に試みた社会教育政策の一つであると理解できる。

（4）学校教育を補完する社会教育

米軍政期に識字教育を中心として活動が始まった公民学校は、1946年5月発表された「公民学校設置要領」に従って、学校教育の機会を得られなかった青年と成人に教育機会を提供する役割を果たした。教育法第137条では、"公民学校は、初等教育を受けることができず、学齢を超過した者、また一般成人の国民生活に必要な普通教育と公民的社会教育、職業教育を実施することを目的としている"[174] と規定している。公民学校に関する上記の規定は、学校教育を補完する社会教育の役割を表しているといえる。表1-13に、公民学校の教育実施状況を年度別にまとめた。

公民学校の年度別実施状況と、公民学校の教育が識字教育中心であったという

第1章 識字教育と社会教育政策の展開（1945～1960年） 75

表1-13　年度別公民学校の実施状況（1950年代）[175]

年度	学校数	学級数	学生数	教員数
1950	689	1,980	83,066	2,160
1952	418	1,001	47,070	1,753
1953	511	1,379	64,139	1,871
1954	512	1,439	66,337	2,110
1955	561	1,630	68,086	2,150
1956	384	1,137	45,373	1,991
1957	422	1,190	44,993	1,466
1958	347	1,020	36,819	1,252
1959	296	906	33,665	1,564

（文教部『文教統計年報』1951年-1960年の各年度資料より作成）

事実と関連づけてみると、1953年の「文盲退治（識字教育）5次計画」と初等教育の義務教育化の推進に伴って、その後の公民学校の学校数、学生数、教員数が減少していることがわかる。1950年代の社会教育政策の特徴の一つとして学校教育を補完する社会教育の機能があげられるが、1950年代後半にはその役割が縮小したということだろう。

（5）教養教育

　朝鮮戦争前後、識字教育・国民啓蒙教育の関連政策として公共図書館を活用した教養教育が推し進められた。"公共図書館の役割は、日本の植民地時代から設置されていた施設を活用し、施設自体が教育的・文化的機能を発揮することによって、成人男女が施設を通じて自らの見識と思考力を深めることである"[176]と理解されていた。公共図書館は地域住民の余暇活用の場であったと同時に、集会所としての交流の場でもあった。朝鮮戦争以前は、啓蒙教育と識字教育を推進する社会教育の施設としての機能とともに、学習者の自主的教養教育の施設としての性格が強かった。

　しかし、朝鮮戦争の勃発に伴い社会教育施設としての公共図書館の機能は崩壊し、社会教育施設に関する政策の再考が課題として浮上した。そこで、"1955年4月16日に韓国図書館協会が組織された。さらに、1957年には、図書館専門誌『図協月報』が創刊され"[177]、図書館を活用する教養教育の促進が課題として認識されるようになった。ただし教養教育は、識字教育と国民啓蒙教育が中心だった当時の

状況下では十分拡大されなかった。図書館を社会教育施設とみなす考え方が関係者の間で定着する程度にとどまった。

(6) 社会教育行政機構の改編

最後に、前述の1950年代の5つの特徴を内在する社会教育政策を推進する土台となった行政機構の組織改編の詳細をみてみよう。韓国政府樹立後、米軍政期の文教部(成人教育局)について、以下のような組織改編が行われた。

1948年7月17日、政府組織法の公布によって文教部は、教育、科学、技術、芸術、体育、その他の文化施設に関する機構として発足した。文教部は5局として編成されたが、そのなかで社会教育行政は、主に文化局の成人教育課、教導課、芸術課、体育課、生活指導課により主導された。その後、朝鮮戦争勃発以前の1950年4月30日には、文教部体制が縮小・改編され、「解放」後の1955年2月17日付で生活教育課と教導課がなくなり、代わりに文化保存課が設立された。同時に、成人教育課も社会教育課に名称を変更された。当時の社会教育行政機構の組織図を図1-3に記す。

この改編では、米軍政の成人教育局という名称から文化局社会教育課に変更し、韓国政府独自の色を出した。その一方で米軍政の識字教育の流れを踏襲しつつ、国民啓蒙教育を推進した。技術教育局が担当する職業技術教育に力を入れながら、文化・教養教育にも注意を向けていたことが特徴である。以上を受けて次項では、この時期の社会教育政策の問題点について論じる。

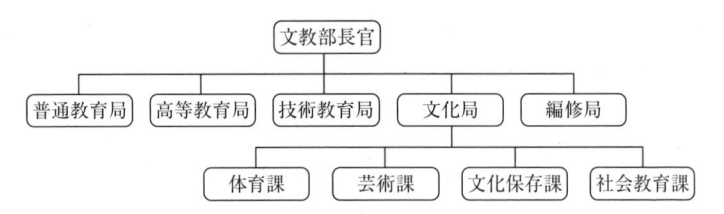

図1-3 文教部社会教育行政機構 (1955年2月17日)[178]
(総務処『大韓民国政府組織変遷史』総務処 1988)

3. 1945年から1950年代の社会教育政策の問題点

　日本の植民地統治から「解放」され、米軍政期に入った韓国の社会教育政策は、成人教育局の管理の下、識字教育を中心に遂行された。その背景には二つの要素があった。①米国の民主主義理念を左派・右派の対立が激化している朝鮮半島の南側に浸透させる優先課題があった。また、②韓国単独政府を樹立するための総選挙を実施する上で、基礎となる識字教育が必要だった。その後、南側に韓国政府が樹立された後、朝鮮戦争を経て左派・右派の対立が終焉に向かうなか、識字教育は継続的に実施された。しかし韓国政府は依然として、自由民主主義理念の普及と「解放」後の復興・経済再建を支える人材を育成するための国民の意識啓発という課題を抱えていた。

　米軍政期以後、1950年代に推進された社会教育政策は、選挙のための識字教育の必要と自由民主主義理念の拡大という政治的意図に後押しされていた。新しい国家建設という課題に短期間で対処するために、社会教育も行政主導（政府主導）で実施するしかない状況であったといえる。

　ただし、この時期には社会教育関連法整備は行われなかった。具体的には、"韓国の教育法は、1947年日本で公布・施行された日本の教育基本法の影響を受け、1949年12月30日公布された。そして、教育法制定以後、関連法律として社会教育法の制定が要求され、1952年文教部内で議論された"[179]。1952年の社会教育法案は、朝鮮戦争間に資料が散逸して原本の入手は難しいが、関連文献からその内容を推測できる。"50年代の初期には社会教育が現実的に求められたが、特定の地域社会教育また体制の一環として奨励されることはなく、文教部が主管する社会教育活動、識字教育および技術教育は足踏みの状態であった"[180]と当時の困難な状況が記されている。

　その後、1958年に新たに法案が作成され、社会教育を学校外青少年および成人に対する組織的教育活動として定義した。特に、財源として社会教育税の徴収を提示し、社会教育関連機関である新生活指導者訓練院における社会教育専門指導者の養成について定め、社会教育の質的向上を図った[181]。

　しかし、1959年第4次修正案の作成をめぐる議論以降は、結局、教育法の制定による義務教育制度の確立だけにとどまり、社会教育を制度化するまでにはいたらなかった。その背景には、社会教育政策の政治色が濃かったために、党派間の見解

の相違により法制度化が難しかったという事情がある。

　このように1950年代の韓国政府は、米軍政期の識字教育と国民啓蒙教育路線を踏襲しつつも、朝鮮戦争後の復興のためには制度的基盤整備と独自の社会教育政策の構築の必要性があった。さらに、行政主導の推進方法は、当時の政権の理念によって社会教育政策が変わっていく結果を招き、政府の意思を代弁するのが社会教育であるという一般の認識が形成される結果を招いた。

　この時期の社会教育政策の成果と問題点を整理してみよう。まず成果としては「解放」後の識字教育による国文普及があげられる。ただし、国文普及の社会教育政策は文部行政の政策実現能力が高かったからだと断定することはできない。なぜならば、国文普及が成功した背景には、朝鮮民衆の当時の事情が深く関連しているからである。その事情を説明すると、まず当時の朝鮮民衆は疲弊した生活環境におかれていた。しかし、疲弊した生活環境のなかでも、朝鮮民衆は教育が生活向上を図る重要な手段であると認識していた。このような民衆の社会的認識からすると、当時政府の識字教育の促進は朝鮮民衆が年齢を問わず教育を受ける重要な機会であったと理解できる。なぜならば、学校教育の義務化は実施されていない中で、識字教育は地域単位（邑・面・洞）の成人男女を対象として実施されたからである。このような朝鮮民衆の識字教育に対する高い関心が、識字教育を軸とするこの時期の社会教育政策の実現に重要な要因であることを確認しておく必要があるといえる。

　一方、問題点は、国民の貧困が深刻な状況を克服するための、国民の自立と経済発展という課題を支える社会教育政策が発動されることがなかったことである。同時に、社会教育関連の法整備も行われず、社会教育政策としての識字教育と政権の政治的正当性を訴える国民啓蒙教育だけが広がっていたことを問題として指摘することができる。つまり、この時期の社会教育政策は、朝鮮戦争後の疲弊した生活環境におかれている国民を貧困から救い自立を促進するための社会教育政策の基盤の構築が十分ではなかったと分析できる。

第2章 産業化と職業技術教育としての社会教育政策（1961～1972年）

本章では、朝鮮戦争後の復興と経済再建の目標を抱えるなかで、李承晩[182]政権の政治腐敗に反対して軍事クーデターを起こし、政権を掌握した朴正煕が主唱した社会教育政策の特徴を述べる。1960年代の朴正煕政権（第1次）は、貧困撲滅を国家課題として提唱し、産業化・農業近代化による経済発展5か年計画を策定し、日韓国交正常化交渉に取り組み、財政基盤の確立と、国民啓蒙教育として社会教育のあり方を模索した。こうした時代的状況を踏まえ、1960年代の社会教育政策の推進状況を考察する。

第1節　1960年代の朴正煕政権（第1次）の政治経済的背景

1. 政治経済的背景

朝鮮戦争後の韓国社会は、産業の疲弊と深刻な物価上昇といった経済的困難に直面していた。当時の李承晩政権は、そういった問題を解決するために海外援助に依存するのみであり、依然として農業中心の経済政策を推進し、経済の圧迫を緩和する主要な手段として農民を利用しようとした。具体的には、為替相場の維持の必須条件である卸売価格の安定を実現するために農業と農民に物価安定の負担を転嫁した[183]。農民に不利な農業政策は、産業化が本格的に推進された1960年代に入っても相変わらず続けられていた。

そんな「解放」後の政治・経済政策に不満を抱き、物理的手段によって産業化と近代化を進めることを目的とした朴正煕は、一部の若手軍人から支持を得て、1961年5月16日、軍事クーデターを起こした。結果として国家権力を掌握した軍部にとっては、政治的正当性の確保が最優先課題であった。そのため朴正煕議長を

軸とした国家再建最高会議は、政治腐敗の追放と貧困問題の解決と経済的近代化の必要性を訴えた。李承晩政権下で、政府の庇護の下で富を蓄積した経済人を「不正財産蓄積者」と位置づけ、彼らを拘束すると同時に財産を国庫に回収しようとした。一方、当時農民が悩まされていた高金利の負債を清算する政策を打ち出すことで、軍事クーデターの政治的正当性を確立しようとした。

しかし、"当時の経済界で主要な役割を果たしていた経済人を不正財産蓄積者として拘束し、財産を接収して以来、経済成長停滞を危惧する意見が多く出されると、国家再建最高会議は工場を建設し、国家に献納するという条件付きで、不正財産蓄積者を釈放した"[184]。ただし、農業政策においては、農村地域の"高金利負債の整理事業の結果、農村負債で17.6％、高利負債で34％しか整理することができなかった"[185]ため、十分な成果が達成できなかった。民政に移行する前の過渡期的な暫定政権下、軍人の身分で政治活動を行った朴正煕を議長とする国家再建最高会議による上記の両政策（不正財産蓄積者処罰と農業政策の再考）は途中で放棄されることになった。民間人となって大統領選挙に出馬し、勝利した朴正煕は、政権の発足と同時に、軍事政権としての政治的正当性を確保するための新たな政策として「経済発展と産業化」を主張した。

1960年代、朴正煕政権発足当時の経済は依然として厳しい状況であったが、1950年代に比べてさらに難しい課題を抱えていた。1950年代は海外からの経済援助が韓国経済のなかで大きな比重を占めており、アメリカからの余剰農産物の導入をもとにした綿、製粉、製糖といった消費財産業の育成を通じて、輸入代替産業を活性化させる方向への展開が可能であった。しかし1960年代には、アメリカの無償援助が減少し、実際に行われた援助も有償援助である借款に変わることで、朴正煕政権にとっては、1950年代とは異なる合理的かつ長期的な経済発展計画の立案が課題として浮上した[186]。

そのため、"国家経済発展を担当する中核機関として経済企画院を設置し、金融に対する統制権を確保するなど、1950年代の韓国経済の特徴であった非生産的利益追求行為を改善するための制度的装置を整えることに没頭し始めた"[187]。経済発展志向の朴正煕政権は、良質の低賃金の労働力を活用した比較優位に立脚した輸出志向型経済発展政策を選択し[188]、この政策は1960年代の世界経済全体の好況ともあいまって一定の成果をもたらすようになった。"第1次経済開発計画は、年間成長率目標7.1％を上回る8.9％の成長率を見せ、第2次経済開発計画でも7％の成

表2-1 GNPと輸出の成長率の推移[189]

(%)

	1962	1963	1964	1965	1966	1967	1968	1969	1970	1971
GNP	2.2	9.1	9.6	5.8	12.7	6.6	11.3	13.8	7.6	8.8
輸出	31.7	61.1	37.9	45.8	42.9	34.0	45.1	35.4	34.0	28.5

(Amsden Alice, *Aisa's Next Giants: South Korea and Late Industrialization*, New York, Oxford University Press, 1989)

長目標を上回る11.1％の高い成長率を見せていた"[190]という記述からもそれはわかる。1960年代の韓国経済の成長率の推移を表2-1に示す。

1960年代の韓国経済の成長は製造業に対する集中的投資の成果ととらえることができる。一方で農村に対する投資と農村地域の経済の成長は相対的に遅れていたといえる[191]。しかし、製造業と社会間接資本が目標値より高い成長率を示しているなかで、"第2次経済開発計画における農林水産部門の発展は5.0％の成長目標に届かず、2.3％にとどまり、農業生産性は発展の様子がみられない"[192]ことが、この時期の現状であった。

一方、輸出主導の経済発展戦略を推進することで、"1960年代の朴正煕政権は輸出用原材料の輸入が増え、外資導入によって元金償還の圧力に直面し、1960年代後半になると、再び国家の経済は危機的状況に直面する"[193]ようになった。またこの時期には、世界経済全体の成長に翳りが見え始め、"先進諸国の産業国家の景気も衰え、保護貿易主義の方向へ転換するなかで輸出成長が鈍化し、投資率が減少"[194]していた。

この状況は、韓国に物価上昇とインフレによる輸出競争力の弱化をもたらした。国際的に高金利による外資導入の条件が難しくなり、外資関連企業の経営が厳しくなった[195]。さらに企業の経営の困難により実質賃金が下落し、それを受けて労働者の罷業（ストライキ）が行われ、労働運動が組織化されるようになった。短期的輸出利益に頼った経済成長戦略は、外資導入の困難と労働争議などの国内的要素によって、経済に悪影響をおよぼしたといえる。そして、海外からの借款や外資導入の困難と、輸出相手国であった先進諸国の保護主義政策の推進により、当然のように韓国の内需拡大が求められるようになった。

特に、産業化と工業化を推進した経済成長戦略の副産物として農村経済の成長は遅れ、国内需要で必要とされる穀物の供給量も不足していた。そのため、穀物輸入が必要とされたにもかかわらず、"外資導入が困難ななかで穀物輸入の費用削減が

要求される"[196)]という厳しい局面に入っていた。この状況の打開策として朴正煕政権は、穀物輸入の削減を試みて、工業化による輸出から得た利益を安い穀物の輸入に回し、必要最初限の農業を推進し、近代化された農村経済の実現を目指すようになった。

しかし穀物輸入は思惑通りには減らず、農村経済と工業化・産業化の不均衡な発展の問題はなかなか解決できなかった。当時、朴正煕政権は、国家経済発展の一過程として産業間の不均衡な成長をある程度予測していたが、産業化の進行によって都市と農村の格差は広がる一方であった。経済企画院の統計によると、地域開発事業であるセマウル運動が始動する直前、"1970年の製造業部門の就業者1人あたりの生産額30万1,000ウォンに対し、農業部門は7万6,000ウォンにとどまり、製造業の1/4の水準であった"[197)]。それほどまでに都市と農村の所得水準の格差は著しかった。

表2-2　1960年代後半都市と農村の所得水準の比較[198)]

	農家（A）	全国勤労者（B）	ソウル勤労者（C）	A/B	A/C
1965	17,094	20,953	23,954	81.6	71.4
1966	20,043	27,404	35,234	73.1	56.9
1967	23,635	39,680	49,505	59.6	47.7
1968	35,134	46,134	56,338	62.5	51.2
1969	35,134	57,871	68,249	60.7	51.5

（農協『農業年鑑』1970）

表2-3　1960年代国内人口移動の様相[199)]

（人）

移動方向	1961-1964		1965-1970	
	移動人口数	比率	移動人口数	比率
都市 → 都市	500,433	34.7%	685,504	21.5%
都市 → 農村	153,500	10.7%	387,075	12.2%
農村 → 都市	587,697	40.7%	1,826,665	57.3%
農村 → 農村	200,691	13.9%	287,840	9.0%
合　計	1,442,131	100%	3,186,985	100%

（홍성직（ホンソンシク）「도시화의 사회문화적 의미（都市化の社会文化的意味）」、전국경제인연합회（全国経済人連合会）『산업사회와 도시（産業社会と都市）』경제・기술조사센터（経済・技術調査センター）1977）

表2-2の数値で確認できるように、1960年代後半に入って、農村の平均所得と都市労働者間の平均所得格差が広がり、特にソウル在住の労働者の平均所得は農村地域の所得の2倍近い水準となった。この現象により、農村を離れて新しい雇用機会を求める人びとが増え、都市部に人口が集中し始めた。1960年代半ばを境に人口移動は急激に増加し、農村から都市への人口移動の比率が国内全体移動の半分を超える様相を呈していた。

都市と農村の格差と急激な離農は、1960年代の経済発展に伴う問題として認識されていた。政府政策の成果としては産業化過程の推進による所得増が評価されながらも、政策全体の正当性の立証にまではいたらなかった。しかし、軍事クーデターで前政権を打倒した朴正煕政権は、①都市と農村の経済格差、②経済開発過程における産業間の不均衡、③保護主義による先進国に対する輸出軽減という課題を抱えながらも、1960年代の第1次経済開発計画の成果を訴えて1967年度の総選挙で勝利し、安定的な政権運営基盤を確保した。ただし、"野党と学生たちは、選挙の過程で不正があったと問題視し、その結果、日韓国交正常化会談の反対以降の社会的抵抗が展開され"[200]、政治的対立が激化していたことも認識しておくべき事実である。

1960年代の経済開発動向と政治的背景を整理すると、朴正煕政権が採択した産業化計画の中核は、大手企業中心の不均等発展に基盤を置いた輸出主導の成長戦略の実行であった[201]といえる。しかし、この成長戦略を成功させるためには、国内産業の国際競争力が重要な鍵であった。当時の韓国の経済状況では、製造業を含む輸出産業が国際競争力を確保するには、低賃金を基盤とする低い生産コストの維持が不可欠であった。そのために政府は、賃金財政の中核である農産物価格を低く抑えることで低賃金の基盤を整えた。

一方、低穀価政策によって農産物の収益性が持続的に下落し、その結果として農民・地域住民層の脱農業現象が深刻化し、潜在的労働人口が増加した。この現象も低賃金維持に寄与した一つの要因であった。このような農業経営圧迫（agricultural squeeze）は、韓国における産業化を達成するうえで重要な手段の一つであったと思われる[202]。

朴正煕政権はまた、輸出立国の実現のために国内外の資源を集中的に製造業中心の大企業に投入した[203]。つまり、どの社会勢力も独自の経済発展計画を推進できない社会状況において、自ら近代化の推進者として前面に出ることによって、結

果中心の誘導資本主義（guided capitalism）を実現しようとしたのである[204]。しかし、このような国家主導の産業化努力は、経済政策の側面だけでなく、地域社会開発と国民の意識改革に焦点をあてた政策の推進の必要性を示すきっかけとなったのである。こうした政治経済状況下で、朴正煕政権は「解放」後の経済復興と産業化促進のための人材養成を目指し、そこで社会教育の役割が期待できると判断していた。次項では、1960年代の社会教育政策を詳しく考察するが、その前に1960年代の教育の全体的状況を把握する。

2. 教育状況

急速な工業化と産業化には、相当の教育力を内在する労働力の確保が課題となった。政府はこの時期から教育を経済開発の視点からとらえ、教育制度と教育課程に人的開発の概念が導入され始めた。そして、"実質と効率を向上させる経済的人間、機能的人間の創造が教育政策のなかで課題として標榜されるようになった"[205]。1961年から1963年までの間、軍事政権（国家再建最高会議）は「祖国近代化」を標語として掲げ、そのための先行条件として人間改造の運動を強調する議論が台頭し始め[206]、産業化に貢献可能な人間形成がこの時期の教育上の課題として浮上した。

朴正煕政権は1963年から、教育機能を強化すべく、1954年に制定された教育課程を全面的に改編するものとして自主性、生産性、有用性を強調し始めた[207]。こういった教育方針の転換に伴い、1960年代には人的開発の概念がもてはやされ、産業化・工業化に有効な人材として、科学技術界の人材養成が学校教育制度に要求されるようになった。

この変化の過程で、米軍政期から朝鮮戦争を通じて体系化された初等教育の義務化は、教育規模の量的拡大をもたらし、国民学校（初等学校）の場合は学齢児童がほとんど就学するまでになった。さらに、"中等教育の就学率は、1966年に35.1%であったが1970年には40.8%に増加し"[208]、中等教育の普遍化の傾向が現れた。一方、1960年代半ばから学生人口の急増に伴い、入試競争の過熱化が始まった。この時代の学校教育の特色は、初等教育義務化の定着と教育熱の上昇であった。

以上のような学校教育重視の結果、社会教育においては、国民啓蒙教育の側面、すなわち精神文化的価値観という国家観の確立が課題とみなされるようになった。1968年12月5日に公布された「国民教育憲章」で国民の新しい価値観と生活倫理

を定めたことは、朴正煕政権の新たな意思表明であったと理解できる。

「国民教育憲章」の内容を踏まえていえば、朴正煕政権は、国土の統一と産業経済の近代化・民族文化の創造という事業を達成することで、永遠の国家発展を成し遂げるためにその根幹となる精神的基盤と、健全な国民生活と価値観が集約された新しい国家像を示し、国民教育の基本概念として位置づけようとした。同時に、「国民教育憲章」は、国民倫理の強調、伝統と改革の調和、創意、開拓などの発展志向的価値観の強調などに焦点をあて、一連の教育目標を打ち出す意味も内在していたといえる。そして「国民教育憲章」は、米軍政期に提唱された民主主義理念に基づく教育目標と教育理念を継承し、その運営における新しい指標を提示し、新しい教育理念を示そうとする意図を内包していたといわれている[209]。

「国民教育憲章」が公布されて以来、朴正煕政権下の文教行政当局は、同憲章の理念を実現することが韓国教育運営の基本目標であると表明し、これが後（1970年代）に展開される「セマウル教育」と「社会全体の教育化」に転換されていくことになる。1960年代はその準備段階であり、工業化と産業化過程という政治経済的背景に基づき、時代の要請に適した人材養成および国家観の形成が課題であった。

第2節　社会教育政策関連法案をめぐる論議

ここでは、1960年代の社会教育政策を推進する主体としての文教行政機構の編成、社会教育財政、関連法の内容を把握する。結論からいえば、この時期においても社会教育法の整備は完全ではないものの、社会教育政策内容に関連する一部の法整備が実施され始めた。以下、社会教育行財政と関連法の内容を紹介する。

1. 社会教育関連法の制定の動向

1960年代の社会教育政策は、経済開発のための再建国民運動本部を中心として推進された。再建国民運動本部は、1950年代の郷土学校運動とともに、朝鮮戦争後の経済復興のための産学協同体制を構築した[210]。経済復興を優先的課題としてとらえたこの時期の社会教育政策の全体的な傾向をみると、文教部が管轄する社会教育の振興のために国立大学に放送通信大学の設置根拠をおくなど、実業学校付設

の青少年職業学校の設置条例、「私設講習所」[211]に対する法律などの社会教育関連法案の法的整備の動きが見え始めた。以下では、この時期の社会教育政策と関連する諸法案について述べる。

第1に、私設講習所に関する法律案の制定があげられる(法律第719号)。この法律案は、1961年8月25日、国会文教社会委員長の提案によって上程され、同年9月18日に原案が可決された法案である。同法律案の提案の趣旨は以下のように記されている。

  現在わが国(韓国)では、私設講習所に関する法令としては総令第3号である私設学術講習会に関する件が使用されているが、これは実効的対比規定がないため、これを期に近来大都市では営利だけを追求する一部自覚ない人びとによって各種無認可講習所が乱立し、一般社会におよぼす教育的・道徳的・社会的弊害が深刻であるため、規制が切実に要請されていた。従って、旧法令に代置する法律として私設講習所の設立基準とその監督に関する具体的事項を規定することで、私設講習所の正常的運営と質的向上を図り、この法律案を提案している[212]。

上記の趣旨で制定された法律案は、その後1962年12月12日(法律第1218号)と1964年4月25日(法律第1629号)の2回にわたり部分的改正が行われたが、同法律案の特徴は1960年代から増え始めた私設の教育施設の増加の傾向を反映していると考えられる。

第2に、社会教育関連法として産業教育振興法(第1403号)の制定があげられる。1963年6月12日、国家再建最高会議は経済発展の5か年計画を遂行するうえで必要とされる技術界の人的資源の量的保護と質的向上を図り、国家経済の自立発展に寄与できる有能な技術系人材を養成することを趣旨として、産業教育振興法案を上程し、同年9月15日制定・公布した。

その後の同法案には、1968年7月3日、国家産業経済発展と国民生活の向上のための振興対象産業に関する内容が具体的に示された。そして、産業教育を実施している私立学校の実験・実習に必要な経費の一部を国家・地方自治体が補助することで、経済発展の5か年計画を支える技術界の人的資源の確保を目指し、それを趣旨とする改正案が「国会」を通過した[213]。すなわち、産業教育振興法は、工業化を担う人材育成のための教育関連法律として制定されたと端的にいえる。

第3に、社会教育施設に関連する法律として図書館法(第1424号)があげられる。図書館法案は、1963年国務会議のなかで国民文化の向上を図るために、国内

外の図書資料を幅広く収集・保存し、国民の利用に最大限の便宜を提供できるように、図書館の充実した運営と健全な発展を制度的に保障する趣旨で提案され、1968年10月28日、制定・公布された法律である。

図書館法の詳細をみると、①図書館設置の義務化、②設置された図書館の経営と育成のための法的根拠と保障、③専門職というべき司書と司書教員に関する資格規定の確立などが含まれる。図書館設置の義務化によって市・郡単位で図書館が設置され、図書館の専門職の法的保障も担保された。

同法に基づく代表的な図書館の例としては、国立中央図書館がある。同図書館は、①図書館に対する文献の収集・保存、②国内外の書誌の作成および紹介、③図書館資料の国際交流、④図書館などに対する調査研究、⑤他の図書館に関する業務指導および援助などの機能を遂行していた[214]。図書館法は、社会教育施設としての図書館の位置づけと関連づけてとらえられる法律であったといえよう。

上記の3つの法律に基づきこの時期の社会教育関連法制定の趣旨を把握すると、その趣旨は、経済発展を国家目標として規定した朴正熙政権の政策方針に従い、国家の経済復興を実現するためには産業を担う人材育成が最優先課題であるという認識とともに、産業の現場で働ける労働力を確保することが主たる内容であった。実際に、韓国の大衆も朴正熙政権の政策の貧困克服政策に共感していたため、民衆は朴正熙政権によって推進された国家の経済復興を趣旨とする教育に積極的に携わった。政府主導の政策が促進される中で、その政策推進過程で民衆の積極的な参加が促された背景には次の2つの理由があった。1つは、社会教育施設および図書館の利用者数の拡大が同施設を担当する官僚の職務能力の評価基準とされていたため、積極的に大衆の社会教育への参加が促されたからである。もう1つは、当時、十分な学校教育機会を得られなかった大衆においては、労働活動の傍ら学ぶことが可能な機会が提供されていたため、社会教育機会を断る理由はなかったからである。そのなかでも、職業技術を中心とする教育内容は、重化学関連工場へ勤めることを期待していた若者にとっては生活レベルを向上させる機会でもあったため、社会教育活動へ参加する十分な動機となったといえる。

以上のような内容からみるとこれらの社会教育関連法は、国家経済体制の維持を主要な目的としていたと理解できる。次項では、1950年代から議論され始めたものの制定にまではいたらなかった社会教育法をめぐる動きについて考察する。

2. 社会教育法案に関する論議

韓国の工業化・産業化が本格的に進み始めた1960年代には、前項で確認した社会教育関連法を含め、経済発展を国家課題として位置づけた職業安定法、労働組合法、国家公務員法などの職業関連法律が制定され始めた時期であった。職業関連法律の整備が進むなかで、本丸である社会教育法案の成案が課題として浮上した。

特に、この時期の社会教育政策をめぐる論議では、文教部組織内で社会教育法制定の必要性が認識されるようになった。文教部は1967年、社会教育審議会を招集し、数回の修正を経て社会教育法の草案を作成した。法案の構成は、第1章は総則、第2章は社会教育の造成、第3章は社会教育機構、第4章は郷土館、第5章は社会教育課程、第6章は通信教育、第7章は私設講習所などで、全文7章31条の付則からなっていた。この法律の草案は、社会教育の振興のために国家および地方自治団体の積極的な役割を強調していた[215]。

しかしこの社会教育法の草案は、学校教育の拡大が優先される状況下で財政問題に直面し、実効にはいたらず白紙化された。その理由を具体的にいえば、当時は経済発展を促進する上で必要な人材を育成することが教育の最優先課題であったため、工業・商業などの学校教育体制の整備に教育予算が投資され、社会教育機関にまで十分な財政支出が行われなかった。さらに、経済的理由で働かざるをえない状況に直面し、既存の昼間の学校教育の機会を得られない人びとを対象とする教育としては、産業現場の内部に学校教育体制のなかで正規教育課程として見なされる夜間学校が設置されていた。そのため、本来、学校教育を補完する役割を担うべき社会教育が予算の不足で十分な役割を果たすことができず、むしろ企業側がその役割を担う状況であった。このような状況から当時の政府は、社会教育法案を制定し、学校教育と経済発展の他に予算が配分される根拠を提供することとなる社会教育法案の制定を積極的に推進しなかった。同時にこの時期、UNESCOが提唱した生涯教育の概念が韓国に紹介され、国内で社会教育と生涯教育に関する概念をめぐる議論が行われ、法案制定以前の言葉をめぐる議論が議論を招き、社会教育法案の制定をさらに難しくさせたのである。結局、1960年代は、産業化・工業化に必要な人材を育成する国家課題に伴って、学校教育を補完する社会教育の役割が評価されたが、社会教育独自の機能を必要とする根拠となる社会教育法の整備までは実現できなかった。

3. 社会教育行政機構の改編と財政的整備

　1960年代の社会教育行政機構の内容をみると、軍事クーデターにより政権の座についた朴正煕政権は、政府組織改編に伴い、社会教育を専門に担当する文教部の組織改革を行った。その結果、1950年代に社会教育政策を管轄していた文教部文化局傘下の社会教育課が、学校管理局傘下に移管されることになった。その後、1968年にも政府組織改編（大統領令第3512条）が行われたが、社会教育を専門的に担当する社会教育局の設置まではいたらず、文教部の組織体系は依然として十分確立されていなかった。財政面では、前項で述べたように学校教育に政策の比重がおかれていたために、社会教育政策は慢性的な予算不足に陥った。

　1960年代の社会教育財政の状況は表2-4で把握できる。ただし、社会教育費が政府予算項目のなかで独立して存在するようになるのは1965年であるため、1965年以降の予算のなかで社会教育費が占める割合をみてみよう。

表2-4　1960年代社会教育費の状況[216]

（単位：千ウォン）

年　度	一般会計（A）	文教部（B）	社会教育費（C）	B/A（%）	C/B（%）
1965	81,777,585	13,284,699	7,078	16.0	0.05
1966	125,208,936	19,165,978	48,043	15.3	0.25
1967	167,183,760	24,648,187	69,156	14.7	0.28
1968	242,820,042	35,470,318	155,342	14.6	0.42
1969	328,226,000	45,341,696	115,506	13.8	0.25

（文教部『文教統計年報』1965年から1969年までの統計より）

　文教部の予算は、1965年度の132億8,469万9,000ウォンから1969年度には453億4,169万6,000ウォンとなり、これに対して社会教育費は、707万8,000ウォンから1億1,550万6,000ウォンと増加した。一見、文教部の教育予算と社会教育費ともに予算は増えているように見えるが、その実情を突き詰めると、社会教育費が文教部予算に占める割合は0.25%で、非常に少ないことがわかる。すなわち、1960年代の文教予算が学校教育に比重をおき、社会教育行政に十分な予算配分がなされなかった状況を確認することができる。

第3節 社会教育政策の推進状況と特徴

1960年代が韓国の社会教育政策にとって厳しい時代であったことは前項で述べた通りだが、財政的にも法的環境が十分整備されていないなか、朴正煕政権の社会教育政策を目的別にみると、次の4つの側面（国民基礎教育、国民啓蒙教育、職業技術教育と教養教育）からとらえることができる。

1. 識字教育の伝統と国民基礎教育

朴正煕政権の社会教育政策のなかで、第1は米軍政期から実施されている識字教育の伝統を継承することであり、第2は公民学校および成人学校という国民基礎教育としての社会教育である。以下では、識字教育と国民基礎教育の政策推進内容をみていく。

（1） 再建国民運動本部の識字教育事業

1961年6月12日に発足した再建国民運動本部の活動により、識字教育は大きな転換点を迎えた。その背景には、従来は文教部主管で実施されていた文盲退治事業（識字教育）が再建国民運動本部に移管されたという事実がある。当初、"再建国民運動は朴正煕政権のクーデターの正当性を確保しようとする政治目的に基づき推進されたため、推進事業の内容には国民の意識啓発という教育的要素も内包されていた"[217]。再建国民運動本部は、軍事クーデターの正当性を訴える朴正煕政権の組織に支えられた社会教育機関としてとらえることが可能であり、同本部が実施した教育活動に注目すると、1960年代前半の社会教育活動の理解が容易になる。

再建国民運動本部は、全国各地の里・洞単位の膨大な数の再建国民運動支部を活動拠点とし、地域部落単位で識字教育を実施した。会場としては学校の校舎、公会堂、里・洞事務室などが活用された。教育対象は、19歳以上の非識字者のなかで年少者と徴兵対象者が優先された。再建青年会と婦女会、学生会、教師、公務員、軍警と地域有志などが教師として参加し、国文解読のための基礎的ハングル教育を実施した。

再建国民運動の識字教育以外の主要事業は、指導者訓練、巡回教育計画、奉仕活動指導、村文庫普及運動、農村奉仕活動運動、生活改善運動（上下水道整備、家屋

改造）と各種啓蒙・講習会（家族計画）に関する教育であった[218]。しかし、再建国民運動本部は1964年に解体されて、民間団体の再建国民運動中央会が事業の担当となり、1965年から中等学校未就学者を対象とする再建学校を建設・設置・運営した。再建運動本部の初期課題であった識字教育事業は3年間で終結した。

再建国民運動本部は国民運動を推進するための政府支援組織であった。しかし再建国民運動は、初めから政府の政治的意図が色濃く反映された運動であったため、国民運動としての自発性に欠け、国民の参加と協調が十分でなく、成果をあげることができなかった。だからこそ3年という短期間で活動終了にいたったと分析できる。一方、識字教育は、100万人以上の非識字者に対して部落単位教育を実施し、国文解読者への転換に成功したと評価できる[219]。

(2) 公民学校

成人向け初等・識字教育の場として運営された公民学校は、1953年あたりから学校数が次第に減り、1960年代に入るとさらにその減少傾向が強まった。もう少し詳しくいえば、1955年の学校数は561校であったが、1959年には296校へ激減し[220]、さらに1965年には140校[221]にまで達したのである。公民学校は、初等教育義務化による国民学校の普及とともにその役割を終え、上記のように減少したと理解できる。一方、当時の公民学校の教育課程の設置・運営の実態を識字教育と関連づけると、公民学校は学校教育を補完する社会教育機関としての役割を果たしていたと評価することができる。すなわち、公民学校は各団体および地域社会の自発的熱意と参加によって運営された機関であり、学校教育が普及する以前の教育状況の改善に寄与したといえる。

(3) 成人学校

成人学校は成人を対象として、短期間で基礎学力を身につけることを目的として設置された。成人学校は、1954年に発足した成人教育機関であり、1950年代は識字教育が中心だったが、1960年代に入ってからは国民再建教育と実生活に必要な基礎学力（算数・一般常識）の習得を中心に課程が編成されていた。地域住民が市民としての教養と、生産活動に従事するのに必要な技術を習得することが同学校の目的であったといえる。したがって、成人学校の教育対象は該当地域社会の一般地域住民であり、学歴・年齢・性別などの差別なく、すべての人びとが自由に教育を

表 2-5　年度別成人学校の教育状況 [222]

年　度	学校数	毎年の教育回数	毎年教育科目	受講者数
1954	14	42	266	7100
1956	22	58	237	10501
1957	20	43	201	6966
1962	11	–	–	
1966	42	–	–	約 4000

(최운실 (チェウンシル) 他『한국 사회교육의 과거・현재・미래 탐구 (韓国社会教育の過去・現在・未来探求)』한국교육개발원 (韓国教育開発院) 1993)

受けられるよう、教育機会を拡大したのである。

　上記の表で成人学校の変遷過程をたどると、1954 年には 14 か所の成人学校で 7,100 人、1956 年には 22 か所で 1 万 0,501 人が教育を受けていた。受講者数はその後、減少の一途をたどったが、1966 年に入って変化があった。祖国近代化という朴正熙政権の目標達成のために、文教部が成人学校の再編に着手したのである。地域社会住民に社会教育の重要性を認識させることを目的としたこの再編の結果、国民学校・中高校に設置された学校数は 42、受講者は 4,000 人に上り、公民学校とは異なる短期的教育機関としての特性を発揮した。

　1954 年設立当時の成人学校は、職業科、教養科、趣味科の 3 つの科で構成・運営された。学習課程は、正規の学校教育の課程に準じる内容で編成されていたが、1960 年代に入り、趣味科が廃止され、教養教育と職業教育を重視する内容に改変された。成人学校は、地域社会住民を対象とする学校教育の基礎教育機関であり、職業・教養教育を重視する成人継続教育機関でもあったといえる。

　上記の 3 つの教育形態 (識字教育、公民学校、成人学校) で推進された 1960 年代の社会教育政策の一つの特徴は、1950 年代に普及した識字教育の成果をもとに、地域を中心に教養・職業関連教科を学習する国民基礎教育が行われたことにある。国民基礎教育は、産業化・工業化に寄与する人材育成の土台構築という意味合いを持っていたといえよう。

2. 国民啓蒙教育

　1960年代の社会教育のもう1つの重要な要素は国民啓蒙教育である。朴正煕政権は、産業化・工業化に活用可能な人材育成を、技術・職業教育的側面と精神教育の側面から推進しようとしていた。国民基礎教育の推進過程で地域を中心に展開され始めた国民啓蒙教育の性格が強い教育形態として、郷土学校運動があった。以下では、郷土学校運動に関する政策内容を考察する。

　郷土学校の概念は、学校が地域社会開発の中枢的役割を担うことであった。郷土学校により推進される地域社会開発とは、精神的改革（国民意識、価値観、態度の確立）、人的資源（地域指導者養成、学社連携）と物的資源（郷土資源の調査、経済産業構造の改善と学校施設の活用）の開発を含むものであった。

　こういった目的に基づき郷土学校の活動が文教部政策として推し進められるようになった背景には、1961年文教部の郷土学校に関する規定がある。"郷土学校は、祖国近代化に主体的に参加する人、開拓精神に基づき現実的困難を改善できる能力を有する人、協同・奉仕精神を持ち福祉社会建設に積極的に参人を育つ教育を実施する機関"[223] であると、同学校の理念が記されている。この理念を具現化するために、文教部は郷土学校運動を全国的な実施を決めた。

　1962年から実施され始めた第1次啓発政策が推進される過程で、郷土学校運動は、地域社会の文化、経済、社会的発展のために学校施設の開放、啓蒙指導、努力奉仕、郷土愛の涵養などを主な内容として展開された。さらに、1965年3月に学生郷土開発奉仕団が全国的に組織され、1966年には各地域の学校の学生に郷土開発研究を奨励し、郷土社会の発展を模索した。そのための具体的推進方法として、次のような教育内容を提示している。

　　郷土の当面課題を教育課程へと導き、その課題を解決するために最大限の創意的な努力を行うことと、郷土の発展に寄与可能な具体的計画を策定し、さらに実践段階で実科教育を重視する内容編成から全教科で郷土愛を強調し、郷土の資源を最大限利用する一人一技の生産技術教育に重点をおくべきである[224]。

　上記の内容を中心に展開された郷土学校運動は、政府主導の下に計画が策定され、地域の学校施設を積極的に活用し、郷土愛と愛国心を育てる社会教育政策の一環として1960年代に推進された国民啓蒙教育の代表的な形態であった。

3. 職業技術教育

　産業化・工業化の推進と経済復興を国家の最重要課題と位置づけた朴正熙政権は、経済発展に必要な人材育成を目的とする社会教育の一環として、職業・技術教育を推進した。具体的な活動は、1950年代から実施されていた技術学校と前章に述べた社会教育関連法で検討された私設講習所を中心に行われた。以下では、職業技術教育関連の社会教育の2つの形態を把握する。

（1） 技術学校[225]と青少年職業学校[226]

　1950年代に設立され始めた技術学校は、1960年代に入っても増え続けた。"1950年代の技術学校数が61校、学生数は8,518人であったが、1965年には81校、学生数1万511人"[227]にまで増大した。増加の主な原因は、技術訓練を必要とする企業や機関が増えるにつれ、職業技術教育が社会教育政策のなかでより大きな比重を占めるようになったからである。1960年代の技術学校は、経済発展を支える技術者を養成する教育的基盤の構築に注力した。

　職業技術教育は、1960年代には対象を青少年にまで広げることになった。国の経済発展を支える人材を青少年の段階から育成し、教育指導の効率化を図ることがその狙いであった。この理念に基づき推進されたのが、青少年職業学校であった。

　青少年職業学校は、中高校未就学者や中退者に対して地域社会に適した技術教育を実施し、潜在的余剰労働力を開発・活用することで地域社会開発に寄与可能な青少年を育成するために設置・運営された。同学校は自らの生計を自発的に営む能力を形成し、同時に地域社会開発に貢献する役割を果たすことを目的とし、その活動状況は次のようであった。"1966年から4年間、政府は各市・道に対する国庫補助として約4,960万ウォンを投入し、1966年から1967年まで毎年42校、1968年には26校、1969年には27校の青少年職業学校を設置・運営した。この4年間に教育を受けた受講者の総数は1万2,253人に上った"[228]。

　しかし、1969年から地域の実業・工業学校の付設機関として位置づけられるようになった青少年職業学校は、政府援助が減り、受講者の負担増を余儀なくされた。そのため同学校の役割は衰退し始め、結果的に十分な成果を達成するには至らなかったのである。

　上記をまとめると、1960年代の職業技術教育は、産業化・工業化による経済発

展を支える人材育成に重要な役割を果たしたといえる。しかし1960年代はまだ技術教育の土台を整備する段階であったため、顕著な成果をあげるまでにはいたらず、社会教育政策においても継続的改善が求められた時期であった。

(2) 私設講習所

1960年代の社会教育政策の特徴的な点は、私設講習所の登場と同講習所に関する法律の制定であった。改めて説明すると私設講習所とは、成人と若者の技術習得と学校教育を補完、外国語教育などの社会変化へ対応するための教育内容を一時的に実施する個人経営の社会教育機関である。1960年代に入るまで、講習所と学院は、法的に公民学校および各種学校の範疇に入るか、あるいは他の官庁の指揮監督を受けて運営されていた。全体的にいえば、関連法（私設講習所に関する法律）に基づき自由な学校運営が可能な状況にあった。

1960年代に入って講習所の数が増えるにつれ、講習所運営に関する問題が頻繁に発生し、政府は乱立する学院に関わる問題に注目するようになった。その結果、1961年9月18日、国家再建最高会議は「私設講習所に関する法律（法律第719号）」を制定・公布し、私設講習所の健全な運営を模索した。

同法の制定以来、"1962年登録された講習所数は521か所であり、1965年には1,137か所"[229]と、急増傾向を示していた。この増加現象は、1960年代中盤以降の一連の経済開発のための人材養成が急務であったことに起因する。産業化に伴い必要性が高まった技術要員の需要増を受けて、職業訓練科目を中心とする社会教育を行う技術系学院・講習所が増えたわけである。私設講習所が、政府支援による職業技術学校と公民学校とは異なり、民間機関によって管理・運営され、人材育成に寄与したという点は注目に値する。

4. 教養教育

1950年代の社会教育政策の一環として推進された教養教育は、1960年代の図書館法の制定とともに、地域文庫の普及と奨励の政策として展開された。地域文庫の設置運動が全国的に拡大され始めたのは、1961年5月16日の軍事クーデター以降のことであった。社団法人「地域文庫振興会」が発足し、各地域で散発的に行われていた村の読書運動[230]が地域文庫事業として統一された。

1963年からは報道機関の後援を得るとともに、文教部から国庫補助金という形

で支援を受けた。内務部では地域文庫を指導事業として採択し、市・道の財政支援によって地域文庫事業を本格的に推進し始めた。"地域文庫事業は1963年3月7日以降、地域文庫を送る運動として始まり、マスコミの宣伝によって全国に普及した"[231]。

地域文庫事業は、地域単位で文教部と地域文庫振興会が共同運営した。文教部の役割は基本政策・予算編成・優良図書推薦であり、地域文庫振興会は文庫施設の育成・普及・読書会の組織および指導を担当していた。

地域文庫運動の重要な事業内容は優良図書の推薦であり、次のような内容に基づき実施されていた。第1に、内容面では、農漁村住民の科学的思考力を啓発し、生産力増加と生活改善に役に立つ本、一般教養、子ども書籍などに重点がおかれていた。第2に、図書の選定にあたっては、基礎的識字教育を履修した人びとが理解できる本を基準とした[232]。

文教部と地域文庫振興会の支援により展開された地域文庫事業は、読書運動が主な目的であったが、そのうち読書運動の次元を超え、夜学会・学習会などを通じて専門知識と教養を向上させる国民啓蒙教育として、地域社会教育の中枢的役割を果たすようになった。その結果、"1963年から読書を通じて農漁村住民の生活文化の向上、営農技術の開発、そして漁村近代化に寄与する目的で展開された地域文庫は、1969年度までに1万4,466か所に設置され、41万1,501人の会員、87万3,692冊の書籍が集まり"[233]、地域住民の教養の増進という成果をもたらしたと考えられる。

5. 1960年代社会教育政策の特徴と課題

1960年代に入ると、"朴正熙政権は経済成長と自立経済を掲げ、経済発展に関心を集中させ、この時期から社会教育を経済開発の側面からとらえた"[234]。「経済開発」という切り口でみた当時の社会教育は、国民啓蒙教育と職業技術教育の二つの形態で実施された。

国民啓蒙教育は、軍事クーデターによる政権掌握の正当性を確立する役割を担った。一方、再建国民運動は、生活改善を目的として推進された。1950年代の社会教育政策が識字教育を中心とする国文普及に重点をおいていたのに対し、1960年代の国民啓蒙教育は50年代の識字教育の成果を土台に、成人学校、公民学校、地域文庫普及などの活動を通じて、経済発展と関連する知識を習得させ、意識啓発に

力を入れていた。

　特筆すべきは、社会教育関連法の整備によって、少ない支援ではあるが、公的資金が社会教育事業に投入されたことである。この点は、1950年代とは異なる1960年代社会教育政策の特徴でもあった。

　一方、1960年代の社会教育政策を代表する職業技術教育は、経済発展を支える教育の一環として人材養成を目的として推進された。1950年代の社会教育政策においては、職業技術教育は本格的に実施されなかったが、1960年代から産業化・工業化を奨励する政府の意図に基づいて職業技術教育に重点がおかれるようになった。企業が必要とする労働力の確保の必要性を認識した政府は、職業技術教育を積極的に支援した。

　職業技術教育を軸としたこの時期の社会教育政策は、韓国の大衆の積極的な参加を導き出した。朝鮮戦争以降、疲弊していた全国の各地域に社会教育施設および図書館が設置され、地域の社会教育を促進する基礎が整備され始めたのである。もちろん、社会教育機関の利用者数の拡大が同施設を担当する官僚の職務能力の評価基準とされていたため、地域単位で社会教育において大衆の学習活動への参加を促す動きも顕著であったことは、当時の社会教育政策の特徴でもあった。ただし、地方官僚の積極的活動だけで、社会教育活動が普及されただけでなく、一般大衆の参加もこの時期の社会教育活動の普及に影響を与えた。なぜならば、当時、韓国の地方の成人男女の多くは、十分な学校教育機会を得られず、労働活動の傍ら学ぶことを求めていた。その状況のなか、地域で学べる社会教育関連施設が設置・運営されることによって、多くの大衆は職業技術を中心とする教育へ参加した。特に、産業化・工業化を促進する経済政策が推進されることによって、重化学関連企業では人材を必要としていたため、職業技術教育は労働人材を要する社会的需要と合致する部分もあった。他方、職業技術教育を受ける人びとにとっては生活レベルを向上させる機会でもあったため、社会教育活動へ参加する十分な動機となったのである。結果的に、産業化・工業化を促進する経済政策に基づく社会教育政策（職業技術教育）と生活向上および学習機会を求めていた大衆の要求が合致し、この時期の社会教育政策は展開されたと理解できる。

　しかし、産業化・工業化を支える社会教育政策は、国民精神の啓蒙においては十分な実績があげられず、特に農村地域住民の生活水準向上と意識啓発は重要な課題として残っていた。その原因は、朴正熙政権の社会統合的政策が経済的価値

に焦点をあてていたため、長期的かつ計画的な国民の意識啓発の教育方法が確立されていなかったことにある。1970年代に向けての新たな課題は、国家経済5か年開発計画と同様の長期的な視野に立った、また計画的な国民啓蒙教育であったといえる。

第3章 経済開発と国民意識改革の展開
（1972～1980年）

第1節 1970年代の朴正熙政権（第2期）の時代的背景

1. 経済的背景

　前章で確認したように、1960年代の朴正熙政権は多様な政治、経済的困難に直面していた。特に、産業化・工業化の推進の結果として生じた農村経済の停滞と都市・農村間の所得格差によってもたらされた政治、経済的問題は朴正熙政権にとって重要な懸案課題であった[235]。

　韓国では伝統的に、主穀の自給自足を自助的かつ自立的な国家建設という政治目標の本質的な基礎として認識していた。それを実現するために、韓国の農業政策は増産に焦点をあてていた。増産を通じた食糧の自給自足が農業政策の重要な命題であったから、価格維持を通じての農漁民の所得保障は先送りされてきた。したがって、食糧としての穀物管理政策は、1969年以前まで農民・地域住民の所得向上にまったく寄与できなかったのである。

　アメリカ公法480号によって、1955年からアメリカの農産物が多量に輸入され始めたときから、穀物低価格政策の狙いは農家所得の維持でなく、穀物低価格と季節別の価格変動の緩和の達成であった。穀物低価格路線は、1950年代以降、政府の一貫したスタンスであり続けた。台湾が価格の安定と農村の発展に関心を持ったのと異なり、韓国は急速な成長を最優先課題として位置づけたのである[236]。

　こうした政策の影響と韓国の農業構造の零細性により、都市と農村の経済指標上の格差は急速に拡大していった。1962年から1970年までの8年間で、1人当たり国民所得は4倍に増えたが、農家の所得は都市生活者の50～60％に過ぎなかった。農業の年平均成長率は4％であり、産業全体の成長率20～25％にはるかにおよばな

い状況であった[237]。一方、農業の収益性の悪化に伴って、農産物の生産量も低下した。政府が主要目標として設定した食糧の自給自足は、第2次経済開発計画からみると、主穀物の自給自足として下方修正された。これは、1976年の目標水準が1969年の人口に適当な量であったことを意味する[238]。

1970年代にはアメリカ公法480号による農産物の援助がなくなり、農産物生産が不振であったため、政府としては産業化のために使うべき外貨を穀物購入に使わざるをえなかった。こういった諸要因によって、農村経済の疲弊化は、農民および農村地域住民の消費水準を低下させ、国内市場の縮小をもたらした。

その一方で、当時の国際経済秩序のなかでは保護貿易主義が蔓延していたため、韓国経済は安定的な国内市場の確保を必要としていた。そのための農村経済の再建には、単に農村だけでなく、国民経済全体の循環という観点が求められた。当時の農村経済の逼迫の深刻さと解決の必要性に対する政府の認識は、第3次経済開発5か年計画のなかで[239]、農工併進と所得不均衡の解消を政策目標として提示したことからもうかがえる。

しかし、経済状況は深刻さを増し、問題解決の取り組みは難航した。都市と農村間の所得格差を含め、大企業中心による輸出主導の産業化戦略に内在していた不安定性は、朴正煕政権の政治的正当性の確保を脅かす問題にまで発展した。その例として、1971年度の大統領選挙では、野党候補との得票差が以前より縮まり、国会議員選挙でも野党の議席占有率が伸びるなどの事態が発生した[240]。このような経済・政治的挑戦のなかで政権は、国内市場拡大を通じた商品価値の実現と、食糧増産を通じた国際収支の改善のみならず、一定の補償を通じて政治的正当性を確保するためにも、農村経済を復興させる必要があった。

しかし、農村の経済的問題を解決するための農村開発費用と農民および地域住民を政治的支持勢力としてつかむための経済的補償を政府が全面的に担うことは、当時政府が採択していた急速な近代化・産業化と両立しがたい問題であった。言いかえれば、100億ドルの輸出達成と農村経済の活性化を同時に遂行しようとすること自体が矛盾であった[241]。

政府は、この矛盾を解決する方策として、最小限の費用で農民・農村地域住民の有効労働力を動員することによって一石二鳥の効果を狙っていた。都市と農村の間の不均衡を是正し、政治的正当性を確保しながら、同時に工業化を通じて輸出伸長を達成するために政府は、農民・農村地域住民に必要な資源を動員する必要があっ

た。産業化の過程で農民・農村地域住民の利益を傷つけながら生じた政治経済的不安定性を解消するために、政府は農民・農村地域住民に資源を移転する方式でなく、農民・農村地域住民自らの労働力と資源に直接依拠する方式で解決しようとした[242]。これこそが「セマウル運動」であった。

セマウル運動は、初期の農民・地域住民動員の成果を基盤として推進範囲を全国各地域に拡大した。朴正熙政権(維新政権)[243]は、農村経済の開発だけでなく、労働統制などの国民経済全般にかかわる問題、軍事安保的問題にいたるまで、セマウル運動を通じて解決しようとした。つまりセマウル運動は、新しい祖国建設の旗印として、韓国的民主主義の実現手段であると定義され、農民・農村地域住民の生産倫理改善から強力な民族国家建設まで計画を拡大させ政権は、農村、学校、工場などでもセマウル運動を展開したのである[244]。

2. 政治状況

セマウル運動が全国的に展開されるようになった背景要因は2つある。1つは、李承晩政権の時代と比べての経済成長が朴正熙政権の成果として認識され、朴正熙政権の政策を支持する傾向が形成されたことである。もう1つは、官僚と朴正熙大統領の協力の下、長期的な政策展開が可能になったことである。以上の2点を具体的に考察してみよう。

李承晩政権の時代、行政府は隔離性を維持することができず、与党と深く連結した政治集団であったため、李承晩政権が意図した政策を一貫して立案・実行することが難しかった[245]。特に、李承晩政権は様々な分野で、全体的かつ長期的な計画策定を等閑視してきた。なぜなら、李承晩政権はそのような計画を策定しないまま状況を維持することによって、アメリカとの交渉過程でより柔軟でより多い援助を確保できると考えたからである。

一方、朴正熙政権は李承晩政権と異なり、経済問題などに関する積極的なアプローチを通じて、成果志向的な政策を推進した[246]。さらに、朴正熙政権の主要な役割と意図は、国家の経済発展を実現させるための仕組み作りをすることであった[247]。朴正熙政権にとって産業化・工業化戦略を含めて開発活動を遂行するうえで重要だったことは、強い国家をつくるための基本的な充足条件[248]である大統領の権限の強化と官僚の意識改革であると指摘した。つまり、朴正熙政権は、与党と政府との関係においても政治的優位を占め、行政官僚を社会と政治から絶縁させ

た。

　この時期、主体的に考える姿勢を身につけるべく意識改革中であった行政官僚の間で、当面の政策課題として早急な産業化を優先的に進めるべきであるという認識が芽生えた。行政官僚は産業化を進行する方式として迅速性と実用主義的アプローチを選び、それに基づいて朴正熙政権の政策を実行した[249]。経済成長を成し遂げるという大義の下、朴正熙政権には国民の支持が集まり、非民主的政治形態に対して免罪符が提供されたため、政権は官僚の動員[250]を重要な手段として、より急速な産業化を持続的に推進した。この結果、1960年代の産業化は効果的に推進され、官僚的発展主義がより強化され、これが「維新体制」誕生の重要な土台となった[251]。

　ここでいう維新体制とは、韓国の朴正熙政権下で、憲法改正という手段で朴正熙大統領が非常事態をちらつかせながら独裁を敷いた体制を指している。もともと朴正熙政権の目標は、民主主義の確立より韓国社会の貧困克服と先進国並みの経済発展を実現し、資本主義による朝鮮半島の統一であった。しかし、急激な財閥中心経済体制の形成と経済発展政策は、労働者層に負担を強いるものであり、1971年実施の大統領選挙では野党の金大中候補に90万票差まで詰め寄られた。このような民意を目撃した朴正熙政権は、政権を奪われる危機意識を感じ、非常事態宣言をちらかせ、体制維持を図るために、憲法改正を行ったのである。この過程で改正された憲法を維新憲法と呼び、この憲法改正以降の朴正熙政権の支配体制を維新体制と称したのである。実際に、朴正熙政権の維新体制下では軍出身の政治家による一種の集団支配体制が形成された。ただし、政権後期には、朴正熙政権の実現のために集結した勢力であり、元々同志であった軍出身の政治家たちの間で権力闘争が激化するようになった。絶対的権力を持ち、長年間支配する側にいると内部でさらに大きい権力を求め、同士間で争いが発生するのはある意味当然のことであった。結果的に、朴正熙大統領は、権力闘争に励んでいる昔の革命同志に対する信頼が薄れ、専門的知識に基づき政策運営を担う行政官僚の役割を増大させ、軍出身の政治家の権力がしだいに弱くなり、大統領の個人支配体制が強化され、縦割の権力構造[252]が構築されるようになった。

　朴正熙政権は、民主的な取り組みによる経済発展を視野に入れず、大統領の指示で動く行政官僚主導による発展を目指した。当然のごとく諸政策は中央集権的に行われた。結局、維新時代に入って、官僚機構は大統領の意思を絶対化すると同時に、政府主導（行政主導型）の政策推進の仕組みを完成させたことになる。

維新体制政治を支持する専門家らは、大統領自身が軍人から有能な官僚に転身し、確固たる信念をもって経済成長を推進した点を評価している。大統領自身の指揮の下、月例の輸出振興会議を開催したり、大統領秘書室に経済問題に詳しい官僚を登用するなど、経済問題に直接かかわったことを良い例としてあげている。朴正熙大統領は、経済問題に関して新しい発想の重要な立案者であると同時に最初の採択者であり、さらに、決定と施行の過程においては現場指導者であった[253]。

　また、朴正熙政権によって推進されたセマウル運動と重化学工業化[254]は、極度に中央集権化された政府主導による政策実行の事例として位置づけられている。特に、官僚動員を通じた開発に対する政権の特質に起因したセマウル運動は、全政府、全国レベルで長期間にわたり実施された韓国社会独自の農村開発啓蒙運動として効果をあげた[255]。一方、政府主導・中央集権的手法を多用した政権の非民主的かつ強権的体質は、民主主義発展の停滞という問題を浮き彫りにした。

3. 教育状況

　1970年代の韓国は、"重化学工業の建設と自主国防を掲げ、第3次・第4次経済開発計画に拍車をかけ、そして1960年代以降の高度経済成長の結果、様々な構造的問題が表れ、労働者の権利・賃金の要望が高まり、社会的葛藤が深刻化した時期であった。したがって、生活改善と所得増大を実現する地域社会開発の実現が、国家の発展目標として認識された"[256]と理解できる。

　この時期の社会教育は、①セマウル運動と農村指導事業を通じて行われた国民意識の啓発と②1960年代以降、成功の裏に推進されていた経済開発5か年計画の振興に伴って技術労働力を供給するための学校教育の補完教育としての意義を持つ。

　まず、国民意識啓発目的での社会教育には、セマウル運動の一環として推進されたセマウル教育がある。汎国家的地域社会開発運動としてのセマウル運動は、1970年5月地方長官会議で提起され、1971年から着手された国民運動であり、多様な類型のセマウル教育を通じて国民意識啓発教育と地域社会開発に重要な役割を果たした。

　「勤勉・自助・協同」の基本精神に基づくセマウル運動は、政治的啓蒙教育として実施されたため、現在、否定的にとらえられている面もある。しかしその一方で、貧困の悪循環のなかにあった当時の農村に革新的発展と改革の転換点をもたら

した点は評価されており、農村社会の地域開発に社会教育が寄与した好例であるとの認識がある[257]。

セマウル運動が開始されたのは1971年であった。地域社会開発の活動内容でみると、道路拡張・整備、住宅改良、村会館建設、営農技術革新、医療事業と家族計画などで構成され、都市・学校・工場・職場へと拡大された。教育面では、セマウル指導者研修院、政府各部署のセマウル教育院が設立され、国民意識啓発教育としてのセマウル教育が普及していった。

1970年代の社会教育におけるもう一つの大きな要素は、産業化・工業化に必要な人材を確保するための職業技術教育の推進であった。政府は公共職業訓練所や社内職業訓練所を設置する一方で、技術高校に特別学級を新設し、技術系人材を育成する教育機会を拡充した。また、放送通信大学を設置し、放送媒体を通じて通信教育を強化した。この時期の教育の特色は、国民意識啓発教育と職業技術教育に焦点をあてたことであった。

第2節　社会教育関連法案の整備と行財政の編成

1. 社会教育関連法整備の推進

1970年代の社会教育政策関連法について考察するには、まず1970年代初期の社会教育政策の目標から確認しておく必要がある。この時期の基本目標は、社会のすべての領域にわたり教育機能を最大限に発揮させ、国民教育憲章の理念を生活に浸透させ、国家の経済発展に寄与する人材を養成することであった。すなわち、国民教育憲章を基底におき、新しい国民像の創造とともに生産の労働力を養成するという意図が、この時期の社会教育政策に内包されていたと理解できる。

1970年代の社会教育政策関連法としては、①産業教育振興法の改正（法律第2545号・第3059号）、②学院設立運営に関する法律（法律第1719号・第2833号）、③教育法の改正（法律第2586号・第2710号・第3054号）があげられる。以下にそれぞれの法律の概要を記す。

（1） 産業教育振興法の改正

　技術要員養成のために 1963 年に制定された産業教育振興法は、1972 年 12 月 28 日朴正熙大統領によって提案され、産業教育に実業系専門学校を追加する内容に改正・公布された。さらに、次年度（1973 年 2 月 22 日）には、輸出増大に寄与する熟練技術系人材を養成するために、実業系学校の学生に対する企業での現場実習を義務化する法律案の改正を行った[258]。1977 年 12 月 31 日には、高等教育制度の改編に伴い、専門学校と実業専門高等学校が専門大学へと改編されたため、法改正が行われた[259]。同法は、経済開発を支える社会教育政策として職業技術教育と関係が深い法律であった。

（2） 学院設立運営に関する法律

　1960 年代に制定・公布された私設講習所に関する法律が招いた私設講習所の乱立と不法的私設教育の拡散を防ぐため、私設講習所に関する法律を改正したのが学院設立運営に関する法律である。一般の不特定多数の人びとに対して 30 日以上、継続かつ反復的に知識、技術、芸能また体育を講習する施設を規定する法律として改正された[260]。特に、私設学院に対する設置を認可制として規定することで、政府による民間教育機関に対する管理・監督機能を強化した。そして、この管理・監督機能の強化こそが、軍事政権下の社会教育政策における民間の教育機関の自由な学習活動を困難にし、「解放」以降韓国の社会教育・生涯教育政策の特徴となる行政主導の社会教育政策を促進させるきっかけを作ることになったと考えられる。

（3） 教育法の改正

　1970 年代に入り教育法の第 7 次改正が行われた。そのなかで、社会教育政策と関連する改正には次の 2 つがある。

　第 1 に、1973 年 2 月 26 日に提案され、同年 3 月 30 日に公布された教育法は、上級学校への進学機会を失った人に対して教育機会を提供するために国家が中・高等教育課程の放送通信教育機関を設置することを定めたものであった[261]。第 2 に、1974 年 12 月 24 日に改正された教育法は、放送通信大学、実業学校および専門学校の卒業者に対して、既存の 4 年制大学既卒者と同等の卒業資格を付与することを定めた[262]。さらに、1977 年 12 月 31 日には、国家技術試験の合格者に対して大学入学試験を免除する[263]条項を加えた。この改正は、放送通信大学の設置により、

通信教育を活用した教育機会の拡大と技術力を内在している人に対する高等教育の機会を付与することを狙いとしていた。

この時期の社会教育関連法は、産業化の過程で必要とされる職業技術労働力の確保と通信教育を活用した高等教育機会の拡大が主な特徴であった。

2. 社会教育法案の作成をめぐる論議

1967年ごろの社会教育法案作成をめぐる議論が交わされて以降、社会教育法の作成に関する議論は停滞していたようにみえたが、1970年代後半になって、文教部内に社会教育審議委員会が再開された。1979年提示された法案の構成では、章・節の区分はまだされておらず、全文27条および付則からなっていた。この法案の概要を整理すると、以下の3点にまとめられる[264]。

第1に、第1条ではすべての国民に生涯を通じて教育を受ける機会を与え、国民の教養と生活の向上に寄与することを目的とすると宣言している。韓国で初めて、社会教育が生涯教育の一つの形態であることを記すと同時に、社会教育活動の究極的な目的は生活の質の向上であると規定し、生涯教育の国際的見解を反映していたことが特徴である。

第2に、第15条および第17条には、社会教育は無償による実施を原則とすると明記し、産業化・工業化過程の社会教育事業に必要とされる経費負担を軽減させ、社会教育課程を履修した者は教育委員会に申告また許可手続きを行い、一定の教育経費を教育委員会が負担するといった内容が含まれている。

第3に、政府各機関の社会教育機能の効率的な調整を行う機構として国務総理傘下に社会教育政策調整委員会を設置するとし、多様化する社会教育活動の体系化を模索した。

この時期（1979年3月）の法案は、UNESCOの生涯教育の国際的概念を社会教育法案に明記するとともに、公教育の枠組みのなかに社会教育を位置づけることで行政主導の社会教育制度の確立を目指したと考えられる。しかし社会教育審議会は、同年5月に一部修正を加えた法案を再提出した。修正案の特徴として次の6点があげられる。

第1に、生涯教育の概念の本質的意味を、国民の実質向上とともに福祉社会の建設であることを明示した。第2に、社会教育の定義を、学校外教育活動として位置づけ、生涯教育の概念と区分した。第3に、社会教育の領域としては、公民教育

と国際理科教育まで拡大する案を提示した。第4に、社会教育活動における営利的活動を規制することで、社会教育の行政側の役割と特徴を明確にした。第5に、社会教育活動経費に対する税制上の軽減措置を実施し、社会教育を奨励する条項を加えた。第6に、通信教育による教育機会の拡大を図った[265]。修正案の主な狙いは、社会教育経費の削減、行政支援型の社会教育の推進、遠隔教育による社会教育の奨励であった。

しかしこの時期、朴正煕政権がセマウル運動の推進に重点をおいていたため、1970年代後半まで法案作成に関わる具体的な議論は行われいまま先送りとなった。また作成段階においても、政府部局間の利害関係のために合意を形成するまでにはいたらなかった。その後、2回にわたり再び修正作業が行われたが、法の制定までの道のりは遠かったのである。

3. 社会教育行政機構の改編と財政基盤の確保

1970年代、社会教育法案をめぐる議論が展開されるなか、政府組織法の改正に伴い、文教部および社会教育担当行政機構の改編が実施された。改編前の行政機構の組織図は図3-1の通りである。

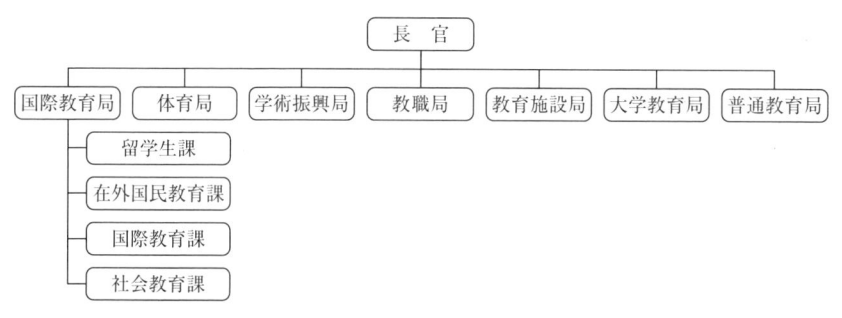

図3-1 文教部社会教育行政機構の組織図（1978年当時）[266]
（総務処『大韓民国政府組織変遷史』総務処1988）

文教部内の組織改編では、まず社会教育局内部に在外同胞教育担当局が新設されたが、国際教育課に改編された。これが1977年には在外国民教育課となった。1978年3月には、大統領令第8887号によって上記の図同様の社会教育行政機構へと再編され、社会教育局が社会国際教育局に改称され、留学生課が付設された。改編後の社会教育課では、成人教育および青少年教育を統括する業務に比重をおいて

いた[267]。1970年代の社会教育行政機構は、国際教育の業務内容を踏まえ、文教部内の社会教育政策の組織体系の土台を構築しようとした。

一方、1970年代の政府支出に社会教育費が占めた割合をみると、この時期の文教部の財政規模は継続的に増加していた。具体的には表3-1のようになる。

表3-1　1970年代社会教育費の推移[268]

(単位：千ウォン)

年　度	一般会計 (A)	文教部 (B)	社会教育費 (C)	B/A (%)	C/B (%)
1970	403,985,000	57,790,221	128,722	14.3	2.2
1971	491,904,000	73,832,814	159,395	15.0	0.22
1972	602,137,000	94,272,133	170,055	15.6	0.18
1973	569,992,000	99,138,397	204,385	17.3	0.20
1974	929,267,000	133,768,849	493,797	14.3	0.37
1975	1,347,376,000	195,057,667	1,637,028	14.1	0.84
1976	2,019,230,000	317,424,465	2,139,648	15.7	0.67
1977	2,739,935,000	480,730,044	4,685,741	17.5	0.97
1978	3,538,675,000	616,417,534	6,402,518	17.4	1.00
1979	5,053,242,000	884,924,415	5,027,429	17.5	0.56

(文教部『文教統計年報』1970年から1980年までの統計より)

上記の表にみられるように、文教部の財政規模は1970年の約577億9,000万ウォンから1979年の約8,849億2,000万ウォンへと、15.3倍に増加した。一方社会教育費は、1970年には約1億2,800万ウォンだったものが、1979年には約50億2,007万ウォンへと、文教部の予算の増加率をはるかに上回る39倍増を示しており、行政主導型の社会教育に対する関心が高まったことの表れと読みとれる。それでも、文教部予算全体に占める社会教育費の構成比は平均0.57%でしかなく、他の予算に比べ低い水準であった。1974年以降の社会教育費の増大の一因には、放送通信大学の設置・推進があり、その事業費用が内訳のなかで高い割合を占めていた。

1970年代の社会教育関連法と行財政の推進形態には、2つの主な特徴がある。1つは、社会教育に関する政府の支援と役割を増大させ、行政主導型の社会教育の推進を法的かつ財政的に支援しようとする動きが顕著であったこと。もう1つは、社会教育における国際的視点を重視し、生涯教育の一環として社会教育を位置づけるなど、社会教育の国際的動向を踏まえようとした動きがあったことである。

次項では、上記の社会教育関連法案と行財政をめぐる議論に基づき、1970年代

の社会教育の2つの特徴、すなわち、①学校教育を補完する役割と②セマウル運動の国民意識啓発教育（精神教育）事業の一環として推進されたセマウル教育の政策展開を具体的に考察する。さらに、この時期から推進され始めた通信教育についても触れる。

第3節　学校教育を補完する社会教育政策の展開

韓国における職業技術教育は1950年代から継続的に実施されてきたが、1970年代以降の産業化・工業化により、さらに進んだ職業技術教育と企業内教育が求められるようになった。この時期の職業技術教育は、1960年代の社会教育政策の重点課題であった産業の発展を支える人材育成の教育を継承し、労働活動に従事する成人男女のための技術教育を実施することを主要内容としていた。企業内教育が一定水準以上の技術を保持し、企業内で労働活動を担う人びとを対象としているとすると、職業技術教育は特定の技術を持っていない成人を対象とした教育であるといえる。詳しい内容は以下で検討する。

1. 職業技術教育と企業内教育

1970年代の職業技術教育は、①技術学校、②企業付設の特別学級という2つの形態で展開された。以下ではこの2つの形態について具体的に述べる。

（1）技術学校

1960年代に始まった文教部の技術学校は、1970年代に入ってさらに充実したものになった。この時期の技術学校は、未就学者、学校中退者を対象としており、地域社会の状況にふさわしい技術教育をほどこし、地域の失業問題を克服し、技術要員を確保することを目的としていた。主な経費は国庫と地方自治体が負担していたが、教材および実習費は、受益者負担の原則に基づき受講者が支払うのが一般的であった。写真、建築、土木、算盤、自動車、縫製、美容、畜産、工芸などが主な科目であり、1年間のコースで実施された[269]。課程からすると技術教育の主流は、初期産業社会に必要とされる教育内容であったと理解できる。また、産業化を推進するうえで、技術系人材を確保する基礎教育としての重要な意味を持っていたとい

える。

しかし、"1970年の64校から1975年の60校へと"[270] 技術学校の数は減少し、独立技術学校の数が減っていることは、技術学校の課題であった。その理由は、技術教育は正規の学校教育課程を履修したという資格を付与することではなく、技術学校を修了した人びとは検定試験（高校卒業検定）を通じて高卒の資格を得るしかなかったため、技術の習得と高卒の学歴を得ようとした当時の学生の要望を満足させるには至らなかった。この点が、技術学校の数が次第に減少した重要な理由であったと理解できる。

（2）企業付設学校・特別学級

企業付設学校・特別学級は、労働者に中学校・高校教育と職業教育を受ける機会を提供することを目的として設置された。1970年代に入り、経済急成長のなかで生じた労働力不足を解消するために、企業は多くの若者を採用した。しかし、この時期企業に就職した若者の大半は、国民学校（小学校）卒また中学校卒程度の学歴しかなかった。企業向けの良質労働力を確保するために、彼らに教育を受ける機会を提供する必要があった。そこで1977年以降、文教部の主導により企業付設学校および特別学級が設置・運営された。

企業付設学校・特別学級の設置を定めた法律は、教育法第103条4項、103条6項、170条4項および107条5項である。これらの規定に基づき発令された「企業勤労青少年の教育のための特別学級などの設置基準令」（大統領令第8462号）で関連施策の内容を確認することができる。同基準令は1977年2月28日に公布され、同年3月1日から学校・学級が設置・運営された。さらに、1977年3月16日には、施行に関する必要事項を明記した同基準令施行規則（文教部令第406号）が公布された。

企業付設学校・特別学級は、中学校課程から始め、1977年には12校で2,111人の労働者に対する教育を実施した。しかし、1980年の56校1万0,387人を頂点として、その数は減少し始め、1983年からは急激に減っていった。義務教育の普及に伴い、学校教育を補完する社会教育としての同学校・学級の役割が低下したためである。

継続的な実施こそできなかったものの、企業付設学校・特別学級は1970年代には大きな役割を果たした。同学校・学級の教育類型には2つある。第1は、企業

表3-2 企業付設学校・特別学級の変動推移（1977～1992年）[271]

年　度	学　校　数			学　生　数		
	計	付設学校	特別学校	計	付設学校	特別学校
1977	12	3	9	2,111	1,243	868
1980	56	19	37	10,387	5,721	4,666
1985	30	5	25	4,871	731	4,140
1990	17	3	14	1,610	160	1,450
1991	12	1	11	1,203	86	1,117
1992	11	1	10	772	103	669

（교육부（教育部）『근로청소년 교육을 위한 특별학급 및 산업체 부설학교 현황（勤労 青少年の教育のための特別学級および企業付設学校の現況）』各年度の資料参照）

が隣接した中・高校の施設を利用して、夜間の特別学級として設置したもの。第2は、企業内に設置した付属の中・高校である[272]。企業内付設の中・高校の場合、学校法人として設置要件を充足させる必要はなかったため、設置・運営は企業の裁量で行われていた。

　企業付設学校・特別学級を運営した文教部の意図は、国家の経済発展を支える大切な役割を担う労働者が、職場で適切な教育を受ける環境を醸成し、彼らに教育機会を与えることであった。当時、韓国経済は輸出拡大による経済発展と、その輸出を主導する財閥に依存する経済体制が形成され、「三星（サムソン）」と「現代（ヒュンダイ）」という代表的財閥の国家経済に対する貢献が著しかった。すなわち、企業内でその企業の生産活動を向上させる人材の確保が国家経済の発展に直結していたのである。つまり、この時期の社会教育の特徴は、企業内の教育を通じた①労働意欲の向上、②生産技術の向上を促進させる人材の養成、③企業と学校の連携による教育の効率化を図ることの3点であった。これらは、企業の収益の拡大だけでなく、最終的には国家経済の発展に繋がると思われていたからである。さらに、このような国家と企業の意図だけでなく、企業側と労働者側にとっても企業内教育は次のような利点があった。

　まずこの制度は企業側からも、産業別・職能別の人材を開発する上で、まず労働者が正規の学歴を獲得し、高卒以上の賃金を貰い、より積極的に労働活動へ従事できることに一助できると期待されていた。他方、家庭環境や経済事情によって就学機会を失っていた労働者の視点からすれば、職場で教育を受けられることは働こうとする意識を向上させるのに役立ったのである。すなわち、企業付設学校・特別学

級は、職業技術教育と並行して中高校課程を履修させることで、学校教育を補完する教育としての役割を大いに果たしたと理解できる。

次項では、学校教育を補完するもう一つの取り組みとしてこの時期新たに始まった通信教育関連の施策について述べる。

2. 通信教育制度の推進

1970年代に入り生涯教育の概念が台頭するなか、社会教育政策における画期的な変化は通信教育、具体的には放送通信高等学校と放送通信大学の登場である。

(1) 放送通信高等学校

放送通信高等学校は、放送通信大学とともに時間・空間的制約を克服し、より少ない教育費用でより多くの人びとを教育させる放送媒体と通信学習を利用する遠隔教育 (Distant Education) の代表的教育事例であった。

1973年3月、教育法第107条3項が新設され、国・公立の高等学校に放送通信高等学校を設置可能な法的環境が整った。1974年1月に制定された学校設置基準令と施行規則に基づき同年3月23日、ソウルとプサンを中心とする都市部の11の高等学校に放送通信高等学校を付設した。1970年代の放送通信高等学校の学生数の推移を以下の表に示す。

表3-3　放送通信高等学校の年度別・学年別の学生数[273]

区　分	1974年	1975年	1976年	1977年	1978年	1979年
1年次	5,794	12,901	7,938	9,753	10,396	14,196
2年次	－	3,629	8,801	5,343	6,382	7,311
3年次	－	－	2,894	6,848	4,335	5,577
全　体	5,794	16,530	18,913	21,944	21,113	27,084

(文教部『文教統計年報』各年度参照)

上記の表によると、1976年を除き入学者の数は年々増加傾向にあったが、1年次から3年次に進級する過程で中途退学する受講者が増えたことがわかる。それでも、放送通信高等学校の導入によって教育の機会が拡大したことは否めない。同高等学校の教育目標は以下の4点に集約される。

第1に、放送媒体を利用し、教育の機会を拡大する。第2に、成人教育と学校

外教育としての社会教育を実現する。第3に、労働者と、諸事情により高等学校教育を受けていない者に対する高等学校課程の教育を実施する。第4に、都市と農村間の教育機会の格差をなくすということであった。

　放送通信高等学校の入学資格は「中卒以上の者」として年齢制限はなく、授業料および教科書代を1学期1万2,000ウォン程度（一般高校授業料の40%）と定め、受講者の負担を軽減しようとしていた。3年間の全教育課程を履修した者には正規の高卒者と同等の学歴を認定した。その教育課程は一般の正規の高等学校と同様であった。授業方法としては出席教育と放送教育が並行して行われ、出席教育は、正規の一般高校の季節休みを利用して、毎学期12日間、1日50分単位で7時間授業を実施した。放送教育は、日曜日を除く毎日30分ずつ、KBS, MBC, CBSの放送網を通じた番組の形で行われた[274]。

　放送通信高等学校を修了した学生の進学状況をみると、1977年には卒業生5,335人のうち進学したのは471人と、8.8%に過ぎなかったが、1978年には卒業生4,188人の11.4%である478人、1979年には卒業生5,166人中13.7%である708人が進学し、徐々に状況が改善していることがわかる[275]。

　次項では、放送媒体を通じたもう一つの高等教育機関、放送通信大学について述べる。

（2）放送通信大学

　1968年11月の教育法改正により、国立大学内における放送通信大学の設置環境が整った。1969年ソウル大学に設置委員会を立ち上げ、3年4か月の準備期間を経て、1972年3月9日、韓国放送通信大学設置令（大統領令第6106号）の公布によって、放送通信媒体を通じた新しい教育制度が施行された。最初の放送通信大学はソウル大学内に設置された[276]。

　放送通信大学は、放送通信高等学校と同様、多くの人びとに高等教育の機会を提供することを理念として始まった。1970年代当時、特権的かつ閉鎖的性格が強いエリート主義が既存の大学内に蔓延していたが、その対極にあったのが放送通信大学である。経済的理由や労働により高等教育を受ける機会を逸した成人にその機会を提供した同大学の存在意義は大きい。放送通信大学の理念は以下の設立目的に記されている。

　"第1に、経済的、地理的、年齢的理由から大学教育を受けられなかった人びと

に教育の機会を提供する。第2に、一般教養教育とともに、各種職業に必要な専門教育を実施し、国民の教育水準を向上させる。第3に、急激に変化する社会に積極的に対応できるよう、教育を受けることを願うすべての人びとに時間と場所の制約を克服し、社会教育の機会を提供する。第4に、高等教育の機会を拡大することで、国家が必要とする人材を育成する"[277]。

教育課程は、家庭・経営・農学・初等教育・行政学という5つの科目で編成され、入学定員は1972年当時1万2,000人と定められた。教育方法は、放送講義、夏冬の出席授業(スクーリング)、カセットによる補充教育が用いられていた。

このように1970年代に展開された放送教育(高校・大学)は、当時普及し始めた放送媒体を活用して教育の機会を拡大し、都市と農村間の教育格差を解消しようとする当時の社会教育政策の意図を反映していたと考えられる。実際、放送教育は、識字教育に加えてさらなる教育の充実を期待していた農村地域でより高い支持を得られた政策であった。

3. 学校教育を補完する社会教育の特徴

1970年代に行われた学校教育を補完する社会教育の特徴は、職業技術・教養教育を中心として、学校外教育および通信教育の形態で推進された点であった。この時期の学校教育は、依然として都市部の市民中心であり、都市労働者と農村地域住民には教育の機会が十分確保されていなかった。

当時、韓国社会は、朴正煕政権の都市と農村間の役割が明確に区分されていた。農村は、食料生産量を増大させ、都市労働者に対して安い農産物を供給することであった。他方、都市労働者は、輸出を促進させるために熟練の技術を習得し、低賃金で労働活動を提供することであった。このような地域間の役割分担に基づき策定された社会教育政策は、都市部の場合は都市部に出稼ぎや生産現場で働くことを夢見てきた労働者を対象とする教育機会の提供が課題となり、農村部では都市部へ人口の流出が増加している中、高校以上の学校の数を増やすことは教育予算の浪費を判断され、その対案として通信教育を活用する方案が検討されるようになった。結局、都市部と農村部の人口と経済活動の変化によって、社会教育のなかで学校教育を補完する機能は、地域別に異なる形態で推進されるようになったのである。

上記の内容からみられるように一連の施策のなかで示されているように、都市労働者は、企業付設学校・特別学級などで職業・教養教育を受けられるようになり、

農村地域住民は、放送通信高等学校と放送通信大学を利用することが可能となった。その結果、経済発展に必要な人材を確保するために教育機会を拡大するという社会教育政策の狙いが功を奏したと理解できる。

第4節　経済開発と国民啓蒙教育の推進

1970年代の社会教育政策のもう一つの狙いは、経済開発を推進するための国民の意識啓発であった。前項で確認した職業技術・教養教育および通信教育とは異なり、一大国家事業として重要視され、推進されたのが国民意識啓発を目的とした「セマウル教育」である。本節では、まずセマウル教育の前段階の事業である「全村教育（オンマウル教育）」について述べ、それを踏まえた上でセマウル教育の内容を考察する。

1. 全村教育(オンマウル)の推進

1970年代に入り、朴正煕政権は1960年代の産業化を促進するために技術教育に基づく人材開発を促した。この政策によって、輸出拡大に貢献可能な財閥と呼ばれる大企業出現とその企業で生産活動を担う労働者、すなわち人材の確保は重要な成果として認識されてきた。しかし、一部財閥企業の成長による経済開発では、財閥企業に属されている一部都市労働者にとっては豊かな生活は保障されても、朴正煕政権政権が目標として掲げた韓国国民全体の豊かな生活を実現することは難しいと考えられた。1960年代の経済開発政策の本質的問題を認識した朴正煕政権は、韓国社会全体の発展を実現するためには、国民全体が経済発展のために一致団結することが必要であると考え、国民全体を取り組む政策を構想し始めた。その構想のなかで最優先課題としてあげられたのは、都市部より発展が遅れていた農村部の開発、特に農村地域住民の経済発展の必要性に対する理解の不足と変化を恐れる意識の問題であった。そのため、朴正煕政権は、農村地域の人びとの封建的かつ無知な意識を改革させる教育を推進するに至ったのである。その政策が、全村教育（オンマウル教育）であった。

全村教育とは、地域社会の連携を強化し、地域学校の人的・物的資源を活用し、地域社会開発に寄与することを目的として展開された。同教育は1971年当時、文

教部の社会教育課の管轄事業として推進され、社会教育行政の主要事業として位置づけられた。全村教育の趣旨と目的は以下の3つに要約される。

第1の趣旨は、教育の社会化を推進し、教育を通じて新しい社会的気風と国民の合理的生活態度や価値観を形成することであった。第2に、①学校施設の地域社会への開放、②教員の専門性の強化と地域社会開発事業への参加、③地域社会教育の推進という3つの教育方法を柱としていた。第3に、前述の教育方法にのっとって、①学校教育に対する地域社会の理解の向上、②国民の経済的・勤勉的な生活の形成、③前近代的意識構造の改善、④関連地域行政機関の協力という教育方針を定めていた[278]。文教部は、以上の3つの趣旨、教育方法と方針を通じて、地域社会における教育機能を強化し、地域社会開発を担う住民向けの教育を実施しようとした。

セマウル教育推進以前の全村教育は、①地域環境改善、②地域文庫の拡大、③地域文化交流施設の整備、④地域学校施設の開放を通じて、地域協同意識の涵養および地域社会開発に参加する住民意識の形成を図った[279]。しかし、全村教育の政策は、1972年セマウル運動の推進に伴い、セマウル教育に吸収・転換されることになり、地域住民の意識啓発教育としてはおよそ1年限りで終わった教育事業であった。

2. 国民啓蒙教育としてのセマウル教育の推進

(1) セマウル教育の歴史的背景とその概念

セマウル教育の発端は、地域社会学校、郷土学校および全村（온마을：オンマウル）教育運動に発見できる。セマウル運動の全国化に伴い、国家の教育的要求と期待がセマウル教育という名の下に集約されたものだといえる[280]。

近代的学校が成立する以前までの歴史を遡ってみると、韓国で学校が村や地域社会のために行った教育的奉仕は10世紀の郷校の出現に起源がある[281]。「郷校」[282]は、地方の儒学者が中心となって地方に建てられた一種の形式的教育機関で、孔子廟を中心とする明倫堂があり、ここで儒学の教育と一般郷民のための社会教育を実施し、郷土教化の中心的存在であった[283]。日本の植民地統治時代には、中学校と簡易学校が地域社会の啓蒙と教化のために、大きな役割を果たした[284]。「解放」後、セマウル教育と密接に関連する地域社会学校の理論が登場した。同時期の1952年に韓国を訪れて教育現場を視察したUNESCOのウンクラハ教育計画使節

団から、報告書を通じて地域社会学校の必要性が提示されたことは、地域社会の教育を把握するうえで重要な意味を持つ[285]。その詳細は以下の通りである。

① 地域社会開発活動における講師と児童の興味と協同が重視されなければならない。
② 社会生活を営為し、地域社会機関に刺激を与えるために、学校関係者の指導役割はより強化されなければならない。
③ 学校施設は、地域社会のすべての教養および教育的活動を推進するために利用されなければならない[286]。

上記の提言が使節団によりなされてから、地域社会学校に対する教育界の関心は高まり、地域社会学校に関する理論的研究[287]と実践的試み[288]が見られ始めた。しかし、初期の地域社会学校運動は学界と教育界の一部の関心にとどまり、学校教育の現場にまでは十分浸透しなかった[289]。

「4.19革命（日本：四月革命）」[290]による李承晩政権の崩壊後、一時期は地域社会学校運動に対する関心が高まり、地域社会学校の名称を郷土学校に変更することになった。その意図は、"地域社会学校運動をより積極的に推進するために、名称変更により再出発をはかるべく、身近な言葉である郷土に変える"[291]ことであった。郷土学校は、地域社会の諸資源と問題を適切に活用し、反映することで郷土社会（地域社会）の改善に貢献し、学校と地域社会間の緊密な相互作用を発展させていくものであり[292]、地域社会運動と同様の性格を持っていた。

文教部は、郷土学校を積極的に奨励し、支援活動を通じて実践的教育活動を導き出すよう努力した。しかし、全体としては十分な活動に発展するまでにはいたらなかった。そんななか政府は、1968年に制定された「国民教育憲章」を、郷土学校運動に関する理念的根拠として提示した。この理念的根拠に基づき、"文教部は1970年から郷土学校運動の継続事業として全村教育運動を積極的に展開するよう指示し、1971年を基点として各種学校が郷土開発に積極的に関わるようになった。それをきっかけとし、1972年からセマウル教育に継承された"[293]。

1972年3月には、朴正熙大統領が特別訓示を通じて愛国教育、生産と直結した教育の重要性を強調し、これが契機となってセマウル運動の性格の一つである精神啓発の側面をセマウル教育が担う形に発展した。そして郷土学校運動の性格の継承のために、教育課程の郷土化、学習指導、学校開放、成人教育、奉仕活動、文化活

動主導、教育革新という7つの要素を取り入れて、セマウル教育の実践的目標と基本方針が定められた。

　セマウル教育の初期は、学習指導と郷土化中心の教育体制整備に重点をおく傾向があったが、年を経るにつれ、同教育の多様な領域を学校教育と社会教育のなかで効率的に深化させていこうとする傾向が強くなった。実際、セマウル教育の前身である地域社会教育・郷土学校・全村教育運動は、それぞれ異なる活動というより、むしろ時代的変遷のなかで類似した用語を変換したものと考えられる。ただし、地域社会教育・郷土学校・全村教育運動が教育界の内部から提唱されたのに対し、セマウル教育はセマウル運動を奨励した政府によって強力に推進されたことが異なる特徴である。

　セマウル教育の理念的背景としては、1970年から10年間という比較的短い歴史のなかで、通説的に評価すべき点として指摘されているのは、"伝統的相互扶助精神の文化を継承し、国難を克服する民族の底力を勤勉・自助・協同のセマウル精神に発展させることで近代化・産業化の道を開いた"[294] ことである。すなわち、セマウル教育は1970年にセマウル運動が開始されると同時に始まり、短期間でセマウル運動における重要な役割を果たすにいたった。農村地域の農民から都市地域の住民まで、初・中・高・大学の学校教育と社会教育を通じて実施され、政府機関、民間団体、セマウル教育研修院、産業施設など、社会全体に普及し、セマウル運動の永続的基盤の構築に貢献したと評価されるようになった。

　セマウル運動関連法の整備と同運動の歴史的展開を踏まえると、セマウル教育は全国民を対象とする国民教育であった。職業別・性別・年齢別・階層別・地域別・信仰別の差別なくして実施される国民のための教育であると同時に、セマウル精神で武装された人間意識革命のための教育の意味をも含んでいたのである。

　特に1970年代には、徹底した国家観、安保意識、韓国型民主主義の定着化の推進、主体的歴史意識、国民倫理意識の確立と産業社会の市民像の形成が課題であると認識され、それは国民全体の精神改革によって克服できると判断された。そのため政府は、セマウル教育を通じて、セマウル精神（勤勉・自助・協同）を浸透させようとしたのである。以下では、こうした歴史を背景にしたセマウル教育の概念を説明する。

　旧来の議論のなかでは、セマウル教育に関する概念構造が多少一貫性と体系性に欠けているとの指摘がなされ、概念を単一の定義で説明するのが難しいというのが

実情である[295]。そのため、現時点で通説となっているセマウル教育の概念について論じる。

セマウル教育の概念は、①価値志向的なとらえ方、②活動中心的なとらえ方の2つに大別される[296]。前者の価値志向的概念の代表的な例である文教部[297]の定義は、セマウル教育を「国民教育憲章」の理念の下で、"学校教育と社会教育を通じて学生と地域住民のセマウル精神を涵養し、地域開発と国家発展に貢献する"[298] こととなっている。文教部は、セマウル精神を教育活動によって実現させようとする運動こそがセマウル教育であると定義した。

一方、セマウル教育を価値志向的概念としてとらえる理解においては、セマウル教育の目標は実践的活動のなかでは十分な実現が難しいとして批判する見解が出され、セマウル教育を活動中心的概念として定義する立場[299] が現れた。この立場の論者たちは、"セマウル教育は社会的需要と要望に応じた内容を編成し、地域社会および学校が内在している資源を地域住民に提供・開放し、地域住民が積極的にセマウル教育に参加すること"[300] を促すべきであるという概念定義を支持した。またセマウル教育を活動中心的な視点で把握した概念は、セマウル教育の社会的機能と社会の道徳的機能の側面から定義することで、従来の地域社会教育の活動的側面を強調していた。

具体的には次の3つの要素を包括し、定義している。第1に、セマウル教育は、学校教育を通じて、地域社会開発と国家発展のための役割を果たすものである。第2に、セマウル教育は、学校および地域社会が内在している資源（人的・物的資源）を地域社会の増進と生活改善のために提供し、開放することである。第3に、セマウル教育は、学校教育と社会教育の連携を通じて、学校の教育的機能を地域住民まで拡大し、推進することである。また、一部の論者は、セマウル教育を地域社会学校および郷土学校と比較して、性格上特に異なる点がないとし、セマウル教育は、①教育課程および学習指導を郷土化し、②地域社会開発に積極的に参加させ、③学校を開放し、地域社会教育施設としての役割を果たすものであると主張した[301]。すなわち、セマウル教育は、社会の要求に早急に応え、社会全体の関与をつのるという社会教育の使命を考えたとき、国家・社会・教育の間の緊密な関係構築を前提としていたといえよう。

この前提を踏まえ、価値志向的および活動中心的定義も考慮に入れて、セマウル教育の概念を把握するにあたり欠かせないのは、セマウル教育に影響を与えた教育

実像の要素である。具体的には"セマウル教育と関連する教育実像における重要な構成要素は、地域社会学校（郷土学校）、国民教育憲章、10月維新、安保教育など"[302]があげられる。そしてこれらの構成要素は、1970年代の政治的経済的背景と密接に関連しているといえる。

　セマウル教育が政治的・経済的要因に基づき、地域社会開発と国家発展を推進する精神啓発を目的としていたなら、概念的定義をめぐる価値志向的理解と活動中心的理解のどちらが正当かを議論するのでなく、前者（価値志向的）と後者（活動中心的）を統合的にとらえることが必要であると考えられる。また、セマウル教育の目的が地域社会開発と国家発展であったことを考慮すると、同教育の意識啓発面での要求を満たすため、学校教育と社会教育の連携という意味で、学校と地域社会の相互作用を通じての実践が必要だっただろう。セマウル教育は、地域住民が地域社会開発と国家発展に必要な行動を積極的かつ計画的にとるうえで必要不可欠な意識の改革を目的とし、価値と活動の両概念的側面から取り組んだ活動であったといえる。

（2）セマウル運動におけるセマウル教育の位置づけ

　地域社会の変化と開発の原動力となるものには、内的要因と外的要因があるといわれている。"内的要因としては、①政治的要因、②技術的要因、③産業的・経済的要因があげられる。外的要因には、①海外からの輸入の拡大、②経済関係、③軍事関係、④政治関係などがある"[303]。セマウル運動の政治・経済的背景と同様、地域社会の開発においてもこれらの要因は重要であったと思われる。

　地域社会の変化とは、人間の意識や態度、価値観まで変化することを意味する。また、内的・外的要因は、幅広い意味で教育的要因に収束する。言いかえれば、"社会変化を短期的にとらえると、地域社会を開発するには地域経済や産業の側面に比重をおいた政策（環境改善事業と所得向上事業）が優先されると考えられるが、長期的な視点でとらえると、教育が重要な要因として認識される"[304]。その根拠として次の2点があげられる。

　教育の重要性を示す1つ目の根拠は、教育が地域社会開発の中核的役割を担う人的資源の供給源であることである。2つ目は、教育が、地域住民が地域社会開発に積極的に参加するのを促す役割を果たすことである。つまり教育は、地域社会開発を促すと同時に、貧困や疲弊した生活環境におかれた地域住民が社会活動（労働

活動・政治参加）を行う上でも重要な要因であったということを意味していた。

　セマウル運動におけるセマウル教育の位置づけは、地域社会開発という農村・都市地域の環境・状況の変化（道路の改善、上下水道の設置、電力普及、住宅改善、地域行政体制の改善、学校建設・改修など）に対して、地域住民の協力を向上させる上で、教育が影響力を発揮するという前提の下になされている。言い換えれば、地域社会が直面している様々な問題を解決するためには、地域の行政官僚のみの問題解決ではなく、地域社会開発の参加へ受動的である住民と旧来の伝統的かつ封建的な村の慣習に縛られている地域住民を、教育を通じて地域問題の解決に役立つ人的資源として活動することが、セマウル運動（セマウル教育）の重要な要件となったことを意味する。よって、教育と社会経済的状況の関係を考慮に入れる必要がある。

　具体的にいえば、産業化・工業化の過程で、社会の諸部門間の相互依存性が高まるなか、地域社会には封建的閉鎖性から脱皮し、開放性を持つことが求められるようになった。開放性が要求される地域社会状況における教育は、地域社会の環境改善とそのための投資と同様、社会開発と変化を促進する大きな要因とされたからである[305]。実際、セマウル教育では、地域社会開発における教育の機能は、中央から地方への人的投入と物的支援を通じて発揮された。

　地域社会開発と国家発展という目標を達成するための教育実践は、以下の条件によって左右される。第1に、行政の形態と補助的サービスの性格。これは、地域住民に対する教育の実践過程（地域住民への指導と学習、調査など）を左右する。第2に、地域の伝統的教育実践の構造と地域の教育・学習に関する共感と理解。第3に、教育実践における指導と学習を行う施設の設置である。すなわち、環境づくりも教育実践における重要な要素となる。3つの要因によって左右される教育実践は、実際に地域のなかで推進される過程で、社会環境の新たな変化を促す。"教育実践は、変化する地域社会環境への地域住民の適応と、住民からのさらなる要望をもたらす"[306]ことになる。

　また、"教育実践は地域社会の環境を変化させるだけでなく、実践を通じて教育を受けた地域住民に社会変化と開発のための支援的役割を果たさせる"[307]こともできる。このように、地域社会開発の結果として表れる社会変化と、地域開発と変化を促進する教育の役割の間には相互関係がある。

　以上を踏まえると、地域社会開発のための教育実践は、社会変化に適応し、積極

的に社会参加する地域住民の形成にその意義があると考えられる。よって社会教育政策は社会環境と分離してとらえるべきでなく、地域社会の政治的・経済的環境を考慮したうえで、地域住民の性格と要望に応じた実践が求められる。

アジア社会を政治的・経済的側面から分析した Myrdal（ミュルダール）は、アジア社会の停滞性の原因は、天然資源の貧困、爆発的な人口増加、植民地経済の遺産、貧弱な経済状況に起因するというより、むしろアジア諸国の人びと自身の生活態度と意識構造にあると指摘した[308]。特に、アジアの人びとの職業訓練、時間概念、秩序意識の低位性、迷信と非合理的事物観、機敏性と適応性の不足、封建的親族構造の家族制度、他者との協同性の低位性などの否定的な要素が、アジアの人びとの社会構造と社会制度のなかに根強く定着しており、経済発展と近代化（産業化）を妨げる要因であるととらえた[309]。

Myrdal は、発展途上国の経済発展には近代化が必要であり、教育は人びとの生活態度、既定概念、社会制度の改善を実現する先行条件であるため、教育そのものが産業化の最優先課題となると主張した[310]。つまり近代化・産業化の促進は、経済発展と社会開発の同時的、並進的推進過程を通じて実現され、両者（経済発展と社会開発）は相互補完関係によって形成されることを意味する。

こういった指摘を踏まえると、"セマウル教育は、経済発展と地域社会開発を推進するために、地域住民の生活態度、伝統的価値観と社会変化に対する適応性を形成することを目的として行われた"[311] といえる。セマウル教育の歴史的背景に関する記述のなかで確認したように、過去の地域社会学校運動と郷土学校運動は学校教育と社会教育の連携の必要を示したという意味では評価できるものの、結局大きな成果をあげられなかった。それは、"学校中心的な教育方法に偏っていたため、地域社会の社会教育の学習環境の形成と地域住民に対する具体的教育目標の設定が十分なされなかった"[312] ことに原因があるといえる。また、"当時農村地域の地域住民には、地域社会や国家の発展が自らの生活改善に促す自覚と、社会開発の必要に対する問題意識が欠如していたからだ"[313] とも考えられる。

その結果、セマウル運動の最優先課題は、社会教育政策を通じた地域住民の精神啓発・意識改革となった。つまり、セマウル教育においては、セマウル運動に対する精神的土台を形成し、セマウル運動の確固たる定着と持続化のために、教育的機能を強化しようという努力がなされたといえる。

（3） セマウル教育の推進方向

　セマウル教育がその方向性を確立するためには、村（マウル）単位で相互協力し、技術・技能教育と、国民に新しい価値観を確立させるための教育の概念定義を行い、それと認識することが前提として要求された。教育を推進するにあたって、専門的な知識と施設を備えた学校教育施設と社会教育施設の協力が必要となった。

　推進初期にはすでに、課題が見え始めていた。それは、"伝統的封建社会構造から発展的かつ近代的社会に移行するのに必要な教育内容を体系的に構築すること"[314]である。そういった教育内容の編成のために、セマウル運動の諸事業に対する住民の参加と援助の動機を誘引し、必要な情報と技術を提供することが求められた。単にセマウル運動を支援するだけでなく、国民意識の構造に変革を誘導する内容を含めることが求められたのである。

　この課題を踏まえて文教部が示した教育目標と活動方針は次の通りである。まずセマウル教育の目標は、国民教育憲章の理念の下、学校教育および社会教育を通じて地域住民に対してセマウル精神を涵養し、地域開発と国家発展に貢献することと定められた。

　また、セマウル教育の方針は6つの項目に分類されている。①教育課程は、地域社会に関する調査に基づき、地域社会の問題解決に取り組む内容を中心とする。②地域住民に対する学習指導は、地域社会のすべての人的、物的資源を活用し、多様化する。③学校は、すべての施設を地域社会の開発のために諸活動施設として開放する。④学校は、地域社会の青少年および成人全体の教育のために学習機会を提供し、教育的に計画された地域奉仕活動を展開することで地域社会の開発への積極的な参加を促す。⑤学校と社会教育機関は、地域社会の教育文化活動を調整し、その促進における主導的役割を担う。⑥地域における教育の風土を刷新し、地域と国家発展に直結する教育革新運動に発展させる。すなわち、セマウル教育の方針は、地域社会の発展と国家発展を総合的に達成するために、地域の資源を活用しながら、住民の参加と価値観の転換を促すものであったといえる。

　ただし、1976年に入ってからは状況が多少変わってきた。セマウル運動の拡大に伴い、セマウル教育がさらに浸透し、農村地域から都市地域の教育にまで広がった。具体的には、この時期以降のセマウル教育は、次の4つの方向性を志向した。"第1に、地域住民の生活のなかで勤倹節約精神を涵養し、堅実な社会風土を醸成することを志向する。第2に、地域住民間の相互扶助精神を育み、地域共同体意識

を形成する。第3に、自衛精神を形成し、国家安保と発展のための国民意識を確立する。第4に、地域の道徳を遵守し、伝統的文化価値の保存・継承を行う"[315]。これら4つの項目をセマウル教育の方針に加えることで、地域住民の道徳心および地域・国家に対する尊厳を確立し、地域社会開発と国家発展を支える精神的土台をより確固たるものにしようとしたのであろう。

以上の目標達成のためには、村単位、職場単位、学校別のセマウル運動など、適切な活動方式が同時進行的に求められ、学校・家庭・地域社会を繋ぐ一元化体制の求心点であるセマウル教育の具体的教育内容と計画の確立が課題となった。次項では、セマウル教育を効果的に実施するために策定された計画の内容を確認する。

(4) セマウル教育の計画

ここでは、学校および社会におけるセマウル教育の目標がどんな教育課程と計画に基づき実施されていたかを把握する。まず、学校教育では、地域社会の文化と風土を踏まえて地域課題を取り上げ、課題解決のための調査を実施することが定められていた。一方、社会教育では、地域の学校単位の課題の調査の結果を総合的に分析し、課題解決のための指導を実施する計画であった。また、地域住民の参加を促進すべく、精神啓発教育への住民の参加を義務づけた[316]。セマウル教育の教育計画の内容は以下のように分類できる。

① 生活指導（住民および青少年）

各種教育活動を通じて、勤勉、自助、協同のセマウル精神を体得させ、地域社会の開発に積極的に参加し、社会的自己実現を達成し、社会生活に適応できる道徳的識見を育む。指導領域としては、家庭儀礼準則の遵守、公衆道徳および交通秩序の遵守、街の秩序確立に協調、国家観の確立、近隣の人びととの相互扶助などがあった。

② 安保教育

主権保護と生存権保護という国家観に立脚し、反共産主義の価値観を確立し、内外の挑戦を克服する。そのための安保教育の計画として、雄弁大会、講演会、展示会、演劇、映画上映と研修などを取り上げた。

③ 勤倹節約

物資節約および食生活改善教育を通じて勤倹節約と総和の実践に取り組む。具体的指導内容としては、国民貯蓄、自立貯蓄、廃品売却・貯蓄、廃品収集、お

小遣い節約運動、質素な休日の過ごし方運動など、生活物資の節約に焦点をあてた教育計画を策定した。
④　環境整理
　地域内の清掃活動を推進し、特にセマウル運動の環境整備事業と連携することで、新しいまちづくりを展開した。具体的には、花道つくり、植木運動、地域の定期清掃運動などを計画した。
⑤　奉仕活動
　勤勉、自助、協同の精神を涵養するため、地域住民が自律的に計画性ある奉仕活動を行うよう誘導し、勤労奉仕、交通整理と地域衛生管理などを計画した。
⑥　学校施設開放
　学校教育活動を妨げない範囲で、地域社会の住民に対して施設と人的資源を提供することで、教育の社会化機能を拡大し、能動的かつ積極的な姿勢で地域社会開発に参加し、主導的役割を担当する教育を実施する。特に、学校施設の開放においては、運動場、図書館、AV機材と集合施設を開放し、地域住民の教育のために活用した。
⑦　社会教育活動の展開
　奉仕、協同心と国民精神を高揚させるため、勤倹節約生活と所得増大のための技術指導などを目標とする教育活動を、地域住民のために実施する。主な教育内容としては、母親（主婦）教室、青年教室、セマウル学校建設、住民体育大会開催と地域文庫の運営と協調などがあった。
　以上の計画を総括すると、セマウル教育には次の4つの特徴がある。第1に、教育の普及（地域の教育化）である。セマウル精神を地域住民に対して涵養させ、近代化と産業化に適した教育課程の計画を確立した。第2に、安保教育の強化である。朝鮮半島の冷戦時代という政治状況のなかで、反共の価値観と国家観を確立することが提示された。第3に、主体性教育の強化である。韓国の歴史を再教育すると同時に、海外の同胞の国籍回復を促すための教育を実施した。第4に、新しい行動哲学の確立。学校教育においては国民教育憲章の理念的実現を目指すと同時に、社会教育では新しい地域住民および国民の価値観を確立しようとした。次項では、セマウル教育の推進状況を、教育現況、人的要素の活用と教育課程・内容に分類して把握する。

(5) セマウル教育の推進教育機関の構成

セマウル運動において、封建的かつ受動的国民の意識を改革することが最優先課題であったことは言及した通りである。そのため、人的資源の養成と教育施設の普及が必須となった。その結果、環境改善事業および所得増大という物理的側面の他に、精神面での目標が重視されるようになった。

セマウル教育の効果的な推進のために、まず指導や教授の役割を担当する指導者の養成とセマウル教育専門の教育機関の確保が急務となった。教育の主体である教育者と客体である国民の両方を強く意識した仕組みづくりの必要性が認識され、優秀なセマウル指導者を養成し、地域住民の要求を反映することが課題となった。また、セマウル教育の場となる機関の整備も大きな課題であった。本項では、セマウル教育において活用された教育機関・施設の状況を把握する。まず、全国のセマウル教育機関の状況をみてみよう。

セマウル教育は、中央政府の行政主導から始まり、地方自治体・民間団体に拡大された。表3-4にあるように、国家機関に属するセマウル教育機関は26、地方自治体傘下に22、純粋な民間傘下の教育機関は34であった。農村地域中心の初期のセマウル運動においては、国家機関に属する教育施設が主流であったが、都市地域

表3-4 セマウル教育機関[317]

機関 市・道	国家機関傘下	地方自治団体傘下	民間団体傘下	計
ソウル市	10	2	11	23
釜山市	2	1	2	5
京畿道	10	2	8	20
江原道	−	2	3	5
忠清北道	−	2	2	4
忠清南道	3	3	1	7
慶尚北道	1	3	4	8
慶尚南道	−	2	2	4
全羅北道	−	2	−	2
全羅南道	−	2	1	3
済州道	−	1	−	1
計	26	22	34	82

(内務部『セマウル教育機関一覧』1980)

第3章 経済開発と国民意識改革の展開（1972～1980年） *127*

表3-5 セマウル教育施設の設置状況 [318]

(単位：〈室：部屋〉〈坪〉)

施設内訳	施設運営母胎	国家機関傘下	地方自治体傘下	民間団体傘下	計
事務室	室数	223	91	122	446
	坪数	6,817	1,765	2,488	11,069
講義室	室数	107	55	127	289
	坪数	7,300	3,499	1,053,047	1,063,846
実習室	室数	79	43	73	195
	坪数	10,738	1,894,312	4,053	16,686,292
合宿室	室数	565	215	460	1,224
	坪数	9,449	5,814	5,438	20,751
食 堂	室数	29	22	41	92
	坪数	2,708	2,017	3,040	7,766
風呂場	室数	43	39	98	180
	坪数	695	1,032	347,187	348,515
洗面所	室数	6	－	4	10
	坪数	48	－	24	72
化粧室	室数	153	83	110	346
	坪数	787	768	735	2,289
運動場	室数	12	20	32	64
	坪数	36,166	18,159	25,519	83,844
休憩室	室数	23	28	38	89
	坪数	510	529	673	1,692
図書室	室数	13	13	23	49
	坪数	677	309	564	1,550
その他	室数	80	87	157	324
	坪数	6,013	2,556	7,123	15,692
討議室	室数	41	3	－	45
	坪数	356	48	－	404
計	室数	1,384	699	1,285	3,353
	坪数	82,314	1,930,807	1,454,004	1,574,175

（内務部『セマウル教育機関一覧』1980）

の運動に転換する過程で、民間団体による施設運営が増えた。

　地域別の分布をみると、教育が活発に実施されたとみられる地域はソウル23、京畿道19の合計42施設で、全国のセマウル教育機関の53％を占めていた。ソウルを中心とする首都圏に偏っていたようにみえる。その背景には、セマウル教育が全国的規模ではあったものの、中央政府機関に距離的に近い首都圏を中心に推進されたという事実がある。また、セマウル運動が差等的支援方法により推進されたの

と同様、セマウル教育も、より成果をあげた地域に対して多くの支援がなされたため、地域による偏りが生じたと理解できる。教育施設の設置状況を表3-5に示す。

この表によると、総数3,353のうち、国家機関傘下に1,384、地方自治団体の傘下に699、民間団体傘下に1,258がある。教育機関数と同様、施設数においても国家機関の割合が多く、全体の41％を占めている。施設面で問題と思われるのは、事務室などは十分確保されているものの、洗面所と休憩所の施設が不十分なことである。つまり、長期滞在で学習者同士が自由に討議できる環境が整っていなかったことがうかがわれる。また、討議室も十分でなかったため、学習者同士の討議が少なく、おのずと講義中心になったと推測できる。実際、民間団体傘下の施設では、討議室が不足気味で、80の教育機関に45個しかなかったため、2つの機関に一部屋という状況であった。その結果、討議場所として食堂などが活用された。

講義中心の教育と、相互討議を支援する施設の不足はセマウル教育の問題点であっただろう。その問題とは、行政から指針が出された教育内容を講義する教育方法に基づいていたため、学習者の自由な議論に基づく学習が欠如していたことである。以下では、セマウル教育を実施する上で、教育を担当する人的要素について述べる。

(6) セマウル教育の教育者の性格と普及状況

セマウル教育の効果的普及と成果向上のために、教育の主体である教育者（教師・指導者）の育成が必要となった。実際、指導者養成の必要性に応じてあらためて法整備がなされるという状況で、政府の対応は後手に回っていた。しかしこの課題は、セマウル教育を推進する指導者の役割の重要性を間接的に表しているといえる。

この前提の下、セマウル教育の実施過程における指導者（教官・教授要員）の状況を把握する。まず、表3-6（1979年時点）で各機関に属しているセマウル教育指導者の構成比をみると、国家機関は217名、地方自治体は225名、民間団体は187名であった。

年齢別にみると、20代が35名、30代が184名、40代が312名、50代が90名、60代が9名とであり、40代が中心的な役割を果たしていたようだ。学歴区分は、"大卒が64.1％を占めており"[320]、地域のセマウル教育で主導的役割を果たす指導者の平均像は、40代の大学卒であったと解釈できる。表3-7に、教職員の構成を

表3-6 セマウル教育指導者の構成状況[319]

年　齢	国家機関傘下	地方自治体傘下	民間団体傘下	計
20代	12	6	17	35
30代	67	48	69	184
40代	107	140	65	312
50代	32	28	30	90
60代	-	3	6	9
計	217	225	187	630

(内務部『セマウル教育機関一覧』1980)

表3-7 教職員の構成[321]

行政職＼教職員	国家機関傘下	地方自治体傘下	民間団体傘下	計
職務専門教員	116	61	163	340
セマウル教育専門教員	123	47	74	253
兼務教員	111	353	174	658
計	359	461	411	1,231
職務専門行政職	86	169	204	459
セマウル教育専門行政	46	14	32	92
兼務行政	342	111	79	532
計	474	294	315	1,083

(内務部『セマウル教育機関一覧』1980)

みてみよう。

　教職員のセマウル教育への関わりをみると、職務専門教員（340名）、セマウル教育専門教員（253名）、兼務教員（658名）、合計で1,231名である。またセマウル教育遂行を支援する行政職員の数も、職務専門行政職が合計1,083名ということで、相当数が投入された。この数値からも、中央政府の関与の度合いを把握することができる。次に、研修院という施設において組織的な研修教育を担当した教員の勤務年数を調べると、指導者・教育者の経歴の特徴（1979年時点）が浮かび上がってくる。

　セマウル教育の指導者・教育者の経歴は、公務員の場合は勤務歴1〜2年の人びとの占める割合が高く、民間団体の場合は3年以上の人びとが多い。政府がセマウ

表3-8 セマウル教育担当者の経歴状況 [322]

勤務歴	国家機関傘下	地方自治体傘下	民間団体傘下	計
1年以下	92	79	31	202
1-2年	42	102	28	172
2-3年	39	42	23	104
3年以上	65	77	114	360
計	238	300	196	838

(内務部『セマウル教育機関一覧』1980)

ル指導者として若い公務員(官僚)を積極的に地方に派遣したという理解に基づくと、上記の国家機関および地方自治体傘下の公務員の経歴は、朴正熙政権のセマウル運動の中軸を担った公務員の経歴を反映する数値であるといえる。

その他、セマウル教育に関わった指導者としては招聘講師がいる。表3-9で、招聘講師陣の内訳を確認してみよう。

表3-9から、セマウル運動・教育の性格的側面を2つ発見することができる。まず大学教授が全体の41.8%を占めていることに注目しよう。高等教育の機会が十分普及していない当時の状況と、地域における成人教育の機会の拡大という2つの側面から、大学教授を中心とする招聘講師の編成に十分な意味を見いだすことができる。一方、行政公務員が民間団体主導のセマウル教育事業に関わっているという事実は、セマウル運動とセマウル教育における政府の意図が民間レベルにまで浸透していたことをあらためて示す。以下、セマウル教育を担当した大学教授と行政公務員が活用した教育機材について述べる。

上記の教育機材の内訳(1979年時点)からみると、セマウル教育では映像などによる典型的な啓蒙的教育の手法を用いていたことがわかる。これによりセマウ

表3-9 セマウル教育招聘講師の内訳 [323]

	国家機関傘下	地方自治体傘下	民間団体傘下	計
大学教授	119	153	150	422
行政公務員	98	132	92	322
セマウル関係職員	21	10	6	37
その他	64	70	94	228
計	302	365	342	1,009

(内務部『セマウル教育機関一覧』1980、p.58)

第3章　経済開発と国民意識改革の展開（1972～1980年）　*131*

表3-10　セマウル教育の教育機材の内訳[324]

機器名	国家機関傘下	地方自治体傘下	民間団体傘下	計
映写機 8mm	5	3	4	12
映写機 16mm	39	23	41	103
映写機 35mm	1	1	1	3
スライド	53	36	63	152
ビデオ	18	10	7	35
アンプ	72	70	57	199
録音機	57	51	66	174
その他	38	51	33	122
大型バス	7	7	4	18
マイクロバス	3	2	1	6
乗用車	27	31	31	89
トラック	-	3	2	5
軍用ジープ	-	10	5	15
計	320	299	316	935

（内務部『セマウル教育機関一覧』1980）

運動が目標とする実態像を地域住民に示し、積極的に参加を促したとみられる。映像活用の理由は他にもあっただろう。視覚に訴えて運動の理念・方針に関する教育効果をあげようとしたのはもちろん、全国民を対象とする大規模事業であったため、予算面、講師陣の確保の面での負担を軽減すべく、映像による教育方法が用いられていたと考えられる。

次に、1972年から1978年までの間にセマウル教育を受けた国民の数の推移を、内務部集計にもとづいて表3-11に記す。

この表によると、全部17,582,214名がセマウル教育を受けた。つまり当時の人口（1975年時点でおよそ3,500万）の半分を超える人びとが受講したとみていい。セマウル教育における個々人の成果を定量的に把握することは難しいが、セマウル教育が全国民を対象として広範囲で実施されたという事実は確認できる。

最後に、セマウル教育の指導者養成講座に参加した受講者の内訳をみると、"自立農家に関する講座の参加者合計は、約18,529,980名であり、セマウル指導者養成講座で研修を受けた人びとの総数は、167,852名"[326]であった。そして、"セマウル特別課程を履修した研修生は426,862名、婦女指導者班に42,271名、社会指導者班で研究を修了した人は19,634,823名"[327]であり、全人口の2/3を占める人

表3-11 セマウル教育の受講者数の推移[325]

年度別	国家機関傘下	地方自治体傘下	民間団体傘下	計
72	3,019,130	10,920	18,337	3,047,387
73	306,082	6,631	16,452	329,885
74	2,499,054	12,010	30,501	2,541,565
75	2,839,698	42,076	57,643	2,489,417
76	3,000,873	84,044	63,677	3,148,594
77	3,011,684	85,093	73,107	3,170,694
78	2,685,033	88,169	80,470	2,853,672
計	16,912,274	329,754	340,187	17,582,214

(内務部『セマウル教育機関一覧』1980)

員がセマウル教育に参加し、指導者・指導者養成についても国家、地方自治体と民間団体の全レベルで実施されたといえる。当然ながら、セマウル教育の普及とその成果が比例するとは限らないことを看過してはならず、セマウル教育の意義の考察が課題であろう。この点は次節で検証する。その前に、次項では、セマウル教育の課程・内容の特徴を把握する。

(7) 教育課程および教育内容

　セマウル教育の課程は、主体性と自主性の確立、生産性の原理、有効性、地域性、合理性の原理を基本精神とし、地域社会の発展を国家の発展へと推進していく国民運動を土台とする内容を強調している。セマウル精神と運動を積極的に推進し、成功に導くには、充実した教育課程と内容が求められていた。1970年代のセマウル教育の課程は統一されていたが、学習内容の編成は、ある程度各研修院の自主判断にゆだねられていたため、セマウル教育機関における教育が画一的であったとは断定しにくい。したがって、本項では、セマウル指導者研修院で実施された教育内容と、地方自治体傘下およびその民間団体傘下にある研修院の教育内容を比較しながら考察する。

　セマウル指導者研修院は、1972年1月14日、朴正熙大統領の指示によって発足した研修機関である。大統領直々の指示と中央政府の一元管理・運営による教育施設であったため、セマウル教育活動の中核的業務をまかされていた。主な課程は、①セマウル指導者育成、②婦女指導者育成、③社会教育指導者育成であった。この

第3章　経済開発と国民意識改革の展開（1972～1980年）　*133*

課程に基づき実施された教育内容は次の通りである。

　セマウル指導者研修院の教育内容は、①セマウル指導理念の学習と運動の方向、②新しい国家観の確立、③セマウル運動と国民の姿勢、④世界における韓国と韓国経済の座標、⑤セマウル事業推進要綱、⑥自然保護運動、⑦民族中興と忠孝思想、⑧国難克服と新しい歴史の創造、⑨経済作物、⑩セマウル所得計画の策定、⑪家庭教育、⑫指導力開発、⑬自主国防と統一政策、⑭国民貯蓄、⑮セマウル運動と婦女活動、⑯人間関係改善、⑰食生活改善、⑱食糧増産、⑲畜産経営、⑳健全歌謡などの教科目により編成されていた[328]。同研修院における教育内容は、セマウル教育の理念、経済活動（所得増大）、地域社会の構築を柱としていた。その背景には、研修を通じてセマウル運動の指導者を育成する必要性があった。また、指導者は地域住民向けの教育担当者でもあったため、セマウル運動の全体的な理解が求められていたからでもある。

　次に、地方自治体傘下のセマウル教育機関のなかで代表的機関として、ソウル市公務員研修院の教育内容を把握する。同研修院における教育内容には、①経済成長と国民の姿勢、②国難克服史、③指導者論、④国際情勢と国家の安保、⑤北朝鮮の実情と対南戦略、⑥韓国の統一戦略、⑦体育および射撃訓練、⑧健全歌謡、⑨家族計画、⑩セマウル金庫などがあった[329]。地方自治体傘下の教育内容の特徴は、南北対立の状況下の安保に関連する啓蒙・理念教育（反共教育）と軍事教育、経済問題に関連する教育が中心だったことである。

　国家機関傘下のセマウル指導者研修院と比べると、地方自治体傘下の教育機関では、安保と反共という啓蒙的教育の比重が大きいのが特徴である。当時の南北間の軍事的緊張にも起因するが、朴正熙政権の安定を確保する手段として、南北の対立関係を利用する政治的意図も隠されていたという理解もできる。

　次に、民間団体傘下の教育について述べる。当時の代表的な教育機関としてはガナアン農軍学校（京畿道所在）がある。同学校は、1962年2月1日、「財団法人ガナアン福民会」により設置され、1973年に江原道に分校を設立し、1978年光州に農軍学校という独立教育機関として設立された。同学校においては、①統一安保、②思想史（国家観）、③健康衛生、④貯蓄生活、⑤歌などが教えられた。教育課程は、①特別課程（企業職員、公務員、軍人）、②一般課程（農村青年・地域住民）、③高等学生科（高等学校）、④教師班（教師）という4つの科で構成されていた[330]。民間団体の教育内容もまた、安保、国家観、経済が軸となっていた。この

3つは政府、地方自治体、民間団体傘下の機関に共通しており、セマウル運動の理念と目的、セマウル教育の方向性を反映する内容であった。

セマウル教育の内容は、①南北対立の局面における安保教育（反共教育）、②経済発展・所得向上のための教育と生活環境改善、③国家観の形成という3つの側面にまとめることができる。次項ではセマウル教育の予算について考察する。

(8) 予 算

本項ではセマウル教育用の研修院の設置、講師陣に対する謝礼などを含む予算について述べる。ただし、前述の通り教育課程、内容、教育機関、主管団体の形態が異なるため、法律の範囲内で、各施設・研修院が予算を編成していたのが実情であった。教育推進過程における予算の全体像にとらえるのは難しいため、以下では代表的研修院の運営実態を踏まえ、予算の内訳をみながら、予算の性格を考察する。

セマウル指導者研修院は農民会館の一枠を借りて運営されるという制約こそあったものの、セマウル教育施設のなかでは代表的な国家機関傘下の施設であった。同研修院は、大規模な施設と教官要員を35人配置し、組織的かつ体系的な教育課程と内容を備えていた。同研修院は、指導者の少数精鋭教育、勤勉・自助・協同の精神にもとづいた福祉国家建設に寄与する教育目的を定めていた。教官と研修生が合宿生活を通じて訓練・行動・実践重視のセマウル精神啓発、成功事例の分析、分散討議による相互教育の展開、地域における継続的成人教育・事後教育（follow-up service）と支援を教育方針として設定し、実践していた。同研修院の1人あたり教育経費の内訳は表3-12のようになる。

1人あたりの所要経費は1日2万2,000ウォン、7日間の教育では15万4,000ウォンである。前述のように韓国全人口の2/3がセマウル教育を受けたとすると、政

表3-12 セマウル指導者研修院の教育経費内訳[331]

(1人あたり：ウォン)

課 程	教育期間（日）	教育経費					
		計	給食費	被服費	教材費	見学経費	その他
セマウル指導者	11	32,165	9,000	5,500	800	323	16,538
セマウル指導者特別課程	14	40,025	11,700	5,500	800	1,495	20,530
婦女指導者	7	28,933	5,400	5,300	700	210	17,323
社会指導者	7	22,000	5,400	—	700	213	15,687

（セマウル指導者研修院『1978年度統計資料』1979）

第 3 章　経済開発と国民意識改革の展開（1972〜1980 年）　*135*

表 3-13　セマウル指導者研修院の講師手当[332]

(単位：ウォン)

講　師	時間あたり講師料	税金共済額	備　考
一般科目講師（A）	10,000	1,468	
一般科目講師（B）	7,500	1,100	
成功事例報告者	15,000	−	
健全歌謡指導者	10,000	1,468	

(セマウル指導者研修院『1978 年度統計資料』1979)

府の必要経費は膨大な額に上ったと推測される。次に、セマウル教育における講師の手当を表 3-13 に示す。

　講師手当の内訳をみると、1 科目の時間あたりの講師料は、1 級は 1 万ウォン、2 級は 7,500 ウォンであるが、当時の物価指数でみると交通費を含めて 1 万ウォンというのは非常に少ない。「健全歌謡」の科目で人気歌手を呼んで歌ってもらう際に支払う報酬は 5〜6 万ウォンであったが、実際、そのような費用を捻出できるセマウル教育機関は少なかった。一般科目においても、準備時間として資料収集・研究の時間、そして講義時間を考慮に入れて計算すると、1 万ウォンという講師料はけっして十分な金額とはいえなかったため、中央政府の圧力や支援なくして招聘は難しかっただろう。セマウル教育研修院の経費において受講者関連の経費は、施設管理・運営に必要十分な予算が確保されていたが、講師の手当などの経費までは潤沢に用意できなかったという問題があった。

　次に、地方自治体傘下の京畿道地方公務員の教育院の予算編成の事例を紹介する。同教育院は、地方公務員の教育院として公務員の職務教育機関であり、公務員および地域住民の教育を並行的に実施した。まず、受講者 1 人あたりの予算内訳をみてみよう。

表 3-14　地方公務員教育院の 1 人あたり教育経費[333]

(単位：ウォン)

| 課　程 | 教育期間（日） | 教育経費 ||||| 備　考 |
		計	給食費	被服費	教材費	その他	
セマウル課程（地域住民）	6	14,550	4,620	4,850	270	4,810	合宿
セマウル課程（公務員）	7	7,161	5,610	−	370	1,181	合宿
職務課程	14	1,580	−	−	570	1,010	通勤

(京畿道教育委員会『地方公務員教育院の予算内訳』1978)

表3-15 地方公務員教育院の講師手当[334]

(単位：ウォン)

講　師	時間あたり講師料	税金共済額	備　考
一般科目講師（A）	10,000	1,468	車両提供
一般科目講師（B）	5,000	－	車両提供
一般科目講師（C）	3,000	－	－
一般科目講師（D）	2,000	－	－
成功事例報告者	5,000	－	車両提供
健全歌謡指導者	－	－	－

(京畿道教育委員会『地方公務員教育院の予算内訳』1978)

　地方公務員教育院の予算では、6日間のセマウル課程で14,450ウォンと、前述の例に比べてさらに少なく、中央政府により管理・運営されるセマウル研修院の予算の半分にすぎなかった。一方、講師に対する謝礼は以下の通りであった。

　講師手当はA～D級に区分され、1万ウォンから2,000ウォンまでで、中央政府主導のセマウル指導者研修院の講師料よりさらに少なかったことがわかる。

　こうした予算上の制約から、地域住民向けのセマウル教育は質の向上が課題であった。それとともに、中央と地方の教育格差が問題として取り上げられるようになった。また、セマウル教育の予算確保の課題は、農村地域のセマウル運動から都市地域のセマウル運動へと拡大される過程で顕在化したが、同時に民間機関の役割の増大がみられた。

　次に、民間機関のセマウル教育の実態を把握するために、代表的な事例の一つである韓国財閥現代の系列会社、現代重工業のセマウル研修院の予算構成をみてみよう。まず、1人当たり教育経費を表3-16に示す。

　民間企業を含む教育関連機関がセマウル教育関連予算を確保したことは、中央政府や地方自治体の財政的負担を軽減するという側面もあったが、企業内付設学校・特別学級などを含む民間機関がセマウル教育を推進するために強制的参加・動員されたという課題が浮上したのである。

　表3-16からみられるように、現代重工業のセマウル教育研修院は、セマウル指導者課程の1人あたり経費が7日間に2万ウォン、講師手当てが時間当たり30,354ウォンであり、地方自治体よりは少し高い予算編成になっていた。民間の社会教育機関におけるセマウル教育に関する予算の確保は、中央政府や地方自治体の財政的負担を軽減する側面と、民間機関のセマウル教育への参加を動員したという両義的

第3章 経済開発と国民意識改革の展開（1972〜1980年）　*137*

表3-16　現代重工業のセマウル教育研修院の予算内訳[335]

① 1人あたり教育経費内訳　　　　　　　　　　　　　　　（単位：ウォン）

課　程	教育期間	教育経費			
	（日）	計	給食費	被服費	教材費	その他
セマウル指導者課程	7	20,000	5,950	7,650	3,000	3,400

② 講師手当　　　　　　　　　　　　　　　　　　　　　　（単位：ウォン）

講　師	時間あたり講師料	備　考
一般科目講師	30,354	交通費 5,000
成功事例報告者	30,354	交通費 5,000
健全歌謡および体育講師	−	−

③ 外部委託による受託教育時の経費　　　　　　　　　　（単位：ウォン）

委託機関	課　程	教育人員	教育経費		
			期　間	計	1人あたり経費
水原研修院	セマウル指導者課程	260人	4日	910,000	3,500
全国社会教育者協会	社会教育者セミナー	120人	3日	249,600	2,080

（現代重工業研修院『現代重工業セマウル教育の実施報告書』1979）

性格が内在していた。

　すなわち、民間機関のセマウル教育における予算は、政府の方針にしたがっていたと考えられる。実際に内訳をみても、講師代は中央政府機関および地方自治体に比べ高く策定されている。その背景には、民間機関の場合、講師およびセマウル教育指導者を招聘する上で、中央政府と地方自治体の直接的支援が十分とはいえない状況であったからである。同時に、セマウル教育課程を政府から外部委託され運営することが、民間機関の性格であったとすると、民間のセマウル教育機関には中央政府と地方自治体より大きい予算の確保が必要とされていると考えられる。したがって、セマウル教育の予算は法整備に基づき確保されているが、十分な予算が編成されているとはいえない状況であり、特に、予算によるセマウル教育の質的側面の格差はセマウル教育の実施する上で財政面の課題であったといえる。

（9）国民啓蒙教育としてセマウル教育の特徴と課題

　本節ではセマウル教育について、①教育機関、②教育者・指導者の構成、③教育課程と内容、④予算の面での特徴を把握した。本項では、セマウル教育の推進過程

で浮き彫りになった社会教育政策の意味と問題点について述べる。

　1945年8月15日の「解放」後、韓国社会では教育熱が高まり、学校教育は当時の成人に対する識字教育を実施することでその役割を果たした。産業化と経済成長時代に突入してからは、農村地域を中心に所得増大、環境改善と地域住民の精神啓発による地域社会の発展が課題として浮上した。

　農村地域では長い間大きな社会変化が見られず、学校教育を通じて学んだ技術や知識をもとに生活を営んでいた。しかし、産業化・工業化の時代には社会変化が顕著になり、そういった変化に柔軟に対応できる知識と技術を習得する必要性が生じた。同時に、住民が帰属する地域社会と自らの経済的発展を求めるための新たな教育機会の獲得が課題となった。セマウル運動の中心事業であるセマウル教育は、社会教育・成人教育の形態として展開され、国民の精神啓発を目的とする活動を推進した。

　セマウル教育は、政府の主要社会教育政策として位置づけられたことで、一般国民の関心や意識を向上させ、セマウル指導者研修院の設置をきっかけに全国的に普及した。その後、政府各官庁、各市道、民間機関の傘下に教育機関が設立され、公務員および地域住民に対する教育を実施した。

　中央政府の運営によるセマウル指導者研修院は、政府高官から地域住民にいたるまで幅広い層を対象とし、国家発展と地域社会発展の必要性とそのための国民の役割を認識させる教育を実施した。地方自治体や民間団体においても、セマウル教育を実施する教育機関が次々と設置され、教育者、教育課程・内容と予算が策定された。

　セマウル教育という社会教育の拡大には、次のような特徴と課題が内在している。セマウル教育の特徴は大きく分けて2つある。①行政の支援に基づく社会教育政策であり、都市地域へと波及する過程で、民間団体参加による社会教育として広がったことが特徴である。行政側の人的支援・財政支援なくして、初期のセマウル教育の推進は不可能であった。②セマウル教育指導者を養成する教育課程・内容は、社会教育の専門家を養成する教育としての意義を持つ。当時の韓国では社会教育の専門家に関する法律は整備されていなかったが、セマウル指導者に関連する法律に基づき、社会教育の専門家を養成したことが特徴的であった。

　一方、セマウル教育の課題としては次の点があげられる。第1に、予算の確保と質の高い教育の実施である。前項で確認した予算は、運営主体によって差があり、

その結果生じる教育格差が問題になりうるとみなされたという点を指摘できる。第2に、精神啓発を目的とするセマウル教育は、政府の国家観を強調しているため、地域住民の自主性に基づく草の根レベルでの国家観の形成を妨げたという点をあげられる。社会教育政策上、学習者の自発的・自主的学習の推進という側面では課題を抱えていたといえる。第3に、セマウル教育の内容は、当時の知識人および官僚が当時の農村地域の住民に必要だと描いていた構想に基づく内容であったため、実際の農村地域の住民の学習要望と必ずしも合致するわけではなく、推進方法も行政主導によって実施されたという課題を内在している。さらに、当時の産業化・工業化の経済産業政策によって、多くの農村地域の住民が都市へ移動するという社会的状況を考慮すると、この時期の農村地域は農業近代化を前向きに迎える農村の中上流階層に焦点があてられたいた点も、セマウル教育に内在されている課題であるといえる。

3. 1970年代の社会教育政策の特徴と課題

　1970年代の社会教育政策の特徴は、端的にいえば、工業化・産業化過程に適した人材の育成と地域社会開発を促進するための国民の意識啓発であった。1960年代の社会教育政策では職業技術教育を通じて経済発展を支える労働力を形成し、教養教育・通信教育などの機会を拡大する施策も試みられたが、1970年代に入り、セマウル運動の事業の一つとして推進されたセマウル教育による国民啓蒙教育が重点内容であったといえる。

　この点を踏まえて、第1に、国民の意識啓発を主導した同時期の社会教育政策の意義は、政府主導（行政主導型の社会教育政策）で教育事業を実施し、貧困の撲滅を目指すと同時に、地域社会開発に積極的に参加する国民意識の形成を図ったことである。もちろん、このような貧困克服のための住民の精神啓発を軸とする教育に対して、住民側も生活の近代化および改善を図ることを歓迎したことは当然のことであった。

　ただし、セマウル教育を中心とするこの時期の社会教育政策の課題は、当時の維新政権の権威主義的な方法によって誘導されたため、地域住民の自主性の発露に基づく地域社会開発を促す社会教育ではなく、そこに改善の余地があったといえる。住民側が要望していた生活近代化を実施する過程で、より市民の自主的かつ自発的参加を促す方法によって推進されなかったという点は課題であると指摘できる。す

なわち、この時期の社会教育政策は、経済開発を促す国民の意識啓発という成果と、民主主義意識の形成という課題を同時に内在していたと考えられる。

　第2に、この時期の社会教育政策の特徴は、社会教育法案の策定をめぐる議論が始まると同時に、社会教育法の制定をめぐる議論のなかで生涯教育という用語が社会教育を包括する概念として登場するようになったことである。したがって、識字教育から学校教育を補完する社会教育という狭義の意味の社会教育ではなく、UNESCOの生涯教育という国際的概念を用いることで社会教育の内容を職業技術意的内容から政治教育的内容にまで拡大するようになった。そして、国家の経済的発展を支える国民の意識啓発のための教育を法案として制定することで、社会教育活動を国民の義務の一環として位置づけ、経済発展を促すための国民啓蒙教育を推進したのである。

　しかし、この時期の社会教育政策は産業化・工業化の経済政策を推進する背後に次のような問題も抱えていた。具体的にいえば、この時期の社会経済状況は産業化・工業化が推進されていたため、農村地域の住民の都市への移動が多くみられる状況であったことである。農村人口の都市移動のなかで、農業近代化の促進は主に農村地域のなかで継続的に在住し、農業を営む能力（土地、家畜など）がある農家に積極的に受け入れられたといえる。すなわち、この点に注目すると、産業化・工業化の過程で当然のように農業が衰退する兆候（農村後継者の減少と農村人口の都市への流出）が現れる中で、この時期の社会教育政策は農村地域の中上流階層を中心に展開されたことを意味する。その背景には、朴正熙政権が財閥企業の輸出拡大を支える労働力の確保を、農業の大型機械化を導入するなど農村地域の近代化を図り、その余剰労働力を都市労働者へ転換させることで解決しようとしたからである。したがって、農村地域のセマウル教育を中心とする社会教育政策は、農村地域のすべての人びとに社会教育機会を提供し、貧農と呼ばれる生活環境から、産業化・工業化に必要な人材へ彼らを転換させるための社会教育を実施することに焦点があてられた。特に、朴正熙政権は、アメリカのような先進国の農業形態（大型機械化）を中上流階層の農民に導入させるという、日本と同様の農業近代化政策を推進していたため、貧農と中上流の農民において異なる社会教育政策が推進されるようになったのである。この点から見ると、農村地域において二分化された形態の社会教育政策が実施され、さらに政策のなかに政治的意図が内包されており、セマウル教育の対象となる農村地域の人びとの十分な要望が反映されなかったという課題

があると理解できる。さらに、1970年代半ば以降、朴正熙政権の維新独裁に対する反発が強まり、全体的にセマウル教育の成果が評価された中で、他方セマウル教育が国民を統制する手段であるという性格が問題視された。その結果、社会教育法の制定自体が国民を統制する手段として認識され、同法の制定にまでは至らなかった。結局、すべての国民に対して公平な学習機会を提供し、さらに社会的弱者に対して教育機会を保障するという意味を内包していた社会教育法整備は課題として残っていたといえる。

第4章 文化教養教育としての社会教育政策の展開
（1980～1992年）

第1節　1980年代の時代的背景

1. 政治経済状況

　1980年代に入り、韓国社会は政治の激動期を迎えた。1970年代セマウル運動を国家事業として推進し、高度経済成長を達成できたが、朴正煕大統領の暗殺によって長期政権の幕が閉じた。その後、1979年12月12日の軍事クーデターによって権力を掌握した全斗煥は、朴正煕政権の終焉後、国内で高まった民主化運動の機運のなかで光州の民主化闘争を武力で鎮圧し、政権を獲得した。そして、輸出産業の推進と中東地域の開発（建設・石油産業開発）を中心とする海外投資を積極的に推し進めた。

　全斗煥政権は、重化学産業の推進によって達成した高度経済成長路線を継承すると同時に、輸出産業の育成を積極的に展開した。しかし、全斗煥政権の執権過程で民主化を要求する運動は、学生から労働者にまで拡大し、市民運動として展開された。その結果、政権は1987年6月29日に民主化宣言を行い、民主的国民投票と政権移譲を約束した。

　経済面では、1988年ソウルオリンピックを開催すると同時に、輸出多様化政策を掲げ、国内消費が国内生産を上回るほどの経済成長を達成した。1980年代経済成長の指標を、経済成長率、国民1人あたりGNPで示すと、表4-1のようになる。

　1980年代の持続的成長は、"1970年代に成長した財閥主導の経済構造が定着し、軽工業から重化学工業へと財閥が韓国経済を先導する"[336)]ことにより達成された。国内経済における財閥の役割の肥大化により、政治・経済の癒着構造ができあがった。その結果、国家主導的経済政策がさらに強化されたことも、1980年代の韓国

表 4-1　1980 年代の経済指標[337]

年　度	経済成長率(前年度比)	1人あたり GNP(米ドル)	失業率	経常収支(百万米ドル)
1980	-3.7	1,592	5.2	-4,151.1
1982	7.1	1,824	4.4	-5,320.7
1985	7.0	2,194	4.0	-2,649.6
1986	12.9	2,505	3.8	-887.4
1987	11.1	3,364	3.1	101
1988	10.6	4,465	2.5	145
1989	6.7	5,430	2.6	53

(김용조・이강복（キムヨンジョ・リガンボク）『위기 이후 한국 경제의 이해（危機以降の韓国経済の理解）』새미（Saemi）2006)

経済の特徴であった。

一方、社会的側面では、社会の各層が自らの利益だけを追求する集団利己主義が広がり、労使関係の葛藤が、顕著な社会現象となった。同時に、社会的弱者に対する権利の保障および人権が重要な問題として浮上した。1980 年代は、経済成長の反面、民主化運動が進み、社会的葛藤が深まった時代であったといえる。

2. 教育状況

1980 年代は、教育的側面においても多様な変化に直面した時期であった。1960 年代以降の経済開発政策の成果として国民の所得水準が向上するなか、教育的関心もさらに高まった。朴正煕政権以降の中等教育機会の拡大政策の下、1969 年中学校の全入制度が実施され、1974 年には高校平準化施策が推進された。同施策を機に、高等学校の就学率も上昇し、1970 年代末には高校卒業生の大学進学をめぐる競争が激化し、熾烈な受験戦争が社会的問題として取り上げられるまでになった。

経済成長の過程で生じた所得格差が教育問題として表出し、全斗煥政権は 1980 年 7 月 30 日、教育政策の最初の取り組みとして、所得格差による教育機会の不平等を是正するため、大学卒業定員制と、高等学校在学生に課外授業（家庭教師および私設学院授業）を禁ずる措置（以下：7・30 措置）を実施した[338]。全斗煥政権はこの措置以後、教育革新と文化創造という教育理念を国政指標と設定し、民主・正義・福祉社会の実現を目標として提唱した。7・30 措置を断行する一方で、憲法の教育条項を補強するなど、教育発展のための制度的基盤を構築した。

さらに、教育機会の量的拡大と、教育課程の改編などを通じての質の向上を目指す教育改革案を提示した。

教育改革案のなかで最も注目すべきは、1980年10月25日の第8次改憲を通じて公布された第5共和国憲法第29条の第5項の規定である。国家は生涯教育を振興する[339]という生涯教育理念を憲法に明記した。そして、社会教育法（1982年制定）では、すべての国民に生涯を通じて社会教育の機会を与えることによって、国家と社会の発展に寄与する国民を形成することを提唱したのである。憲法改正と社会教育法の制定・公布を通じて、学校教育の補完と国民の意識開発という性格が強かった社会教育のための法整備を行ったという点で、意義が大きい。

1980年の社会教育政策の特徴は、人材養成、余暇活用、教養と文化的市民意識の涵養の推進であった。この時期から社会教育施設は、以前の行政主導に基づく社会教育施設の形態から拡大し、大学の生涯教育院、小・中・高校の地域社会教育後援会、言論機関、デパート、企業内研修施設など、より多様化した。

米軍政期から1950年代にかけての識字教育の成果として、1980年代、非識字率が4.1%にまで減ったことは特筆に価する。1980年代の社会教育は、高度経済成長を反映して生活の質を向上させる教育、つまり余暇と文化教養的生活を営むための内容が主流となった。大学の生涯教育院の教養講座、言論機関の主婦市民大学講座、老人大学、文芸講座、芸術講座と語学講座がその好例である。社会教育施設は、文化センターの役割を担うようになった。こういった文化教養的側面の台頭が1980年代の特徴である。

以上を踏まえ、次節では社会教育関連法案の内容と社会教育法制定の意味を考察する。

第2節　社会教育法制度の整備と行政機構の改編

1980年10月、全斗煥政権は教育改革の一環として、先端産業の育成のため、優秀な人材の確保を目的とする科学技術振興政策を発表した。特に、1982年12月31日、社会教育法（法律第3648号）が制定・公布されたことは注目すべきであろう。1945年の「解放」後、15回にわたり社会教育法案作成をめぐる議論が交わされながらも、30年以上、成文化されずにいた法案が、ようやく日の目を見たので

ある。議論が30年以上におよんだ理由は、"①義務教育制度の確立が優先され、社会教育財政が不足であったこととと、②社会教育法制化の必要性に関する文教部の自覚が欠如していたこと"340)の2点に尽きる。

社会教育法案をめぐる議論が活発化したのは、全斗換政権が憲法改正を行い、その条文によって「すべての国民に生涯の間、教育を受ける権利を基本保障する」という命題が示されたことがきっかけであった。政府部署間の意見調整は難行したが、1982年12月12日、民政党（与党）と野党の国会議員56人の発議によって社会教育法案が国会に提出され、法案制定の可能性が現実のものとなった。この議員立法の要点は以下の通りである。

第1に予算確保、第2に社会教育専門委員の確保、第3に教育課程の内容、第4に社会教育履修者に関する待遇、第5に社会教育の中立性、第6に社会教育発展のための長期計画の策定という6つの問題が提起された。これに対して文教部は、同局の予算として260億ウォンを策定し、内務部、保社部、労働部からも財源を確保できると答弁し、専門委員の問題も相当数の有資格者を確保することが可能だとした341)。

その後社会教育法案は、2回にわたる小委員会の検討と審議を経て、1982年12月31日法律第3648号として制定・公布された。以下では、社会教育関連法案と社会教育法の具体的条項と内容を、法制度的側面から考察する。

1. 社会教育関連法律の改正と整備

社会教育関連法の改正で主なものは、①教育法の改正、②図書館法の改正、③学院（民間経営の塾）の設立および運営に関する改正であった。

（1）教育法の改正

教育法の一部改正は1980年代に5回行われた。そのなかで社会教育政策に関連する内容は、1981年11月6日李大順（イデスン）議員の他36人によって国会に上程され、同年12月31日改正・公布された高等教育に関連する法案（法律第3525号）に明記されている。同法により、①放送通信大学の他、開放大学（Open University）342)制度を導入すること、②高校を卒業し、放送通信大学・開放大学の専門学科の教育課程を履修した者に2年制大学卒業者と同等の学歴を認定することが定められた343)。

上記の教育法の改正は、通信教育により推進された放送通信大学の他、開放大学というイギリスの成人教育の形態を導入して、高等教育の機会を拡大する法整備を意図した。

（2）図書館法の改正

1963年に制定・公布された図書館法は、1987年11月28日に初めて改正法として施行された（法律第3972号）。主な改正内容は、図書館の資料収集、整理、保存および利用において社会各分野の知識、情報の提供と効率的な意思疎通、生涯教育および文化の発展に寄与可能な多元的機能を遂行する現代的図書館の概念を再構築することを意図したものである[344]。これは、図書館の役割の多様化が求められる社会の要求に応えて行われた改正であるといえる。

（3）学院の設立および運営に関する法律の改正

私設講習所に関する法律は、1980年代に3回の改正が行われた。第1回は、1981年3月24日の政府により提案され、同年4月13日に施行された改正法（法律第3433号）であり、私設講習所の設立を認可制から登録制へと規制を緩和し、課外学習を実施・運営している講習所の法的根拠を整えた。第2回は、1983年12月10日に提案され、翌年4月10日に制定・公布された改正法律案（法律第3728号）、第3回は、1989年6月16日に制定・公布された法律案（法律第4133号）であった。第3回の法律改正の内容は、1980年代に入り教育改革の一環として実施された課外禁止措置が、学業不振の学生のための補習など個人別・能力別の多様な学習欲求の制約要因になっていると判断し、措置を一部緩和し、学習機会の拡大を図るという趣旨を含んでいた[345]。

1980年代初期は、過熱する受験競争の弊害をなくすため、塾・学院・私設講習所の受講生の数を規制していたが、学校教育のなかで授業の理解が遅れていると判断された学生については、私設講習所の受講を認めた。これは、民間の教育機関を活用する視点が社会教育政策にも取り入れられ始めたことを意味する。次項では社会教育法案の内容を考察する。

2. 社会教育法案の内容と特徴

1982年12月31日、法律第3648号として施行された社会教育法は、高度に専門化された知識・技術が求められる産業社会の急変する環境のなかで生涯にわたる教育が要求されたため、憲法第29条に定められた国家が国民に生涯教育の機会を与える規定に基づき、社会教育を制度化するものであった。本項では、全6章30条および付則として編成されている社会教育法案の内容[346]について述べる。

第1章は、総則として社会教育の目的、定義、適用範囲、機会均等および自律性の保障、社会教育の中立性、社会教育の施設、教育課程などの一般的事項を記述している。①社会教育の定義は、法定の学校教育以外の、国民の社会教育のための全形態の組織的活動であるとしている。②社会教育の領域は、国民生活に必要な基礎・教養教育、職業技術教育、健康教育、家庭教育、余暇教育、国際理解教育と伝統文化教育などと分類している。③社会教育の対象は、犯罪者およびそれに準ずる者を除くすべての者に社会教育を実施できると記している。④教育課程は、社会教育法施行令に準じて実施すると記している。

第2章は、国家・地方自治体の義務、社会教育政策調整委員会の設置、社会教育協議会、指導および支援、経費補助、資料提出の要請などの6つの項目で構成され、国家単位の社会教育の実施に関する事項を定めている。具体的には、①社会教育政策調整委員会は文教部内に設置し、長官が委員長の職務を遂行し、市道単位で社会教育協議会を設置する。②社会教育のための補助経費に関する規定は、国家は地方自治団体に社会教育の振興に必要な経費を補助することと、地方自治団体も地域の社会教育団体と施設に対して予算の範囲内で経費を補助することができるという財政に関する内容を明記している。

第3章は、社会教育専門委員に関する事項（社会教育法第17条～第20条）として、一定規模以上の社会教育団体および施設は、一定の資格を持つ専門委員をおき、専門委員の身分保証をすることを義務づけている。教育の成否は教育専門委員の力量に左右されるとし、専門委員を1級と2級に区分し、社会教育の目的にかなうよう施設に配置することを明記している。

第4章は、社会教育施設に関して、同施設の設置基準、設置登録・閉鎖申告などを定めている。そして、同法の施行令に準じて、図書館および博物館を社会教育施設として位置づけ、関連事項を記している。

第5章は、各種学校の社会教育の任務と大衆媒体（マスコミ）の社会教育への参加に関する事項として、大学が社会教育になすべき貢献を規定している。具体的には、①大学・専門大学は、大学の特性に適した社会教育を実施し、学校施設の状況を踏まえて社会教育に寄与すべきであると明記している。②新聞・放送・雑誌などは、媒体を通じて社会教育に寄与しなければならないとしている。

1983年9月10日には、社会教育法施行令が大統領令第11230号として公布された。同施行令は、社会教育法から委任された事項と施行に必要な事項を制定し、全16条で構成されている。その内容は、①社会教育課程内の国民教養教育の専門化、②社会教育修了者の学歴認定、③社会教育政策調整委員会の組織と機能、④社会教育専門委員の資料、配置および研修、⑤社会教育の設置基準および登録に関するものであった[347]。

1985年10月25日には、文教部令第418号として社会教育法施行規定が制定され、社会教育法の適用が具体化された。同部令では、勤労青少年の向学心を高めるために、青少年学校を学歴認定の社会教育施設として指定し、同学校の卒業者に対して高校入学の検定試験また検定試験科目を一部免除（9科目中4科目）する内容を明記していた。一方、大学付設の社会教育施設の設置を奨励し、大学の社会教育関連学科では社会教育専門委員養成課程を設置・運営するよう定めた[348]。

社会教育法、同法の施行令および文教部令をみると、およそ30年にわたり議論された社会教育の法制化を実現したことは重要な意味を持つ。社会教育法のおかげで、高度経済成長の産物として、生涯教育の枠組みのなかで国民教養教育を奨励する政策が推進されるようになった。また、社会教育法および施行令は、市民が文化的活動を営み、地域社会教育施設・大学と大衆媒体（マスコミ）を利用し、生活レベルと国民の文化・教養意識を向上する教育を実施する根拠を提供した。社会教育法は、行政の介入による恣意的な政策を進化させ、法律に基づく社会制度に発展させたという意味で有意義であったと思われる。

一連の法令は、生涯教育体系の基礎を確立する法律としては問題点もあった。その一つは、社会教育法および施行令が文教部の管轄であるのに対し、職業訓練法は労働部、公務員教育法と施行令は「総務処（日本の総務庁にあたる）」が管轄し、社会教育政策を推進するには、政府部署間の緊密な連携が必要となり、関係者には関連法の総合的理解が求められた。

もう一つの問題点は、教育法が文字通りすべての教育を包括する法として機能す

るのでなく、学校教育に関する事項しか規定していない点である。憲法第29条に生涯教育の重要性が明記されていることは、社会教育法が本来は学校教育法と同等に扱われるべきだということを示唆する。それにもかかわらず社会教育法は、学校教育法の下位法とみなされており、社会教育および教育法をめぐる議論の余地を残していた。また、法律の位置づけが低いために、社会教育政策が学校教育政策に比べ重要性が低いと認識されかねず、社会教育法・学校教育法・教育法の相互関係の再考の必要性を示していたといえる。次項では、社会教育に関わる行政機構と財政の状況を把握する。

3. 社会教育予算の推移と社会教育行政機構の改編

　社会教育法が制定・公布される過程で、社会教育を管轄した文教行政機構も変更されることになった。社会教育法が制定される前年度（1980年）に施行された大統領令第9922号によって、文教部の組織は1室8局30課に再編され、社会国際教育局には、放送教育課が新設され、学校教育を補完する教育として推進された放送通信高校・大学の関連業務を主な業務とすることになった。しかし翌年の1981年には、文教部行政機構は図4-1のように改編された。

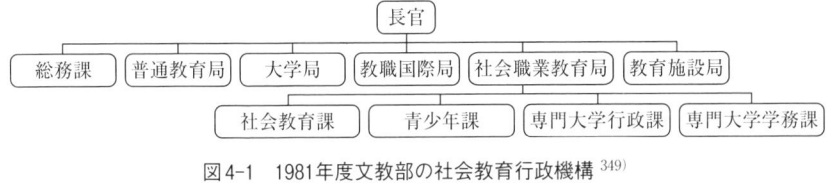

図4-1　1981年度文教部の社会教育行政機構[349]
（総務処『大韓民国政府組織変遷史』総務処　1988）

　上記の図にあるように3室6局26課に改編され、社会教育事業を推進した「社会国際教育局」は「社会職業教育局」に改正され、「社会職業教育局」は社会教育課、青少年課、専門大学行政課、専門大学学務課など4つの課として編成された。
　この時期、社会教育政策のなかで職業教育の比重が高まった背景には、1970年代の政府関連金融機関から資本を調達してきた財閥企業の場合、金融関連法案の改正によって外国金融機関から資本を調達することができ、経営の多角化と海外事業の拡大を推進するようになったという企業をめぐる経営状況の変化があった。このような変化によって、財閥企業と関連系列・下請企業は、事業を拡大する上で必要

不可欠な人的資源を確保することが重要な経営課題となった。そのような政治経済的状況の変化に伴い、企業側が必要とする技能職と管理職の優秀な人材を確保するための教育として、職業教育と高等教育が重視されるようになったと理解できる。

さらに、職業教育と高等教育に比重をおいた政策を推進する過程で、この時期まで不足していたといわれてきた社会教育予算の状況がどうなのかを確認すると、1980年代の社会教育予算の推移は以下の表の通りである。

表 4-2　1980年代社会教育予算の状況 [350]

(単位：千ウォン)

年　度	一般会計（A）	文教部（B）	社会教育費（C）	B/A(%)	C/B(%)
1985	12,533,362,935	2,492,308,215	5,332,285	19.9	0.21
1986	13,800,531,548	2,768,970,029	6,330,650	20.1	0.23
1987	15,559,628,947	3,123,881,348	7,612,625	20.1	0.24
1988	17,464,428,587	3,610,752,301	9,065,293	20.7	0.25
1989	19,228,375,880	4,059,397,276	28,220,013	21.0	0.70

(文教部『文教部予算概要』1985～1989年)

一見上記の数値をみると、1980年代の文教部の予算は持続的に増えていると考えられる。しかし、教育財政のなかで社会教育に割かれた金額は、全体の0.2%に過ぎなかった。特に、1985年から始まった開放大学の予算が上記に含まれていることを考えると、社会教育予算は依然として、相対的に少なかったといえる。

第3節　通信教育の普及と拡大

1980年代には、1970年代に導入された通信教育が普及し、規模が拡大した。本項では、通信教育の一環として推進された放送通信大学と放送通信高校に関する政策を確認する。

1. 放送通信大学

放送通信大学の数はこの時期、急増し始めた。1981年から5年制の学士学位課程に拡大・改編され、入学定員も18,000人から30,000人へと大幅増員され、高等教育の機会が拡大した。表4-3に1980年代の放送通信大学の学生数の推移を示す。

このように放送通信大学の受講者が増加した背景には、韓国放送通信大学の独立・分離があった。同大学は 1982 年にソウル大学から分離し、独立した国立大学として発足した。同大学の卒業生に一般大学の編入資格を付与するという大きな変更が、受講者の増加を助けたとみられる。

1980 年代、放送通信大学は、教育の質的向上のために教育課程の改編、教育媒体の開発、図書館および地域学習施設の拡充などの

表 4-3　年度別放送通信大学の学生数の推移（1972～1991年）[351]

年　度	学生数
1972	11,172
1975	21,464
1980	32,053
1985	153,215
1990	148,650
1991	163,443

（韓国放送通信大学『放送大学20年史』1992）

教育環境改善に注力した。教育課程の改編では、学科の増設が著しかった。1982 年には経済学科、法学科、英語科と幼児教育学科を、1983 年には中国語科、フランス語科、電子計算学科を、1989 年には日本語科、貿易学科、応用統計学科、保健衛生学科を増設し、同時に幼児教育学科を教育学科に変更した。その結果、在学者数は飛躍的に増加した。1972 年設立当時には専門大学課程の全 5 学科、11,172 名だったものが、1990 年には学士課程の 16 学科に、148,650 人が在学する遠隔高等教育機関に成長した[352]。

また、放送通信大学は、1983 年 2 月から「地域学習館の設置・運営に関する計画」を実施した。2 月 26 日全北大学内に全北地域学習館を開館したのを皮切りに、ソウルと首都圏地域を除いた全国九校の国立大学に地域学習館を設置・運営し始めた。1984 年までは大半の地域学習館が国立大学の施設を借りていたが、1985 年から漸進的に、協力大学であった国立大学から独立し、独自の施設を確保するようになった。

地域学習館の機能は、①大学本部から委任された学士業務、②学生指導および地域学生会の指導、③図書室の管理、④協力学校との協力体制の強化、⑤市・郡学習館の指導・監督、⑥学習および学生指導のための調査研究であった。主要業務として、①優先的に平常時の出席授業の実施、②課題物の指導、③図書・講義ビデオなどの貸出を実施していた。さらに、地域学習館から遠く離れた場所に住む学生のために、学習案内および学習資料を提供し、農村地域の学生の学習活動を支援する「市・郡学習館（Local Study Center）」が設置・運営された。これは 1983 年初めて 5 か所に設置され、1984 年 7 か所、1985 年 6 か所、1986 年 5 か所と徐々に増

えていた[353]。

1980年代の放送通信大学を中心とした政策の成果は次の2点に集約される。第1に、放送通信大学は、地域学習施設を設置し、通信教育の短所である対面学習の欠如を補完する教育環境を整えた。第2に、同大学の専門課程の多様化によって、より多くの受講者を確保し、高等教育の機会の拡大に成功した。

2. 放送通信高等学校

1976年から開始された放送通信高等学校は、数年のうちに拡大し、その後停滞の道をたどった。具体的な数値（入学者数・学校数・学級数）で確認すると以下のようになる。

表4-4 年度別放送通信高等学校の変動推移
(1974～1991年)[354]

年 度	学生数	学校数	学級数
1974	5,866	11	98
1975	15,855	36	264
1980	29,379	44	561
1985	44,922	49	792
1990	35,212	50	685
1991	28,578	50	568

（文教部『文教統計年報』1974年以降の各年度資料参照に基づき筆者作成）

放送通信高等学校は、1980年代前半は持続的に増えていたが、後半に入って減少傾向を見せ始めた。理由を探るには、同校の教育理念と目標を再度確認する必要がある。放送通信高等学校は、個人の自己啓発、社会変化に適応するための知識と技術習得、教育機会の拡大を通じて社会的平等の実現という教育理念と目標を掲げていた。また経済環境と個人の事情により一般高等学校に進学がかなわなかった人びとに対して高等学校教育課程を受ける機会を提供した。教育方法の面では韓国教育開発院の専門的支援を受け、費用面では教科書などの経費の半分を国家が負担し、奨学金制度を拡充するなど、経済的に恵まれない学生への支援を行った。教育の機会を拡大するという目標に支えられ、国からの支援に恵まれて、学校数も進学率も上昇の一途をたどった。

こうして政策的には一定の成果をあげたものの、1980年代後半、変化が起こった。経済成長という追い風を受けて国民の生活はより豊かになり、一般高校への進学率が上昇した。それに伴い、放送通信高等学校の入学者は減少し始めた。とはいえ、大学と高校という2機関を通じて行われた放送通信教育の価値は否定できない。恵まれない青少年と学齢期を過ぎた成人に学校教育の機会を提供したことは大きな社会貢献であったのである。

第4節　文化・教養教育政策の展開

1980年代の社会教育政策の特徴として顕著なのは、文化・教養教育の推進で、大学付設の生涯教育院を中心に行われた。それとともに教育の大衆化も見逃せない。これは開放大学を中心とする、新しい知識と技術を習得する学習であった。以下、この二つの教育形態を中心に考察する。

1. 開放大学

第2節で既に記したように1980年代に入り、韓国では財閥企業と関連企業の事業拡大によって、人的資源の確保が経営課題として浮上し、その結果企業側の需要に基づく職業教育が推進されるようになった。このような状況の変化のなかで、1980年代初めに高卒および大卒の新入社員の他、企業のなかで既に高校を卒業し、数年以上働いていた労働者（技術職と管理職の両方）の間では自らリカレント教育を受けることで、企業側が求める能力向上と学歴を獲得し、賃金の向上を図ろうとする動きが現れ始めた。このような労働者と企業側の教育要求に基づき、全斗換政権は社会人に対してリカレント教育の機会を保障する政策を推進するようになった。

実際に、韓国では1980年代初頭に、イギリスに学んで開放大学（Open University）制度を導入した。急変する産業技術社会に適応するための継続教育と、就業者の再教育という時代の要求に基づき、既存大学の画一性と硬直性の対立命題として登場した仕組みであった。

1981年2月9日、文教部長官は全国専門大学の学長会議を招集し、開放大学の設置計画を発表した。それは、"高等学校卒業以上の学歴を有する勤労者が、必要

な時に新しい知識・教養・技術を学べると同時に、大学への進学機会を失った人びとや既卒者が休暇を利用し、1学期単位で勉強できる"[355)]というものであった。文教部長官はさらに、"2年制の専門大学も将来、開放大学へ発展させる"[356)]構想も披瀝し、開放大学の拡大と普及の意図を明確に示した。

1981年5月4日付の計画案によると、開放大学の目標は、①継続教育の機会拡大、②産業現場の労働者への再教育機会の提供、③生涯教育の制度化であった。目標達成のための方針として、①職業・技術教育を中心とする専門教育の実施、②教育対象の拡大、③大学運営に関する柔軟性の付与などが示された。

すなわち、"憲法に明記された生涯教育の精神と教育の大衆化という時代の要求に応じ、低学歴者や中退者に対する教育の機会を拡大し、職場の労働者の再教育を通じて、知識力と技術力の両側面から産業社会に能動的に対応する"[357)]という趣旨の下、開放大学は設置されるようになった。

1981年12月31日の教育法改正によって法的環境が整えられた後、翌年(1982年)初めて設置されたのが慶機開放大学である。入学資格条件は原則として、高卒者および大学入学検定試験合格者で、1年以上の実務経験を有する者とされた。例外対応として、2年制の専門大学卒業および同等の学歴を有し、実務経験1年以上の者にも入学を許可した。

導入時に参考にしたイギリスのOpen Universityの設立理念に厳密に則るなら、入学条件を定めず、すべての人びとに入学条件を与えるべきであったかもしれないが、開放大学の設置初期には施設と教授陣の不足という問題があり、そのために入学定員の制限を余儀なくされた。

そこで真の意味での理念の実現を目指し、1983年度末には開放大学の拡大政策が推進された。教育課程を6系列・37専攻から8系列51専攻に増設し、定員制を廃止して、実務経験1年以上の勤労者に入学を許可した。さらに、基礎学力評価にもとづいた補習課程を編成することで、より多くの人びとが開放大学に入学できるよう条件を緩和した[358)]。

教育方法としては、基本的に教科指導書による個別学習制度を適用した。学期は正規の4年制の大学とは異なり、4学期制を採用し、3〜6月の春学期、7〜8月の夏学期、9〜12月の秋学期、1〜2月の冬学期という区分で運営した。また夏・冬の季節学習、全日制および定時制の学生は、各自の便宜により学期を選択することが可能であった。ただし、1983年までは学年制が確立されず、学生の間では、

卒業までに必要な履修科目などに関する理解が難しいという声があがった。

その声を反映して、1984年からは学年制が導入された。入学年でなく単位履修の程度によって学年を区分し、一般大学と類似した体系を確立した。授業料については、一般大学とは異なり、登録する課目数に応じて納付という形をとった。最終的に140単位を取得した学生が卒業総合試験に合格すると、一般大学と同一の学士号を取得できると定められた。

表 4-5　開放大学の学校数と学生数の年度別状況（1984～1990年）[359]

年　度	学校数	学生数
1984	4	13,008
1985	6	20,254
1990	8	51,970

（文教部『文教統計年報』1984年から1990年まで記録されている統計の各年度資料から抜粋）

設立後の開放大学の状況を文教部の資料から抜粋して表4-5に記す。

この表によると、開放大学は1984年、4箇所に設置され、在学者数は13,008名であったが、1990年には8大学で51,970名という膨大な数の学生が教育を受けていた。放送通信大学と比較してもこの拡大ぶりはめざましい。その背景には、教育過程の違いがあった。放送通信大学が人文・社会・農業関連科目を中心とした教育課程であったのに対し、開放大学は人文社会科学から自然科学まで幅広い分野の教育内容を網羅しており、一般教養関連科目を幅広く履修できたことが、開放大学の長所として認識されていたようである。

その一方で、開放大学にも停滞の波が訪れた。"1990年代に入ってからは一般大学への進学率の増加に伴い、開放大学は多少ながら停滞し始めた"[360]。それでも、学齢期に教育の機会を失った人や大学を卒業後も働きながら専門知識・技術や教養を深めようとする人びとに門戸を開いたという点において、意義深い教育形態であった。

2. 文化・教養教育

1980年代は、経済の安定化に伴い、韓国の多くの人びとが、単に貧しさからの脱出だけを生活の豊かさを計る尺度とすることに疑問を持ち、より質の高い生活を追求し始めた時期であった。生活の質を向上させようとする要求が、文化・教養関連の社会教育政策の展開へとつながった。本項では、文化・教養教育を中心とする社会教育政策の一環として拡大された大学付設の生涯教育院について述べる。

1980年代から大学付設の生涯教育院で実施された文化・教養教育は、その名の

通り文化面と教養面、両方の学習内容を備えていた。大学の地域社会における役割という側面からとらえたとき、大学付設生涯教育院は、研究機能と教授機能の他に、一般成人に対する社会奉仕的機能を果たすという、大学の機能の拡大を意味する性格を内包していた。一方、学習者の立場からみた場合、生涯教育院の機能に対する期待は、より深い教育を受けることで自己啓発を促進できるというものであった[361]。すなわち、大学の社会教育的機能を大学と学習者の両面からとらえて設置されたことになる。

しかし、韓国では大学教育の歴史が短く、また大学の役割も学問研究と教授機能に偏っていたため、大学の地域社会に対する奉仕機能、つまり社会教育的機能は広く認識されていなかった。大学による社会教育的活動といえば、1970年代以前には大学生の農村地域奉仕活動が主流だった。1970年代になって大丘の啓明大学が女性のための市民講座を学内に開設し、韓国で大学が地域住民向けに授業を行う先駆けとなった。ただしこの市民講座は、全住民向けではなく主婦や未婚の女性が対象で、大学へ行く機会に恵まれず、高い学習意欲を持つ女性や、大学という学習空間に対する願望を持つ女性が参加した。大学が市民講座を開くという、趣旨としては斬新な取り組みではあったものの、大学付設の生涯教育院とは性質・機能の異なる社会教育事例であった。

大学付設生涯教育院の機能について述べるには、1980年代の社会教育法および関連法の内容を踏まえておく必要がある。第8次改正が行われた憲法に生涯教育条項が追加され、社会教育法が施行されるなか、社会教育法の上位法と位置づけられていた教育法のなかに、大学別に「社会教育院」および「生涯教育院」を開設し、社会教育を振興するという内容が盛り込まれた（教育法第14条）。この条項を根拠とし、1980年代からは多くの大学が生涯教育院を設立し、教育対象の広域化と教育プログラムの多様化を図った。生涯教育院を設置した大学別の状況を表4-6に記す。

生涯教育院の講座は大学の特性によって相違はあるが、趣味、政治経済を含む社会的関心事から日常生活に必要な知識にいたるまで、多種多様な内容にみえる。そのなかで主流となったのは、生活の質を向上させるための一般教養・文化的内容を含む講座であった。一般教養科目のなかでは、語学関連と女性向けプログラムが大きな割合を占めている。大学によっては教育学、社会学、行政学など、学問的性格の強い講座を開設した例もあった。また、弘益大学校のように美術専門大学の場合

表 4-6 大学付設生涯教育プログラムの編成状況

大学名	プログラム
慶熙大学校[362]	教養講座班（主婦教室）、地域開発のための教育班、研修教育班、主婦市民大学講座
啓明大学校 （社会教育院）[363]	主婦大学講座（5週課程）、大学公開講座、教養大学課程（1年間：女性学、教育学、人間関係、指導者論、修了生継続教育、各種グループ活動）
国際大学校[364]	教養選択・人文系：文芸創作、実用英語・日本語 社会系実務：生活法律、福祉行政、生活経済、経営管理、貿易実務、一般会計、電算統計
徳成女子大学校 （生涯教育院）[365]	大学教養講座（大学教養課程Ⅰ・Ⅱ） 専攻講座（文学、史学、心理学、社会学、教育学、幼児教育、家政学、経営学、インテリア）
明知大学校 （社会教育院）[366]	一般教養：聖書概論、共産主義理論批判、キリスト教家政教育、女性学、キリスト教神学専攻 実務課程：文芸創作、生活英語、演劇映画学、行政学、貿易実務 民主市民課程：反共指導専攻
淑明女子大学校 （生涯教育院）[367]	伝統文化教育課程：博物館特設班、博物館研究班、伝統芸術班 外国語教育課程：英語、日本語、中国語 芸能教育課程：陶芸班、インテリア班、歴史班、生活経済班、情報化社会班、パソコン班、健康生活班
梨花女子大学校 （生涯教育院）[368]	教養教育プログラムⅠ（教養および専攻教育講座） 教養教育プログラムⅡ（生活外国語講座） 相談教育プログラム、幼児教育行政専門プログラム、勤労女性基礎教育、一般教養講座（夜間）
全北大学校 （社会教育研究所）[369]	女性講座（2週間）
漢陽大学校 （生涯教育院）[370]	教養教育、家政生活、文芸創作、幼児教育、相談訓練、言語教育、観光通訳案内、生活美術、研修映画、人間関係改善、ドラマシナリオ作法、母子保健教育、外食産業経営、社会人講座（夜間）
弘益大学校[371]	美術一般課程（1年制、32週間） 美術史専攻課程（1年制、32週間） 美術専門課程（1年制、34週間） 美術実技課程（1年制、34週間）

（各大学の生涯教育プログラムから筆者作成）

は、美術課程に特化した講座を編成した。

もともとは1971年に始まった生涯教育院だが、学習者の生活の質の向上と自己啓発への欲求に後押しされて、1980年代以降大幅に数を伸ばし、社会教育院または生涯教育院の名称で開設された。教育内容は主に一般基礎教養と文化関連に焦点をあて、専門知識や趣味的内容をも網羅する講座を運営した。大学にとっては社会奉仕的機能の拡大、国民にとっては学習欲求の充足という、双方が享受できる利益があったため、急速に発展した。

しかし、問題がないわけではなかった。社会教育院または生涯教育院を設置している大学の大半は都市地域に密集しており、教育機会の不平等を招きかねない要素が内在していた。また教育内容面からいえば、基礎教養教育および科目履修に重点をおいていたため、受講生の専門的知識を深化させる学習にまで発展することは難しかっただろう。そして、最も大きかったのは、大学側の意識の問題である。当時の大学の大半は、学問研究の理念を重視して「象牙の塔」化しており、大学の社会的機能を軽視する風潮が蔓延していた。中には社会教育院・生涯教育院を形式的に設置する大学もあったようだ。

大学の社会教育院・生涯教育院における教育は、地域住民の学習要求に能動的に応えるという役割を果たしたという点では高く評価できるが、多様な教育内容と講師陣の最適な編成が課題であったと考えられる。

第5節　1980年代社会教育政策の特徴と課題

1980年代の社会教育政策の意義と課題を総括的にとらえる際の焦点として、ここでは、①社会教育法の整備、②生活の質向上のための一般教養・文化的性格を内在する社会教育形態の拡大を取り上げる。

1. 社会教育法制化の意義と課題

韓国において社会教育法を制定しようとする動きは1952年頃から現れた。ただその法案は議論につぐ議論を経て15回の修正を重ね、1982年になってようやく社会教育法として施行されたものである。当然ながら社会教育法制定以前にも、各政権による社会教育政策が実施されており、公民学校、職業技術学校、放

送通信高校・大学、私設学院、図書館など、青少年から成人までを対象とする学習支援があった。すなわち、多様な非形式的（informal）および無形式的（non-formal）教育機関が散在していたわけで、社会教育機関の大部分は制度的位置づけがなかった。社会教育政策の制度的基盤を確立するのは困難な状況であったと理解できる。

一方、社会教育政策を主管する政府の責務という側面からみると、1970年代までは管理・運営の中心となったのは文教部だったが、政権の意向によって、内務部、商工部、文化公報部、国防部などの機関が独自の社会教育を行う場合もあった。特に、1970年代の代表的施策であるセマウル教育では内務部の役割が大きかったことを思い起こすと、各政権の政策によって社会教育の管理主体が変化してきたことがわかる。

言い換えれば、社会教育法を制定せずにおくことによって政府は、社会教育政策の設計・管理・運営の責任の所在を明確にせず、必要に応じてなかば場あたり的に各政策を策定したことになる。そういった対応が各部門間の有機的連携を可能にしたという評価もできなくはないが、それはあくまで結果論である。法を整備したからといって部門間の連携が妨げられるわけではない。よって、制度設計の責任の所在が曖昧であったことは政府の力不足とみられても仕方がないところであろう。

社会教育法の不備はまた、長期的社会教育の方針を政策レベルで確立できなかったことを意味する。同法成立以前の社会教育は、公的機関の支援による各種学校と民間の学院によって職業能力訓練、識字教育、技術教育、意識改革や基礎学力の学習などを提供していたが、こういった教育は当該プログラムの終了と同時に終わってしまう場合がほとんどで、学習者の自発的学習と継続的学習を担保するものではなかった。

さらに、行政の学習支援の不足も顕著であった。米軍政期の識字教育と1970年代のセマウル教育を除いては、学習者自らが費用を負担する形態が多かった。特に1970年代までの社会教育政策は、学位や資格などを含む能力より学習経験を認識する形式的側面に重点がおかれていたと思われる。

以上の問題点を踏まえて評価すると、社会教育法の施行には次の3つの意義があるといえる。第1は、社会教育法によって政策責任の所在が明確になり、実績評価や改善に向けた意見の集積が容易になった。それにより、社会教育政策をめぐる議論の土台が確立された。第2は、社会教育関連の予算環境が改善され、従来、他

部門に比べ低く設定されていた予算の増額を要求する根拠が確立された。第3は、それまで管轄がバラバラで乱立していた社会教育政策の整理、再構築が可能になったことである。

しかしこの社会教育法については、"社会的必要性、適合性、現実的制約性などに関する論議が充分になされず、過度な啓蒙的理想に依存しており、同法の制度化の意味を検証することなく成立してしまった"[372]という批判もなされた。確かに、社会教育法案に関する議論が尽くされないまま国会を通過したという印象は否めない。最終的に提出された政府案では、重要な内容が削除されていた。以下、削除・変更された部分について述べる。

第1に、民間の私設学院に関する規定を削除したため、1970年代まで大きな比重を占めていた私設学院が社会教育法の適用対象から除外された。第2に、日本の公民館などをモデルとした社会教育館設置に関する条項が削除された。第3に、社会教育政策調整委員会を国務総理直属の傘下から文教部傘下におくという変更で、社会教育政策をめぐる政府機関間の協力・調整が難しくなった。社会教育法成立以前は、政策調整を大統領と国務総理が主管していたため、法制がなくても各政府機関間の協力がそれなりに円滑に行われていた点を考慮すると、社会教育行政のなかで踏襲すべき要素が除外されたことになる。第4に、「放送媒体を通じた社会教育課程の認定」という内容を削除した。放送通信高校・大学などにより成果をあげた遠隔教育の方法を継承せず、放送媒体を利用した教育工学との連携による社会教育の可能性を排除して、時代の流れに逆行する結果を招いたといえる。第5に、全国の地域単位で社会教育計画を策定・推進し、行政部署と担当者（社会教育公務員）を設置することを義務づける条項がなかった。セマウル運動を通じて確認された地域公務員の役割を考慮しなかったと同時に、社会教育専門家の必要性の認識が足りなかったと指摘できる。

以上の重要な内容が欠落したまま社会教育法が成立したことは、30年もの長い時間をかけて成立した法律としては問題点が多いといわざるをえない。しかし、問題を内在した法案が国会を通過した背景には、当時の全斗煥政権が、政権獲得の政治的正当性を立証する手段として教育福祉的性格が強い生涯教育条項を憲法に追加した経緯もあって、何としても社会教育法を制定しなくてはならなかったという政治的事情があった。その結果、1980年代の社会教育行政は、教育福祉的観点から余暇・文化・教養の学習を奨励し、国民の生活の質の向上を重視した政策を展開す

るようになった。

2. 文化・教養教育重視の社会教育政策の意義と課題

1980年代の文化・教養教育を重視する社会教育政策の柱となったのは、高等教育機関（大学）における①大学の社会教育院・生涯教育院と、②学位認定や専門的大学教育課程の内容に焦点をあてた開放大学であった。

文化・教養教育の特徴は次の3点に要約される。第1は、社会教育への女性の参加の促進である。女性のための教育の機会を拡大し、多様なニーズに応えるべく教育内容の編成が行われた。1970年代までの女性向けの社会教育の形態は、地域の婦女会を中心とする学習が一般的であった。セマウル運動当時、婦女会は女性に対するセマウル教育を実施し、一般学校教育課程でなく、地域社会開発事業に関する学習を主に推進した。しかし、1980年代、大学に設置された社会教育院・生涯教育院が拡大する過程で、それまで大学教育を受けられなかった主婦などが参加可能な文化・教養講座が多く開設され、大学で社会教育を受ける女性が増加した。この時期は女性を対象とする社会教育政策が発展した時期として注目に値する。

第2は、社会教育を通じて大学の社会的奉仕の役割（地域社会への貢献）を実現しようとする動きが現れたことである。1970年代まで大学は、学問研究の場として地域社会とは独立した存在という認識が強かった。その背景には、韓国の大学が社会的エリートを養成する教育機関としての役割を担っていたという伝統的潮流があった。しかし、大学における教育機会の拡大と地域への社会的奉仕の役割に対する認識が向上するにつれ、社会教育の重要性が浮き彫りになった。その結果、既存の大学の教養課程の教科と大学特性を活用した講座が開設され、地域社会に対する奉仕の役割を大学が果たすようになったことは、1980年代の特徴である。

従来の政治的・社会的関心事の学習や職業技術能力の習得を目指す社会教育の低調ぶりを教訓に、1980年代には学習者個人の興味や趣味的内容に焦点をあてた学習が増えた。しかし当時は、民主化運動・労働運動が拡大した時期でもあり、文化・教養教育に偏った社会教育政策の推進は、社会・政治状況と乖離する側面があった。また、民主化要求や政治社会問題に関する教育を避け、代わりに文化・教養的教育を奨励したという政権の意図が内在していた可能性も排除できない。

さらに、私立大学の社会教育院、生涯教育院を中心とする社会教育機関の増加は、行政主導型の社会教育の伝統が批判的に認識されるようになり、民間社会教育

機関が拡大する反面、行政支援によって保障されていた低所得層に対する教育機会の提供が欠落する問題を露呈するようになった。言い換えれば、「解放」後ずっと問題視されてきた社会教育予算と行政の支援の拡大という政策課題が十分実現できなかったということである。

　第3に、この時期の社会教育政策が教養教育を重視し実施できた要因として、市民の側からの学習機会の積極的活用をあげることができる。当時、経済成長に伴い市民の所得が増加する中で、市民は民間教育機関を活用する社会教育・生涯教育に積極的に参加したのである。1970年代までの行政主導の社会教育活動の形態から脱皮し、積極的に自ら学習内容を選択し、個人で教育費を支払い、学習活動を実施したのである。このような積極的学習者の学習活動の様子は、当時の政権の教育費負担の減益という政策のなかでは想定されていなかった市民の学習意欲の高い実情を表した側面であった。このようにこの時代の市民の社会教育・生涯教育活動への参加の様子をみると、市民の学習に対する自発的かつ能動的性格が内在していたと理解できる。

　しかし、市民の学習活動に対する積極的参加とは裏腹に、民間の社会教育機関で学習活動を行うために必要な教育費負担が難しい人びとの学習活動の支援は、政策と市民運動の両方においても十分考慮されておらず、この時期の社会教育政策のなかで欠如されていた視点であると理解できる。

　このような内容を踏まえて1980年代の文化・教養教育重視の社会教育政策を総括すると、同時期の社会教育政策において、大学および民間の社会教育機関と協力し、多様な教育内容を編成する政策の動きが現れたことがわかる。この時期の社会教育政策の性格は、1970年代までの行政施設と行政で定めた内容を学ぶ社会教育の形から脱皮し、民間の社会教育機関を活用する意味では画期的であったと理解できる。

　しかし、この時期の社会教育政策の構造は複雑である。具体的にいえば、同政策は単に多様な学習内容を編成し、学習者の欲求を満足させるために民間の教育機関を活用し、彼らの自己負担による自由な学習活動を促すものではなく、形としては自由な学習環境を醸成しながらも、その裏側では、政府側が求めた教育内容に彼らが無意識に参加することを促す形の高度な市民誘導型の政策を展開したからである。すなわち、彼らは自ら学びたい内容（文化・教養）を学べる喜びを感じる一方、政府側は学習者に社会教育・生涯教育の教育費を負担させることで、少ない予算の

範囲で多くの学習者が多様な学習内容を学べる仕組みを定着させた。

結果、学習者は自ら希望する学習内容を習得する機会を獲得することができ、政府側は長年の課題であった社会教育・生涯教育の予算の不足状況を、学習者個々人の自己負担という形で克服することができたのである。ただし、この時代の社会教育政策のなかで、一度も論じられてこなかった内容がある。それは、学習活動のために教育費負担を賄うことが困難な社会的弱者に対する政策のあり方であった。

しかし、いずれにせよこの時代の社会教育政策は、政府側と学習者側が相互能動的に社会教育政策を活用することで、多様な学習活動を行った顕著な例であるといってもよいと思われる。

第5章 情報化時代の生涯教育政策[373]の展開と課題
（1990年代以降）

第1節　1990年代以降の韓国の生涯教育政策をめぐる状況

1. 韓国における新自由主義理念の台頭

　1990年代初頭、冷戦時代が終焉を迎え、国家間の競争と貿易摩擦が深刻化し、グローバル化（世界化＝Globalization）の流れが拡大するなか、韓国では、軍人出身の大統領が率いる政権が終わりを告げ、「文民政府」と称された金永三政権と「国民政府」と称された金大中政権へと移行した。

　それまでの経緯を整理すると、1987年後半、盧泰愚民主自由党総裁が6.29宣言を発表した。同宣言では、国民直接投票による大統領選出を約束しており、同宣言は民主化運動の成果として評価された。1993年には、金永三が大統領に当選し、韓国は軍人出身の大統領による長年の政権統治から脱却し、民間出身の大統領が政権を運営する時代を迎えた。

　1993年2月の「文民政府」の登場以後、新自由主義の潮流が政策にも現れ始めた。金永三大統領は、1994年11月17日、第2次APEC会議後の記者懇談会で「世界化」構想を発表した。世界化とは英語の「Globalization」という単語を、当時の政権が韓国語として新たに作った造語であった。

　1995年1月21日、世界化推進委員会が発足した。同委員会が提示した「世界化のビジョンと展望」は、21世紀の韓国を築く構想を打ち出した。統一された世界中心国家像を描き、経済大国、文化大国、精神大国、道徳大国の建設を目標として掲げた。金永三政権は、世界化を通じて国家競争力の強化を目指し、この目標を実現するために経済、行政、教育など様々な部門で規制緩和を行い、市場原理を導入した[374]。

金泳三の文民政府が新自由主義的経済論理を選択した理由は、世界化の潮流が顕著になりつつあった時代背景を抜きにしては語れない。対外的な理由としては、米国の朝鮮半島政策が安保重視から経済政策重視へと転換され、市場開放、グローバル化などの新自由主義的秩序が浸透し始めたからである。対内的には、政権の政治基盤が既得権益に立脚した保守勢力であったことも一因である。また、経済政策について諮問する立場にあった学者の多くが米国で教育を受け、新自由主義志向であったため、その助言を取り入れて規制緩和と民営化の方針（政策例：金融実名制（1993年）、土地公概念（1993）、新財閥政策（1996）と労使関係改革委員会（1996年））が定められた。

　1998年、前年のタイバーツの暴落に端を発したアジア金融通貨危機によって韓国経済は深刻な状況に陥った。先行き不透明な状況下で政権の座についた金大中大統領率いる政府は「国民政府」と称し、初期は労働者と民衆の権益を代弁する経済政策を試みた。しかし、危機打開のためには、IMFの提言を受け入れて緊縮財政を断行することが必至となった。政権は民主主義と市場経済間の基本原則の共有、官僚統治経済から市場経済への転換、市場開放などの新自由主義経済政策への方向転換を余儀なくされ、経済分野だけでなく、労働・社会福祉・教育分野にいたるまで、規制緩和と民営化を推進する新自由主義的政策が採用された[375]。これが功を奏し、韓国は危機を脱して経済成長の道に入った。

　この時期、多くの企業が倒産し、外国資本による企業買収が行われた。通貨危機とそれに続く緊縮財政、新自由主義的政策は韓国社会に深い爪跡を残したのである。以下、1990年代の生涯教育政策をよりよく理解するため、新自由主義の潮流における教育分野の政策動向を把握しておく。

2. 新自由主義理念の拡大と教育政策の動向

　金泳三の「文民政府」登場以後、社会改革の推進に伴い、教育改革が議論の的となった。選挙戦中から「教育大統領」候補と自負していた金永三は、1993年の政権発足当時から教育改革を重要政策課題とした。1994年1月には、大統領直属の諮問機関として教育改革委員会を発足させ、同委員会は1995年5月31日、世界化・情報化を主導する新教育体制を確立するための教育改革答申案を策定し、大統領に報告・発表した。

　教育改革委員会は、既存の教育政策の問題として、①暗記中心の入試教育、②教

育供給者側の認識に基づく画一的教育、③産業化のための量的成長を目標とした教育という3つの点を指摘した。また、こうした教育を軍事政権下の国民統制の一環として実施してきたため、創造力、高い品格と個性を有する人間の育成に失敗したととらえた。よって同委員会は、開かれた学習社会と生涯学習社会を建設するための教育改革を主張した[376]。

教育改革委員会は、情報化・世界化にふさわしい人間の形成のための6つの教育方針を示した。方針の第1は学習者の自己負担と自由な選択を重視する教育の推進である。教育供給者である学校および教員と教育行政機関側中心の教育から学習者中心の教育へと転換し、教育供給者間の多様な教育プログラムの競争を通じて教育需要者である学生と父母の選択の幅を広げる。第2は、教育の多様化である。従来の画一的かつ序列化された教育から脱皮し、多様な教育プログラムと目的にかなった学校（初等・中等教育・高等教育）を設置・運営することで、学生の潜在能力、創意力と品性を涵養する。第3は、自律と責務性に基づく学校運営である。教育行政機関の規制と統制による教育運営から離れ、個々の学校の自律性・責務性を重視し、学習者の意見を反映する学校運営の推進である。第4は、自由と平等が調和した教育である。すべての人びとに自己啓発による能力開発の機会を提供する。第5は、教育の情報化である。メディアを活用し、時間と空間の制約を克服した21世紀型の開かれた教育を実施する。第6は、質の高い教育の追求である。サービス中心の教育行政を展開し、総合的教育支援体系を構築する[377]。以上の6つの教育方針に基づき、同委員会は次の4つの教育目標を掲げた。

第1は、誰でも、いつでも、どこでも希望する教育を受けられる開かれた教育体制を構築することと、国民の自己実現を最大化させる教育福祉国家（Edutopia：国家が国民に対して理想的教育機会を提供することを意味する韓国の造語）を実現する。第2は、学習者の個性と創意性を尊重する教育を実施する。第3は、大学運営を自律化することで、社会が必要とする最適の人材を養成する。第4は、教育財政を拡充すると同時に、各種規制を緩和することで教育支援体制を改革し、教育の質を向上させることである[378]。

こうした方針と目標に基づき策定された「文民政府」の教育改革は、"各学校にメディア教育を実施可能な設備を導入し、地域の教育運営委員会を学校運営に参加させ、大学を地域住民の学習施設として開放するという実質的な成果をあげた"[379]と評価されている。同時に、教育改革を策定する段階で政府が学生と父母の意見を

十分に取り入れず、専門家主導で推し進めたために、改革が十分な効果をあげられなかったという批判も出た[380]。ただし、「文民政府」が、既存の教育行政の統制的性格を脱して規制緩和を断行し、学習者個々人の選択に基づく教育機会の拡大を試みたという事実は、当時の教育改革が新自由主義的性格を有していたことを表す。

金永三政権の後、選挙による政権交代によって誕生した金大中政権が、政治面では直接民主主義、経済面では自由市場経済の論理を志向したことは前項で確認した通りである。直接民主主義志向の大統領は、自らの統治哲学に則って、教育改革政策においても官主導の下向的改革を抑制し、教育関係者、市民団体、教育NGOなどが中心となった汎国民的共同体運動としての教育改革を推進しようと試みた。

しかし、金大中政権（国民政府）が登場した1998年は、アジア金融通貨危機の直後であったため、政権は国家信用の下落、為替レートの急上昇などの危機に直面した。したがって、経済回復を基調とする競争・成果・効率重視の教育政策の策定が課題として浮上した。一方、社会文化的側面では、情報通信技術が発達し続ける状況下で、韓国を情報化・知識基盤社会へと導き、国際競争力を向上させるための教育政策の構想を必要とした。その方法として、生涯教育の推進による生涯学習社会の建設と自己主導的学習の支援の必要性が叫ばれた。金大中政権は「新しい教育共同体委員会」を設置し、教育改革を推進しようとした。知識基盤社会の到来に備えるため、人的資源を必要な包括的概念ととらえた。2000年には大統領諮問機関として「人的資源政策委員会」をおき、前政権の「教育部」という名称を「教育人的資源部（現在：教育科学技術部）」に変更するなど、政府組織の改編も行った。

金大中政権の教育改革は大きく分けて2つの方向性を持つ。第1に、産業社会から知識基盤社会への移行を目指し、知識基盤社会に適した人材育成を可能にする教育体制を構築する改革。第2に、通貨危機後のIMF管理体制の下、失われていた国際競争力を早急に回復させるため、競争力を有する人材の育成を目指す改革。教育行政の運営にも市場競争原理を導入し、教育委員会評価と大学評価などの結果に基づき、財政支援を差別化した[381]。

金大中政権の教育政策を整理すると、次のようになる。第1に、国家の人的資本開発計画を策定し、全国民の基本力量の強化、知識の開発と国家による人的資源活用、管理の先進化を図った。第2に、教育情報化総合発展に向けた方策案を作成し、教育用メディア材料の開発を促進した。第3に、民間の教育市場の拡大と公教育の崩壊の問題を解決するための公教育内実化の方策案を打ち出した[382]。金大中

政権の教育政策は、"経済危機の経験を踏まえ人的資源の開発と情報化を進め、情報通信技術を活用した教育を実施することで、新自由主義および市場主義で勝ち抜く競争力を形成する"[383]ことに重点をおいていたといえる。

金永三政権と金大中政権の教育政策を比較してみよう。前者は新自由主義理念を背景に世界化と情報化を目標に掲げ、行政主導から脱して学習者主導の開かれた教育を実施した。さらに、教育市場の規制緩和を通じて民間の学習市場の推進による教育の活性化を目指した。それに対して後者は、前者の学習者主導の政策を引き継ぎながら、経済問題を克服する手段として人的資源開発計画を策定し、情報通信技術の発達に対応するために国民の教育機会を拡大する政策を推進した。

上記の政策は、2003年に発足した盧武鉉政権の政策の基盤を作った。新自由主義理念に裏打ちされた人的資源開発と、自己啓発学習を中心とする教育政策は、これ以降、高等教育、生涯教育、情報通信技術をより幅広く活用した教育政策へと進化していく。

「参与政府」と称される盧武鉉政権は、憲政以来持続してきた民主化運動を主導した政治勢力の結集であった。そのため、政府の介入による権威的かつ集団的教育政策を批判的にとらえ、①教育政策の地方分権化、②社会的弱者への教育機会の拡大、③通信およびサイバー空間を利用した教育機会の拡大、④入試教育中心の学校運営の改善、⑤人的資本開発としての生涯教育の推進という教育政策方針を樹立した[384]。

盧武鉉政権の教育政策は一見すると、公教育制度を再構築し、社会的弱者のための教育福祉の視点を重視した、従来にない新しい政策のようにみえる。しかし、金永三および金大中政権の政策との共通点もあった。それは規制緩和による地方分権の強化、新自由主義理念と市場競争主義による教育政策の拡大であった。以下に例をあげる。

入試中心の学校教育の改善は、学生の自律性と多様性を尊重する方針を取り入れたという意味で評価すべき側面もあったが、その新方式の教育にかえって不安を感じた学生と父母が私設学院（塾）を中心とする民間教育機関に集中するという逆効果もあり、学校教育の競争と経済的環境による教育格差を拡大させる結果を招いた。他には、情報通信技術を活用し、高等教育機関（大学）を中心として遠隔教育を実施・強化した。

盧武鉉政権は、教育競争力を高め、優れた人的資源を開発するために、自律・多

様性を重視しながら教育福祉を模索する政策をとってきた。その一方で、民間教育市場の拡大と公教育の衰退という問題も抱えている。

1990年代以降の教育政策の性格は、①情報通信技術を活用した教育方法の開発と教育機会の拡大、②新自由主義の潮流によって現れた規制緩和による教育政策の地方分権化と教育における市場競争原理の導入、③国際競争力の強化のための人的資源開発と生涯学習社会の実現という3点でまとめられる。

3. 1990年代以降の生涯教育政策の全体的動向

1990年に入って社会教育は量的にも質的にも発展し、「社会教育」の代わりに「生涯教育」という用語が用いられるようになった。この時期の生涯教育政策の動向は、3つの側面からとらえることができる。

第1に、法整備があげられる。この時期は、社会教育に対する国民の認識が高まり、しかるべき法改正の必要性が説かれた時期であった。それを受けて1997年6月2日、大統領の諮問機関である教育改革委員会によって生涯教育法の基本方向と試案が作成され、1999年には法案が国会を通過した。この生涯教育法が1980年代の社会教育法に代わる新法として登場したのに続き、関連法として「独学による学位取得に関する法律」と「単位銀行制」が施行された。生涯教育とその関連法の施行により、"教育熱心な国民に多様な学習機会を提供し、教育を受ける平等な機会を付与"[385]することになった。

第2に、教育対象を広げた柔軟な対応。女性、高齢者と青少年に関する教育に焦点をあて、文化センターおよび社会教育院などの専門施設を通じて活動が行われた。各学習者の学習要求にそって、多様な教養と余暇活動に関する学習が展開された。

第3に、情報技術の活用。情報通信技術を活用して遠隔教育体系を構築すると同時に、在宅生涯教育活動を推進し、教育機会の拡大に努めた。

この時期の政策の特徴を整理すると次のようになる。教育の機会を全国民に開放すると同時に、教育体系を整備するための「平生教育法（生涯教育法）」の重要性を強調した。政策実行のために、行政体制の整備、遠隔教育、職業教育、高等教育機関の生涯教育プログラム整備を行い、学習者の年齢層に合わせた教育内容を示した。行政でなく民間主導で、学習者個人の関心に合致した内容に基づく選択重視の教育の登場は重要な意味を持つ。この時期には、1970年代まで盛んだった官主導

の社会教育政策（識字教育、基礎学力習得のための教育、国民意識啓蒙教育）は停滞していた。

第2節 「平生教育法（生涯教育法）」の整備と関連法案の内容

　1990年代の生涯教育政策は、生涯教育体制の確立という目標を達成するために、継続教育の機会の拡大、専門性の再考と支援体制の強化を志向した。21世紀委員会が提出した生涯教育政策の発展戦略は、次のように表現されている。"第1に、①新たな職の創出のための人材養成、②技術関連分野の失業者向けの職業教育、③情報科学技術部門の専門的人材開発の戦略を策定する。第2に、次世代教育の質を向上させるために、①各種生涯教育機関の多様化と質の統制、②初・中等学校の地域社会学校の機能の遂行、③遠隔通信教育の活性化などの戦略を提示する"[386]。本節では、生涯教育体制を支える「平生教育法（生涯教育法）」と関連法案の内容を考察する。

1.「平生教育法（生涯教育法）」の成立過程と理念

(1)　「平生教育法（生涯教育法）」の成立過程

　1999年に、それまでの社会教育法に代わって新たに「平生教育法（生涯教育法）」が制定・公布されたことには、時代の要求に応えるためという広義の意味もあったが、厳密にいえば、以前の社会教育法が抱えていた問題を克服し、新しい教育理念を提唱することが目的であった。1999年にはまた、社会教育法を「平生教育法（生涯教育法）」に全面改正することによって、「平生教育法（生涯教育法）」体系が確立された[387]。

　このような背景には、次のような事情があった。第1に、教育関連法の基本体系を確立するためには、憲法の生涯教育振興条項を根本理念として、教育三法（教育基本法、初・中教育法、高等教育法）と連携する必要があり、そのために社会教育法の全面的な改正が必要であった。第2に、従来の供給者（教育者）中心の社会教育から、より幅広い概念として需要者（学習者）中心の生涯学習へと範囲を拡大したいという強い意思があった。第3に、社会教育法を全面的に改正しても、もし名称を従来どおり「社会教育法」とした場合、現在の法体制を全面的に変えた事実が

明確にならず、社会教育法には国民の生涯学習のための法律という概念が十分含まれていないと理解される恐れがあった。さらに、社会教育法が日本の社会教育法の模倣であるような誤解を招く可能性があったため、社会教育法という名称を生涯教育法に変えて、「平生教育法（生涯教育法）」の概念を拡大・発展させることになった[388]のである。こういった事情を踏まえ、以下では「平生教育法（生涯教育法）」の成立にいたるまでの過程を把握する。

　前述の3つの問題点を考慮して、「文民政府」の教育改革委員会では新教育体制と新職業教育体制を構想しながら社会教育法の改正を議論し始めた。社会教育法が1982年12月31日に公布されてから、3次にわたる部分改正が行われた。しかし、前節で言及したように「文民政府」は、法的・制度的現実が急変する社会変化に対応していないととらえ、教育改革委員会を構成して教育改革に関する方策案を提示した。誰でも、いつでも、どこでも希望する教育を受けられる開かれた教育社会、生涯学習社会の建設構想を提示したことは特筆に価する。これに基づき教育改革委員会は、法改正に言及した「平生教育法（生涯教育法）の基本方向と試案」という方策案を提示した。

　教育改革委員会の「平生教育法（生涯教育法）の基本方向と試案」は次のように推進された。1995年5月31日、第1次教育改革方策案を示した。これは開かれた教育社会・生涯学習社会の基盤を構築するために、①時間制登録、履修単位銀行制、新大学導入などで学習機会を拡大、②女性および高齢者の再教育の機会を拡大、③教育プログラム多様化と成人学習社会の多様な教育欲求を受容、④「国家マルチメディア支援センター設立」など先端媒体を通じた遠隔教育機会を拡大するというものである。1996年2月9日には、同委員会は第2次教育改革方策案として、新職業教育体制の構築方策として科目履修生制度、教育口座制（単位取得申告制）の導入、教育・訓練産業育成の計画案を提示した。ここから、社会教育法の全面改正に関する論議が始まった。同年8月20日に提出された教育改革方策案では、「開かれた学習社会（open learning society）」のために社会教育推進体系を確立し、専門の担当機構を設置することを目的とし、中央生涯教育院および地方社会教育館と国務総理室直属の社会教育政策委員会を設置しようとした。その政策委員会で、社会教育法を「平生教育法（生涯教育法）」に改正する議論が行われた。そして、1997年5月13日、教育改革委員会で「平生教育法（生涯教育法）の基本方向と試案」が作成され、この試案を1997年6月2日に大統領に報

告するにいたった[389]。

　以後、教育部では「平生学習法（生涯学習法）」の試案に対して室・局・教育庁、大学、主要団体などから1次、2次にわたって意見を集め、公聴会の開催と立法予告を通じて平生学習法の制定案の修正・削除を行った。法制処の審議過程（1998年9月3日から同年11月9日まで）で「平生学習法（生涯学習法）」を「平生教育法（生涯教育法）」へ名称を変更し、社会教育法を廃止・全文改正し、「平生教育法（生涯教育法）」に変更することが決まった。こうした議論を経て、個人の要求と教育市場に焦点をあてた「平生教育法（生涯教育法）」が、1999年8月31日に制定された。

（2）　「平生教育法（生涯教育法）」の理念

　そして、「平生教育法（生涯教育法）」の理念的趣旨、基本目標と方向を把握すると、次の6点にまとめられる。

　　急変する世界化・情報化社会において、誰でも、いつでも、どこでも、希望する教育を受けることが可能な開かれた教育社会・生涯学習社会」を構築し、教育福祉国家（Edutopia）を建設することによって、国民の生活の質の向上と社会発展に寄与することに基本目標を置いている。この目標を実現するための基本方向は、第一に、国民の学習権と学習者の選択権を最大限に保障するための平生学習的な雰囲気づくりをすることである。……第二に、生涯教育課程の履修者の社会的待遇を通じて生涯学習の意欲を鼓舞することである。……第三に、形式的な学歴を主とする社会から、実質的な能力を主とする社会に転換できるよう誘導することである。……第四に、成人教育の機会拡大と、国民の資質を高等教育レベルまで高めることに重点を置いている。……2010年までに我が国民の能力を専門大学（2年制）以上の高等教育レベルに向上させることに重点を置いている。第五に、国家および地方自治団体の生涯教育政策支援を強化することである。最後に、知識・人材開発事業と教育訓練産業を育成することである。……21世紀の人的資本時代に新知識社会を構築し、国際競争力を高めることにある[390]。

　「平生教育法（生涯教育法）」の出発点は、新しい時代にふさわしい新たな法制の整備と古い歴史的イメージ（社会教育という日本の模倣のイメージ）からの脱皮であった。その主な目的は、国家戦略としての人材確保、国民の基本的教育水準の向上、学習者の選択権の拡大、社会体制を支える生涯教育の機会拡充・完備であった。このような構想は、1997年から1998年のアジア金融通貨危機以来、「国民政

府」が経済回復に必要な人的資源の開発の重要性を改めて認識した韓国社会全体の要望に応えてもたされたものであると理解できる。

2.「平生教育法（生涯教育法）」の内容と特徴

「平生教育法（生涯教育法）」の法的性格を端的にいえば、学校の義務教育および正規教育を除き、生涯教育に関連する基本事項を規定し、生涯教育関係法令などを支援・育成する規範としての地位を持つものであるといえる。同法は、全体5章32条の付則として構成されている。第1章は総則、第2章は国家および地方自治団体の任務、第3章は生涯教育士、第4章は生涯教育施設と第5章は補則として構成されている。「平生教育法（生涯教育法）」の内容は、次の4つの側面からとらえることができる[391]。

第1に、国民の生涯教育振興の規範としての役割を提唱している。社会教育の全面改正と教育三法案との連携、政府部署間に散在していた生涯教育関連の業務を総括する専門機構の設置を定めている。また、国家的な生涯教育プログラムの総合企画、研修、研究、資料情報センターの機能を果たすため、中央レベルの生涯教育院（平生教育院）が設置されることになった。

第2に、国民の学習権と学習者の選択権を最大限に保障している。たとえば、国家、地方自治体などから支給される公共学習費については、生活保護対象者などの低所得層向けや、青少年・成人向け生涯教育プログラムの参加費を、生涯教育機関でなく学習者に直接支給する原則が定められた。

第3に、生涯教育機関の相互・有機的な発展を支える水平統合機能の拡大を目指している。学習者に多様な学習の機会と情報を提供するため、学校施設・公共施設と生涯教育の地域情報センターを地域社会に設置し、生涯教育団体と地域生涯教育のネットワークを構築することが定められ、地域の実情に即したプログラムが運営されることになった。

第4に、生涯教育担当者の資質と専門性の向上を狙いとしている。既存の生涯教育専門要員制度の「生涯教育専門要員」という名称が「生涯教育士（平生教育士）」に変更され、その役割が、生涯教育の企画・進行・分析・評価専門業務と教授の役割に拡大された。そして、中央単位の生涯教育院（平生教育院）に生涯教育士（平生教育士）の養成・研修課程を開設し、研修院など一定規模以上の生涯教育機関には、生涯教育士（平生教育士）を配置することが義務づけられ、未配置の場合には

処罰を可能とする条項が用意された。

第5に、遠隔教育を通じた在宅学習などの生涯教育の機会拡大を目指している。たとえば、放送、ケーブルTV、情報通信媒体のセンターなどによって、放送通信教育への民間の関与を拡大し、多様な遠隔教育を実施し、これらを産・学・研・官協同の学習体制と連携し、職場内の学習と在宅学習の機会を拡大するように規定している。

最後に、職業教育と人材開発事業の基盤づくりについて定めている。例としては、民間資本の教育訓練、研究用役、プログラム開発、知識・情報の提供などの教育訓練産業に対する投資を促進し、人材開発事業の振興・育成を可能にした。

以上、「平生教育法（生涯教育法）」は、教育環境の整備と新しいプログラムや制度の開発によって、人びとが学びやすい環境づくりを目指す法律であるということが確認できる。

3. 旧社会教育法と「平生教育法（生涯教育法）」の比較

社会教育法から全面的に改正された「平生教育法（生涯教育法）」には、社会教育法を補完した部分と新設した部分がある。一方、旧社会教育法にあった条項で廃止された部分もある。

「平生教育法（生涯教育法）」のなかで社会教育法（6章30条）を補完した部分は、生涯教育理念の項目である。その内容は、①機会均等および自律性の保障、②生涯教育の中立性、③生涯教育履修者の社会的待遇の3点である。一方、社会教育法の条項にはなかったが、改正に伴って新設された項目としては、以下があげられる。

【新設項目（7章43条）】
① 有給・無給学習休暇および学習費の支援
② 生涯教育施設の設置者の義務
③ 生涯教育センター、平生学習館の運営
④ 地域生涯教育センターの運営
⑤ 講師情報銀行制、教育口座制
⑥ 社内大学、遠隔大学
⑦ 市民社会団体、事業所、言論社の併設
⑧ 履修単位などの認定、請願、権限委任、過怠金

その一方で、旧社会教育法のなかには、立法体制が整理されるにあたって廃止された項目もある。その項目は、①営利の制限、②社会教育政策調整委員会の廃止、③「学院の設立・運営に関する法律」、「履修単位の認定などに関する法律」などのように、既存の法律に独立的に明示されている学院、図書館および博物館に関する条項である[392]。

「平生教育法（生涯教育法）」が旧社会教育法の異なる点は、旧社会教育法に比べて非政治的な理念が提唱され、規制緩和によって自律的な運営の権限が付与された項目が全体的に増えたことである。

4. 生涯教育（平生教育）関連法の整備

「平生教育法（生涯教育法）」の制定に伴い、生涯教育関連法令も整備され始めた。生涯教育関連法令は、学校教育と関連する法令とは異なり、全国民を対象とする多様な生涯教育活動を規定する法令という性格から、政府機関もそれぞれ担当する役割が多様であり、広範囲である。生涯教育法が制定された時期の生涯教育関連法令は、教育部関連法令が24本、その他の政府各機関に関連する法令が42本であった。

　教育人的資源部（現在：教育科学技術部）に関する法令には、教育基本法を母法として初等・中等教育法、高等教育法、そして生涯教育法を根幹とする多様な法令がある。

　第1に、初等・中等教育に関連する生涯教育法令には、放送通信高等教育設置基準令、産業体の特別設置基準令、在外国民の教育に関する規定、各種学校に関する規定など。高等教育と関連する生涯教育関係法令は韓国放送通信大学設置基準令などがある。

　第2に、生涯教育関連法としては、学院の設立・運営に関する法律、独学による学位取得に関する法律、単位認定などに関する法律、幼児教育振興法、産業教育振興法、特殊教育振興法、資格基本法、職業教育訓練促進法などがあげられる。

　一方、このような生涯教育関連法を機能と特性の面から整理すると、生涯教育一般、学位および単位取得に関する法、施設、技術・職業教育、公務員・研修・再教育、一般研究・再教育、校正教育、農漁民教育、児童教育、青少年教育、高齢者教育、女性教育、障害児教育、産・学協同教育、社会生活教育、低所得層教育などに分類できる。

　生涯教育（平生教育）関連法は、生涯教育政策を推進する法的根拠になると同時

に、1990年代以降の政策の特徴である①自己啓発教育、②民間生涯教育施設・機関を活用した教育、③遠隔媒体を活用した教育の性格を反映している。次節では、生涯教育政策を推進するために改編された生涯教育行政の組織体制と1990年代の規制緩和および地方分権化の動きを把握する。

第3節　生涯教育（平生教育）関連行政の再編と推進方法

1. 生涯教育（平生教育）関連行政機構の再編

「文民政府」（金泳三政権）は1993年2月25日、発足に伴い、小さく能率的な政府を実現し、国際化と世界化時代の教育環境に効率的に対処するために、生涯教育政策を管轄する教育部の行政機構を3室4局23課20担当官に改編した（1994.5.16）。この時期の組織改編では、社会教育局の社会教育振興課と社会教育制度課の名称を、社会教育企画課と社会教育振興課に変更した。ただし、この改編は担当課の名称の単なる変更にとどまったという問題点が指摘され、1996年にさらなる組織改編を実施した。

「文民政府」は、教育改革の課題として規制緩和を掲げ、自律と支援の方針に基づき情報通信技術を活用した開かれた教育体制を構築するために、1996年7月5日、教育部職制を2室4局19課18担当官制に改編した。特に、「社会国際教育局」を「生涯教育局」として独立させ、「生涯教育局」に「生涯教育企画課」、「生涯教育振興課」、「生涯教育管理課」を設置した。行政組織の改編図は以下の通りである。

次期政権である「国民政府」（金大中政権）は1998年2月25日の発足時に、中

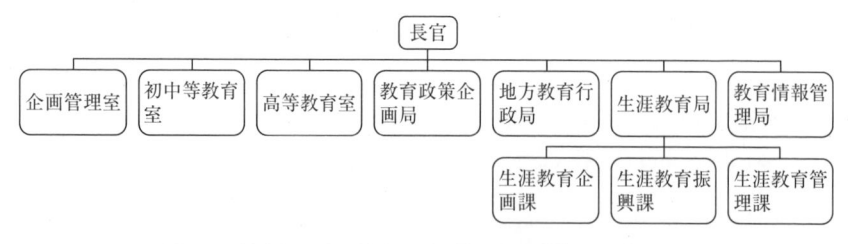

図5-1　教育部の生涯教育行政機構組織図[393]（1996年7月）
（教育部『生涯教育白書』1998）

央政府組織をさらに大きく変えた。各政府機関間の統廃合によって国務委員の数を減らすなど、大規模な改革を断行した。したがって、同年2月28日付で教育部の組織も、公教育に関する規制緩和と地方分権化の実施に伴い、初中等教育機能の多くを地方自治団体に移行するとともに高等教育の機能を縮小し、大学の自律権限を拡大する基本前提に基づき2室4局8審議官28課へと大幅縮小した。すなわち、「生涯教育局」に「産業教育政策官室」を統合し、1996年改編された従来の「生涯教育局」内に3課（生涯教育企画課、生涯教育振興課、生涯教育管理課）あったものを2課（平生学習政策課〈生涯学習政策課〉、平生学習振興課〈生涯学習振興課〉）に整理した。

さらに、「国民政府」は1999年5月24日、第2次政府組織法の改正法（法律第5982号）と各政府機関の職制改正および改正令を公布し、教育部の職制を2室3局30課6審議官の体制に縮小・改編した。これを期に「平生学習振興課（生涯学習振興課）」が廃止され、「生涯教育局」には「平生学習政策課（生涯学習政策課）」、「産業教育政策課」、「専門大学支援課」など3課が設置された。この組織改編を図で表すと、次のようになる。

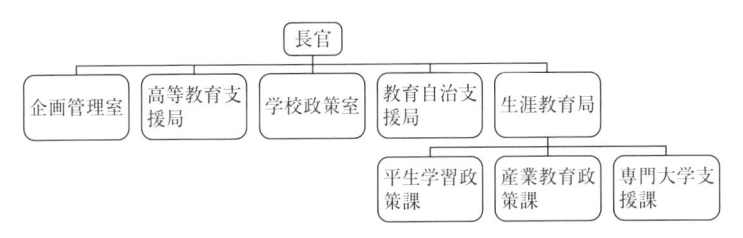

図5-2 教育部生涯教育行政機構組織図[394]（1999年5月24日付）
（教育部『生涯教育白書』2000）

1990年代、教育部の生涯教育を担当する行政機構は頻繁に組織変更された。しかし、生涯教育専門の担当局としての地位を確保するまでにはいたらず、文化、芸術、体育、国際教育、職業教育、専門大学の学務管理など、教育部の周辺業務を網羅的に扱う機構として位置づけられていた。

1996年には「生涯教育局」と発足して専門部署としての地位を確保し、すべての国民に対する平生学習を企画・振興し、生涯教育制度を管理する中核的な部署とみなされるようになった。この改編は、公教育機能の民間への移行という方針に根ざし、学習者主導で市場の競争原理に基づく教育の活性化を意図したものであっ

た。次項では、生涯教育行政の財政状況について述べる。

2. 生涯教育行政の財政状況

1990年代の生涯教育財政を把握するため、生涯教育法が施行される以前の議論の過程（1992~1998年）に注目した。政府予算のなかでの教育部と生涯教育の予算配分は次の通りである。

表5-1　1990年代教育部の生涯教育予算の状況[395]

（単位：千ウォン）

年　度	教育部（A）	生涯教育（B）	奨学基金など特別会計を除いた生涯教育予算（C）	B/A（%）	C/B（%）
1992	8,206,330,000	20,752,000	752,000	0.25	0.009
1993	9,831,373,000	10,722,000	722,000	0.11	0.007
1994	10,879,430,000	10,459,000	459,000	0.10	0.004
1995	12,495,810,000	20,389,000	389,000	0.16	0.003
1996	15,665,217,000	20,544,000	544,000	0.13	0.003
1997	18,387,609,000	27,143,000	7,143,000	0.15	0.039
1998	18,127,836,000	24,259,000	9,059,000	0.13	0.059
1999	17,456,265,000	35,034,000	17,734,000	0.20	0.101

（教育部『生涯教育白書』1999）

1992年から1999年までの教育部予算に占める生涯教育予算の割合は、部の予算の増加につれて段階的に増え、奨学基金など特別会計を除いて0.1%に達した。しかし全体からみると、依然として低い水準なのは明白である。法整備と専門の行政機構の改編といったプラスの要素が増えるなかでも、規制緩和と公教育の役割の縮小によって学習者主導・民間主導の方向へと進むことにより、生涯教育予算の伸びが停滞したとみられる。

3. 中央・地方生涯教育行政の推進

この時期の生涯教育行政の特徴的な傾向の一つは、地方分権化推進の一環として、地方自治団体に生涯教育行政を移行したことであった。以下、中央生涯教育と地方生涯教育行政の機能と関連性について述べる。

（1） 中央の生涯教育行政の組織と機能

　韓国の生涯教育における中央教育行政についてまず前提となる知識は、その組織が「大統領―国務会議と国務総理―教育科学技術部長官など」という命令系統に沿って構成されていることである。生涯教育行政の役割を理解するために、教育科学技術部内で生涯教育関連業務を担当する生涯職業教育局（平生職業教育局）の業務内容を把握する。その主な業務を以下に示す。

表5-2　生涯職業教育局（平生職業教育局）内の部署別業務内容[396]

平生学習政策課	・生涯教育に関する政策の策定と調整 ・生涯教育機関・団体・施設の育成および運営支援 ・生涯教育振興のための政策の開発・改善および支援 ・教育科学技術部所管の非営利法人の設置・廃止および運営支援 ・放送通信教育に関する基本政策の策定と運営支援、など…
職業教育政策課	・産業教育および資格制度に関する基本計画の策定 ・高等学校以降の職業専門教育に関する事項 ・産学協同教育に関する基本計画の策定、など…
専門大学支援課	・専門大学教育に関する基本政策の策定、など…

（教育科学技術部ホームページから筆者作成）

　中央政府の生涯教育担当部署である生涯職業教育局では、基本政策の策定のほかに、職業教育と学校教育（高等教育）との有機的連携をしながら業務を行うことを原則としている。組織内の縦軸と横軸の均衡を保ちながら、機能的な政策策定を目指していると思われる。

（2） 地方分権時代の生涯教育行政

　一方、地方の生涯教育行政は教育庁の主管である。韓国の教育自治制度の基本原則で重要なのは、地方分権の原則である。それは、教育行政民主化の要請に基づいて中央政府による画一的な統制と処理を止揚し、地方の実情に合致した教育行政の確立と事務処理を行うことである。さらに、地方の特殊性を活かして多様性を土台とする統一性を志向するだけでなく、地方住民の教育活動を通じて自治精神を培うことを目指す[397]。このような地方分権の原則の下で運営されている地方の生涯教育行政の状況を見てみよう。たとえば、ソウル特別市教育庁は、次のような組織になっている。

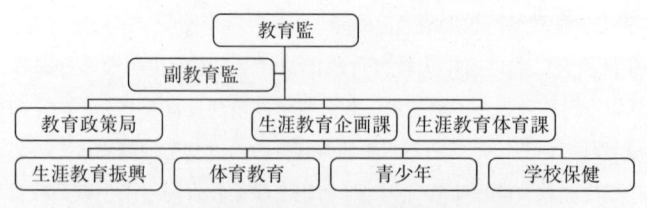

```
                    教育監
                      │
                   副教育監
        ┌─────────────┼─────────────┐
   教育政策局      生涯教育企画課   生涯教育体育課
   ┌────┬────────┬────────┐
生涯教育振興  体育教育   青少年    学校保健
```

図5-3　ソウル特別市教育庁の生涯教育関連組織図[398)]
(http://www.sen.go.kr/homepage/index a.html)

　今日の韓国では、「生涯教育都市（学習都市）」と呼ばれる学習地域づくりに向けて新しい動きが拡大している。つまり、地方の生涯教育行政の役割の重要性が高まっているものと考えられる。たとえば、生涯教育企画課と生涯教育振興という部署は、特に初・中等学校における地域社会学校活動を通じてその役割を果たそうと努力している。以下では、地方の生涯教育行政業務の一環として行われた一つの例として「地域社会学校」の教育的機能と性格について述べる。

　地域社会学校は、地域問題の解決という目的を持ち、学校教育との機能的連携などを通じて、地域社会のあらゆる側面で生涯教育を活用することによって、生涯教育を生活に根づかせようとする試みであり、同学校を支援・運営する重要な役割が、地方の生涯教育行政に求められている。

表5-3　地域社会学校の教育的機能と性格[399)]

地域社会学校の生涯教育的機能	教育的活動の性格
正規教育プログラムの拡大	放課後、週末、休み期間などの正規時間外に、資料学習、深化学習、レクリエーション、社会的・身体的活動など学生のための活動を展開。
学校の生涯教育活動の強化	成人学習者が学校に籍を置く新しい学生として再編され、彼らの必要に応じて、基礎教育課程、中等課程など成人のための教育課程が提供されることにより、正規教育と同一の資格を認定するための責任が学校に与えられた。
地域社会問題の解決	住民の生活および地域社会が当面している問題に対する問題意識の確認と、その解決のために必要な学習、当面している問題の解決のために必要な対策と施行手続きの確立に必要な資源結合を通じて、一連の地域生涯教育を推進する。

(남정걸、권이종、최운실（ナムジョンゴル・コンイゾン・チェウンシル）『평생교육행정 및 정책（生涯教育行政および政策）』教育科学社、2001、p.149)

（3）中央と地方の生涯教育行政の関連

　中央と地方の生涯教育行政の組織上の違いは、中央の生涯教育行政が教育部所管であるのに対して、地方の生涯教育行政は教育自治制の論理と方針の下で地域教育庁の管轄下に置かれていることである。

　地方の生涯教育行政は、教育監という管理機構と、平生教育体育課（生涯教育体育課）という実質的な業務執行部署によって構成され、指示命令系統がほぼ縦割りになっている。一方、中央の生涯教育行政は、教育部内の局同士の連携だけでなく、政府関連部署間の生涯教育をめぐる横の連携の役割をも担い、その役割は部署ごとに決まっている。

　たとえば、保健福祉部においては、「社会福祉事業法」、「児童福祉法」、「老人福祉法」、「障害児福祉法」、「淪落行為防止法」、「母子福祉法」を扱う。「淪落行為防止法」関連の業務の場合は、保護福祉施設や女性福祉相談所などの設置・運営に関する規定に基づき、教育部との連携を図りながら、女性向け生涯教育を制度化している[400]。

　中央行政の役割が、他部署との連携・調整と、生涯教育政策の企画・執行のための具体的な指示であるのに対し、地方自治体の役割は、当該地域の学校機関、生涯教育専門機関との密な連携に基づき、地域特性を活かした生涯教育を推進することであるといえる。

　中央政府による生涯教育行政と、地域の生涯教育行政の役割を区分し、相互を協力させる形で展開した生涯教育行政は、従来の中央集権的な社会教育行政を見直し、地方分権の時代に相応しい行政形態として展開することを図ったのである。一方、規制緩和と、学習者・民間主導の生涯教育行政の推進の結果、生涯教育における行政側の役割が縮小したことは、生涯教育の予算の削減をもたらし、教育機会を保障すべき対象に対する生涯教育政策の推進においては課題があったと指摘できる。

第4節　1990年代以降の生涯教育政策の内容と特徴

　1990年代以降、生涯教育法および関連法に基づき推進された生涯教育活動は、①私設学院を中心とする取り組み、②遠隔媒体を活用した取り組み、③高等教育機関における取り組みと④民間の教育市場活用型の生涯教育政策の一環としての自己

啓発教育を支援する取り組みという4つに分類できる。本節では、この4つの内容を個別に考察する。

1. 私設学院を中心とする生涯教育政策内容

教育改革の一環として、1980年7月30日に発令された民間による課外授業（家庭教師を含む）禁止措置を一部緩和するために、「私設学院・運営に関する法律」（法律第4133号）が1989年6月16日に改正された。それを期に、学業不振の学生向けの補習を初めとする、個人別・能力別の対応で大多数の学生の多様な学習要求を充足させる取り組みが始まった。

しかし、課外授業が一部許可されたものの、学校教育の枠組みでは個別指導を実施する時間の確保が難しくなった。また、産業化が進み、共働き夫婦が増加したことも手伝って、放課後の学生指導の需要が急増した。また韓国教育界の伝統的問題である入試競争が激化するなか、課外授業の要望が増え、小規模の私設学院が乱立すると同時に、高額な授業料を徴収する不法課外授業が裕福層を中心に広がるという副作用が生じた[401]。

対策として教育部は、社会教育の質的向上と新しいサービスに対する国民の要望に応じる形で、「私設学院・運営に関する法律」を改正すべく、1993年6月7日に法案立法予告した。その内容は次の通りである。①初等学校（小学校）以下の学生の場合、学院で一部科目を受講することとし、②学院の施設基準を条例として定める場合、過度に規制せず、③私設学院の教育需要の基準の根拠を法律に明記し、地域設定に従って条例を規定することを可能にする。この内容を踏まえ、以後2年間、公聴会と再検討過程を経て、1995年8月4日に「私設学院・運営に関する法律」（法律第4964号）の全面改正が行われた。以下、私設学院の設置と運営状況を数値で把握してみよう。

次の表5-4によると、私設学院の数は1987年の民主化運動以後に急増し、1990年には32,895箇所だったものが、1997年には6万5,473か所と、2倍以上になった。私設学院の増加は、1990年代に限った現象ではなく、「解放」以後一貫して増加傾向にある。

生涯教育政策において私設学院は、伝統的学校教育の外で実施する教育活動としてすべての国民のための継続教育であり、学習者の自発的学習参加に基づき生活の成長、均衡、永続的発展を促すものと位置づけられている。また、幼児から高齢者

表5-4 学院の年度別・系列別の増加趨勢[402]

(単位:箇所)

年度	文理	技術	芸能	経理	家庭	事務	総合	体育	読書	其他	合計
1985	544	1250	4293	–	129	3428	42	1310	2328	242	13566
1990	2359	4629	9615	–	80	12179	–	–	4033	–	32895
1995	8796	6883	19555	19763	–	–	582	–	4883	–	60462
1997	14139	6702	25254	14413	–	–	521	–	4444	–	65473
1998	13240	6351	25206	12481	–	–	475	–	4279	–	63032
1999	13162	6424	24989	10968	–	–	889	–	4093	–	60525

(教育部『生涯教育白書』1999)

までの学習者の欲求の充足を容易にし、学校教育を補完する私設学院の機能を政策のなかで活用しようとした。

ただ、営利的教育の過熱、民間教育市場の拡大、学校教育の役割の低下が問題になっていることも看過できない事実である。私設学院の急増がもたらす行政主導型の生涯教育(社会教育)の推進の停滞と学校教育の役割の減少は、1990年代以降の重要な課題であると理解できる。

2. 遠隔媒体を活用した生涯教育政策内容

情報通信技術の発達に伴って最も拡大した生涯教育政策は、遠隔媒体を活用した生涯教育の推進であった。その特徴的政策としては、1980年代以降ラジオやテレビを活用し、持続的に推進されてきた放送通信大学の例があげられる。本項では、放送通信大学を含め、今日のサイバー大学について述べる。

韓国放送通信大学は、1982年ソウル大学から完全に分離・独立し、独自の遠隔高等教育を実施した。1992年には、5年制の学士課程を4年制に改編し、学部制を導入し、人文科学部、社会科学部、自然科学部、教育科学部の4学部に、18の専攻学科を設置しており、基礎教養教育を担当する教養課程部があった。

同大学は、1994年から「文民政府」の教育改革に伴い世界化・情報化社会の教育理念、すなわち「誰でも、いつでも、どこでも、希望する教育を受けることが可能な開かれた教育社会」という理念を踏まえ、新しい放送大学の理念と将来像を打ち出した。この時期、大学発展委員会では、21世紀の放送通信大学の目的を、先端遠隔教育を通じて社会教育と生涯教育を実現することと定め、特別推進対象とした放送通信大学の活動は、以下の3つの側面から把握することができる。

第1に、1994年12月から教授、職員、学生、卒業者などの意見を幅広く受け入れ、大学発展計画（1996～2000年）の理念、発展目標および基本方向を確定した。第2に、1995年6月には、放送大学の理念と未来像を中心に大学のアイデンティティの確立とイメージ統合事業を推進・完了した。第3に、遠隔教育機関としての特性を強化するために、独自の教育専門ケーブルテレビ放送局（OUN、CH47）を開局し、自らの教育放送を政策・創出し、大学本部と13個の地域学習館を連結する全国規模の遠隔映像講義システム（Video-Conferencing System）を運営するようになった。同時に、インターネットを活用して資料を提供するなど、多様な学習媒体の活用案を提示した[403]。こうして放送通信大学は、遠隔教育専門機関としての特性を開発することに注力し始めた。

　さらに、放送通信大学方式を活用した遠隔教育の例として、1990年代後半に普及・拡大したサイバー大学がある。サイバー大学は学問分野的・地域的に異なる特性を内在する既存の9大学が共同で、人文・教養科目の講座を開設し、相互協力しながら運営した。また、独立したサイバー大学14校が協力し、人文社会科学分野の講座を開設したという取り組みもあった。

　しかし、財政支援の状況はあまりかんばしくなかった。放送通信大学の例を見ると、1999年度の国庫支出による予算編成は217億9,000万ウォン、放送通信大学の運営委員会支出が457億3,000万ウォンで、編成比率が「32.3％：67.7％」[404]。遠隔教育を活用した生涯教育の場合、最も政府の助成金が多かった放送通信大学でも、財政支援は十分とはいえない状況であった。「文民政府」・「国民政府」・「参与政府」の例を踏まえると、生涯教育の振興のためには今後、財政支援を増やすための議論を展開する必要があるだろう。

3. 民間の教育市場活用型の自己啓発教育を支援する生涯教育政策内容

　1990年代には学習者の自己啓発を促す生涯教育関連法が制定され、その法令に基づく施策が推進された。学習者の自己啓発を促進する制度としては、①独学による学位取得制と②単位取得銀行制（Credit Bank System）がある。本項では、これら2つの制度を考察する。

（1） 独学による学位取得制度

　独学による学位取得制度は、高校卒業後、経済的・時間的制約によって、大学教育を受けられなかった人びとが多様な教育機関と媒体によって学習した後、国家機関が実施する試験を受けて学士号を取得することを可能とするものである。生涯教育の理念を具現し、個人の自己実現と国家社会の発展への寄与を根本目的としたこの制度は、大学教育の需要と供給の不均衡の一部の解消を保障するために策定された。

　日本の植民地統治からの「解放」以降、大学教育の機会の急速な拡大にもかかわらず、韓国国民の教育熱と大学教育を通じた社会的地位向上の欲求はますます高まり続けた。この制度が議論され始めた当時は、大学の定員不足のために毎年約80万人の受験生のなかで、4分の3以上が大学に進学できないという熾烈な競争状況であった。かといって定員を大幅に増やすことも大学の収容能力の面で現実的に不可能でもあった。そのため、政府は多様な経歴を持ち大学教育を受けようとする人びとの要望に応えて、学位取得の機会を提供するため、1990年4月7日、「独学による学位取得に関する法律」（法律第4227号）を制定・公布した[405]。また、1990年6月に中央教育評価院の職制を改編し、独学学位を担当する部署として学位検定部を新設し、引き続き同年10月、第1段階の試験である教養課程の認定試験を始めて実施した。

　1990年5月3日と5月18日に公布された「独学による学位取得に関する法律施行令」（大統領令第1300号）とその施行規則（教育部令第586号）の主な内容をみてみよう。「独学による学位取得に関する法律施行令」では、次のように定められている。①高校卒業後、様々な理由によって大学へ進学できなかった人が自主的学習を通じて学位取得を願う場合、学士学位取得の機会を付与することで生涯教育の理念を具現し、個人の自己実現と国家社会の発展に寄与する。②この制度による学士号の取得のための試験は、教育部が直接管理・実施し、教養課程の認定試験、専攻基礎科目の認定試験、専攻深化課程の認定試験、学位取得の総合試験の4段階である。③学位は教育部長官が授与する。

　一方、独学に関する情報を体系的に提供するために「独学による学位取得に関する法律施行規則（教育部令第586号）は、第2条において独学師の情報相談室を設置・運営できるよう規定している。また、独学情報案内室の運用についても定めている。市・郡および自治区の教育長・公共図書館長、それに放送通信大学の地域

学習館が、独学情報案内室を運用できるよう規定している。独学を支援するための情報提供や教育課程などについて法律に明記し、大学教育を受ける機会を逸した人びとに門戸を開いた意義は大きい。

以下の表に独学学位の取得のための試験の志願者・合格者数の推移を示す。1990年に初めて実施された第1段階の教養課程の認定試験には8,644人が、1994年には総30,563人が志願した。志願者数は1994年まで持続的に増加した。

表5-5　1990年代独学学位支援者および合格者の推移[406]

区分		1990	1991	1992	1993	1994	1995	1996	1997	1998	1999
1段階	志願者	8644	10942	8192	11613	19229	10797	5226	3409	2149	1489
	合格者	1675	4914	4587	3748	6755	3679	2149	1756	727	634
2段階	志願者		1890	3485	3903	5376	4055	2755	2315	1663	1677
	合格者		991	1741	1706	1817	1611	1316	1105	852	732
3段階	志願者			2276	2995	3295	2518	2252	1788	1557	1754
	合格者			1578	1557	1401	1354	1278	979	957	954
4段階	志願者			4720	2097	2636	3156	2700	2231	2034	1794
	合格者			147	514	458	594	789	744	2011	618
合計	志願者	8644	12832	18673	20608	30536	20526	12933	10487	7393	6714
	合格者	1675	5905	8053	7525	10431	7238	5532	4584	3547	2938

（教育部『生涯教育白書』1999）

上記の表にあるように、1994年以降、継続的に減少しており、1999年には合計6,714名へと減少した。その理由として考えられるのは、少子化と私立大学の増加によって、同法が制定された当時に比べ大学入学率が上昇し、高等教育機関における生涯教育の機会が拡大したという教育環境の変化があったことである。

ここで、時間制登録生制度についても触れておこう。これは、大学の教育課程を履修し、学位取得を目的とするより、専門的知識の習得を目指す人びとに教育機会を提供する制度であり、1990年代後半から拡大され始めた。高卒の学歴を有する社会人・主婦などで正式に大学へ入学しなくても、指定の単位を履修した場合に大学・専門大学卒の学歴を認定するというもので、生涯教育の振興を目的として導入された。

認定基準は次の通りである。時間制登録生は、各大学で単位を履修した後、韓国教育開発院内の単位銀行に登録し、履修単位の合計が80単位以上であれば専門大

学、140単位以上であれば大学の卒業資格を認定される。

時間制登録生の制度は、1997年13校の大学でテスト運営を経て、1998年には大学定員の10%の範囲まで拡大された。個人的事情によって学業の継続を断念した人びとや、高校卒業後長い年月が過ぎ、既存の高校生と競争して入学するのが難しいと思われる人びと、働きながら学業を続けたい人びと向けに、継続教育の機会を拡大するために用意された制度として有意義であった。この制度に基づき大学教育を受けた人びととの状況は、以下の通りである。

表5-6 時間制登録に対する各大学別志願者の推移[407]

大学別	学期別	学校数	募集人員(A)	志願者(B)	選抜人員(C)	競争率(B/A)	入学別(C/B)
大学	1学期	47	8389	991	697	0.11	0.70
	2学期	45	29365	1007	861	0.03	0.85
産業大	1学期	1	135	124	122	0.92	0.98
	2学期	1	1350	80	80	0.06	1.00
専門大学	1学期	10	1856	777	694	0.42	0.89
	2学期	17	4156	1331	1306	0.32	0.98
合計	1学期	58	10380	1812	1513	0.17	0.83
	2学期	63	34880	2418	2247	0.07	0.93

(教育部『生涯教育白書』1999)

1998年2学期の大学時間制の登録生は、63校の大学(専門大学を含む)に1,665名であり、そのなかで就業者の占める割合は35.7%、主婦が11.6%であった。また、高校卒業後5年を過ぎた学生の比率が66.7%というように、成人の比率が高かった[408]。この数値の背景には、独学学位取得制度との関係があるだろう。1990年代後半からの独学学位取得制度の停滞とともに、学習者の多くが時間制登録生制度へ移行していたと推測できる。次項では、時間制登録生制度を支えた「単位取得銀行制」について述べ、1990年代後半以降の学習者の自発的学習を支援する生涯教育制度の特徴を把握する。

(2) 単位取得銀行制 (Credit Bank System)

単位取得銀行制は、生涯学習社会(平生学習社会)を実現するために導入された制度の一つである。学習者が客観的に評価・認定された課程を履修した場合と、

一定の資格を取得するか試験に合格した場合に単位が認定される。この単位が「銀行」に累積され、必要単位数に加えて一定の基準を満たすと、専門大学または大学の学歴認定と学位取得が可能となる。評価認定を受けて学習課程を履修した者に対する単位の認定を通じて、生涯教育の理念を実現し、個人の自己実現と国家社会の発展に貢献することを目的としている[409]。

　教育部では、1997年1月13日に「単位取得認定などに関する法律（法律第5275号）」を、1997年9月11日に同法施行令（大統領令第15478号）を、1998年2月28日には同法施行規則（教育部令第713号）を制定し、法制度の整備を完了した。

　同法では、単位取得銀行制の業務を効率的に行うため、教育部が基本計画の策定と運営の総括、学習科目の評価認定、学位授与業務を担当し、評価認定資料の調査・確認および学歴認定を行うことを定めていた。一方、単位登録業務などの作業は韓国教育開発院の単位取得銀行本部で担当するよう、役割分担されていた。

　その他、韓国教育開発院では、単位取得認定審議委員会を設置・運営し、市・道教育庁では相談資料室を設置し、単位取得制度関連の相談と情報提供を実施した。以下、①単位取得認定、②学歴認定および学位授与、③学習課程の評価・認定の業務についてまとめる。

1）単位取得認定

　単位取得認定の対象者は、高校卒業または同等の学歴を保持しているとみなすのに必要と定められた科目を履修し単位を取得した者と、国家技術資格取得、時間制登録履修、独学学位制の段階別試験の合格者と、大学、専門大学中退、他学位専攻の希望者であった。1年間で認定可能な最大単位数は、大学課程で36単位、専門大学で40単位以内。1つの教育機関で履修可能な単位の上限も定めており、大学課程で105単位、専門大学課程で60単位を超えて取得することはできないとされた[410]。

2）学歴認定および学位授与

　学歴認定に必要な単位は、標準教育課程の専攻別・教養別の履修基準に基づいて定められた。大卒の場合は140単位以上、専門大卒の場合は80単位以上を取得することが求められ、専攻領域によって論文試験また実技試験を通過することが学士号授与の条件であった。学位は、教育部長官による授与を原則とするが、該当する大学で85単位（学士号）、50単位（専門学士号）以上を取得した者のなかで学則

が定める要件を満たした者には、大学の長が授与することも可能であると規定している[411]。

3) 学習課程の評価・認定

単位取得認定が可能な学習課程を運営できる教育訓練機関としては、「平生教育法（生涯教育法）」に改正される前の社会教育法による社会教育施設および学院、職業訓練基本法による職業訓練施設、その他に社会教育関連機関がある。教育機関の評価基準としては、大学・専門大学の専任講師以上の資格を有する教授・講師、大学・専門大学水準に相応する水準の教育内容および施設・設備を備えていることがあげられる[412]。正規の大学・専門大学以外で単位取得が可能な社会教育関連施設の種類と科目などを整理すると次の表のようになる。

表 5-7　単位取得銀行制の評価認定機関および学習科目の推計

区　分	機関数 1998	機関数 1999	定員 1998	定員 1999	科目数 1998	科目数 1999
大学生涯教育院	71	91	37742	75338	597	1200
大学電子計算院	3	3	24800	60380	30	69
私設学院	74	125	32408	71208	372	1023
技術系人材養成機関	22	31	31986	85722	220	526
高等技術学校など	11	14	17297	35130	100	233
合計	181	264	144233	327778	1319	3051

（教育部『生涯教育白書』1999）

教育部では、単位取得認定制度の第1段階として1998年から1999年までテスト運営を行い、第2段階として本格的施行を2000年以降と目標を定め、推進した。上記の表は、単位取得銀行制度を活用する機関が、「平生教育法（生涯教育法）」と施行令の整備に伴い増加した状況を示している。

一方、学習者の自己啓発を支援する生涯教育関連制度（独学学位取得に関する制度と単位取得銀行制）に牽引され、私立大学を中心とする大学で様々な課程の教育内容が編成され、教育機会を拡大する動きが現れ始めた。代表的形態は、高等教育機関（大学）である。

4. 高等教育機関における生涯教育政策内容

本項では高等教育機関、つまり大学付設機関による生涯教育活動について述べる。1986年、梨花女子大学の生涯教育院が社会教育法に基づき文教部に登録されて以来、大学付設の生涯教育院（平生教育院）は増加し続けた。資料によると、"1997年には合計149校の大学で917の教育課程を開設し、1998年には全国211校の大学で総4401の課程を開設し、1999年には251校の大学の生涯教育院で5,467の教育課程に増加した"[413]。多様で専門化された教育課程と学習者の参加は増える一方であった。

実際、大学付設の生涯教育院（平生教育院）の設置・運営には4年制の私立大学が多く参加し、その大半（86.3%）は1990年代以降の設立である。特に、前述の単位取得銀行制の導入により、施設の数は急増した。各大学付設の施設名称として使われたのは、生涯教育院だけではなく、地域社会教育院、女性教育院、外国語教育院、産業教育院、老人福祉教育院など、教育内容や機能によって様々な名称が使用されている[414]。

受講生は、専業主婦、会社員と高齢者などが主であった。一般文化・教養課程の受講者は30代、40代が中心であり、高齢者教育課程では50代から60代が大半を占めていた。教育内容は大きく分けると次のようになる。①文化・教養課程、②職業関連課程、③大学専攻関連専門課程、④特殊目的戦略課程、⑤対象別特別課程、⑥独学学位取得準備課程。

第1に、文化・教養課程。大学によって内容の差異はあるが、主に教養、伝統、文化、健康、常識、生活外国語、家庭生活関連、芸能教育など。第2に、職業関連課程は、職業に必要な資格を取得するための準備課程、また現職の人が遂行能力と資質の向上を目的として提供される課程。第3に、大学専攻関連課程は、正規大学の教育課程に準ずる専門教育。とはいえ、厳密には正規の大学専門課程とは異なり、成人の家庭生活、経済生活、職業生活、社会生活を営むうえで必要とされる学習や、法律や会計などの専門領域を扱うプログラムが多かった。第4に、特殊目的戦略課程は、産業分野で必要な人材開発目的で編成された課程。一例として、自己啓発訓練と人材資源開発があげられる。第5に、対象別特別課程。特定の対象者を中心として行われ、キリスト教の牧師・指導者教育、英語季節学校、主婦向け英語講座、農業後継者向け農業開発課程などがあった。第6に、独学学位取得準備課

程。これは学位取得のための専門課程で、3つの学習段階で編成された。①専攻入門課程（1段階：教養課程）、②専攻深化課程（2段階：専攻基礎課程）、③学位取得課程（3段階：専攻深化課程）で、独学学位取得に必要な試験の準備支援が行われた。独学学位取得準備課程の開設には、学習者の自己啓発を図り、学歴差別を克服する意図があったと思われる。

1990年代以降の大学付設の生涯教育院（平生教育院）の特徴は、①文化・教養課程の拡大、②生涯教育法の制定・公布に伴い実施された独学学位取得のための準備課程に集約される。特に、独学学位取得のための準備課程は、1990年代以降の生涯教育政策の特徴を表すものである。

また、受講者の学歴は高卒と大卒が大半であるが、独学学位取得準備課程と大学一般教養・専攻課程を受講する学習者には高卒者が多かったのにも注目したい。多くの学習者が、大学付設の生涯教育院の高等教育機関としての性格に期待し、それまで受けられなかった高レベルの文化教養と専門課程の教育を望んでいたと思われる。

しかし、生涯教育院（平生教育院）の8割以上が私立大学に設置された点を考慮すると、その営利的性格も看過してはならない。「文民政府」以降、規制緩和によって教育市場の競争が激化するなかで、大学は付設の生涯教育院（平生教育院）を通じてより多くの受講者を誘致し、大学経営の向上を図ろうとしたとみられる。つまり、単に学習者に対する高等教育機関の教育機会の提供というだけでなく、大学経営の改善という目的が原動力になったと思われる。こういった大学側の意図と学習者の高等教育機関における学習要求が合致し、「平生教育法（生涯教育法）」の整備を受けて、生涯教育院（平生教育院）を通じた活動が広がったといえる。

第5節　1990年代以降の生涯教育政策の特徴と課題

本節では、1990年代以降の生涯教育政策の特徴と課題を、①生涯教育行政の整備、②1980年代の文化教養学習の継承と自発的かつ能動的学習者の登場、③民主化の推進と生涯教育政策の両義的問題（行政の責任回避と学習者の二極化）という3つの論点に注目して考察する。

1. 1990年代以降の生涯教育行政の整備

(1) 中央と地方の生涯教育行政の統合と再構築

1990年代以降の生涯教育行政においては、行政主導の中央主権的な方法と地方分権的な方法の両面からの推進へと移行する過程で、両者の良いところを取り入れて折衷した形の行政を試みようという理論が提起された時期であった。同時に中間的な理論として「適度主権」[415]という理論が提起された。「適度主権」とは、"中央主権制と地方分権制の間で適度の均衡を得ることを意味する。中央主権的な方法は、①効率的な企画、②強力な執行、③画一的な統制などを可能として、生涯教育行政の能率化・効率化を容易にする。一方、地方分権的な方法は、①地方あるいは下部機関の特殊性を生かして、②自主性と創意性を養うことが可能であり、行政の民主化を実現できるという長所を持つが、その反面、企画の合理化が難しく、効率的な執行を阻害する場合もある。このような理由で、両極を避けて適度の均衡を維持することが重要である"[416]という理論であった。

この理論は関係者に支持されたが、そこでいざ、中央主権と地方分権を折衷するという理念を実行に移すとなると、方法の創意工夫が必要になった。それを実現する助けとなりつつあるのが情報通信技術であり、この取り組みは現在も続いている。一例として、生涯教育の効率的な推進を助ける学習ネットワークの構築があげられる。これは、"生涯教育行政のインテリジェント化と画期的な資源集約を活用した成長のために、生涯教育の求心的機関の重点的育成と関連機関との間で、適正機能の分化はもちろん、緊密な教育情報交流と保育教育の資源交流と活用体制を構築することが重要である"[417]という認識から計画されたものである。学習ネットワークの事業内容は、以下の3点に要約できる。

第1に、人的資源交流のネットワークの形成である。この狙いは、国内外の生涯教育機関など社会教育機関と大学。企業を結ぶ、幅広い人的資源の交流活用システムを構築することである。そのため、当該機関の講師資源を機関別に「人名データベース化」し、総合的な人材活用を目指している。第2に、物的資源交流のネットワークの形成である。これは、各生涯教育機関が保有する内外の教育施設・機材、視聴覚用品、スポーツ施設などを網羅し、教育資源のリストとデータベースを構築するものである。特に施設が貧弱であったり、取り組みが遅れている生涯教育機関にとっては有効とみられている。第3に、教育情報の交流ネットワークの形成で

ある。これは、生涯教育機関の教育課程、受講生管理、評価といった情報を始めとして、最新の教育情報、国際交流情報などを活用できるシステムを意味する[418]。

情報通信技術を活用したこういった学習ネットワークの構築は、1990年代以降の韓国の生涯教育行政の機能的側面における重要な課題であると同時に、今後もさらなる改善を目指している目標でもある。

成果面では、中央と地方の機能を情報通信システムでほぼ統合できたことの意義は大きい。中央行政と地方行政の連絡・協議を電子メールやネットミーティングなど、サイバー空間を通じて行うことで、中央と地方の生涯教育政策格差を大幅な縮小に成功した。それと同時に、両方の政策論議がより緊密になされ、学習者の要望への即応が容易になった。その結果、学習者は中央・地方を意識せずに自らの学習要求を提示・議論できるようになった。つまり学習者参加型の生涯教育行政の構築が可能になったといえる。

中央―地方―学習者をつなぐネットワークが形成され、情報通信技術を通じて行政機関(生涯教育行政機能も含めて)と地方・学習者を機能的かつ効率的に発展させたと理解できる。一方、課題としては、情報通信技術という環境面の整備の他、情報通信技術を活用した行政の具体的事案を作成することが生涯教育行政の課題として指摘できる。

(2) 生涯教育士制度の確立と課題

1990年代以降の生涯教育行政が目指したもう一つの事業は、専門家としての「生涯教育士(平生教育士)」の養成である。生涯教育法第19条の定めによると、担当者の資質の向上と専門性の再考を通じて教育機会を拡大するために、「社会教育専門要員」を「生涯教育士(平生教育士)」という名称に変更し、企画・振興・分析および評価業務を担当させ、教授の役割をも担わせることになっていた。この生涯教育士制度は、人的資源の効率的な活用を目的としながら、専門性の強化と公共性の確保のため、養成・配置・研修体制の連携を充実させ、専門教育課程を提供して職務の専門性・責務性を向上させていくことを意図していた。

具体的に「生涯教育士(平生教育士)」の養成課程とプログラムをみると、「生涯教育士(平生教育士)」は大学・大学院において生涯教育関連の必須科目を7つ履修し、その他選択科目を3つ履修することが条件となっている。その後、3週以上、生涯教育関連施設・機関で実習を経て、実習科目を履修することが条件となる。以

上のプログラムを履修すると、大学から「生涯教育士（平生教育士）」の資格が与えられる。そして、「生涯教育士（平生教育士）」の資格取得状況をみると、3万6,466人が資格を取得したと集計されている[419]。ただし、全国の大学の生涯教育関連施設、機関と市・区の地域生涯教育関連施設に「生涯教育士（平生教育士）」資格を取得している人びとがどれぐらい配置されているのかという集計はまだ見られない。その理由は、「平生教育法（生涯教育法）」に生涯教育士（平生教育士）の配置を義務づける条項があるにもかかわらず、生涯教育士の具体的な役割や、行政がどんな措置をとるべきかが明記されていないため、実際の制度として実施されることはなく、しかるべき法的措置の補完が課題となっているからである。

当然ながら教育科学技術部は生涯教育の専門家養成の必要性を認識し、専門性形成のための現場教育の実施を議論した。しかしそこで、「生涯教育士（平生教育士）」を養成する教育機関の増加と資格取得に必要な生涯教育を専門とする講師の養成と確保が新たな課題として提示されるようになった。なぜならば、「生涯教育士（平生教育士）」を養成する高等教育機関内の課程を新設するなどの具体的議論が現在までなされていないからである。「生涯教育士（平生教育士）」の資格は、今日の韓国の生涯教育政策のなかでまだ草創期であると思われる。したがって、現時点で「生涯教育士（平生教育士）」の実状を掴むことは困難な状況である。今後は、むしろ生涯教育政策のなかで「生涯教育士（平生教育士）」の推進方向を議論していくことが課題であると考えられる。

2. 文化教養学習活動の継承と学習者の動向

本章第1節の内容で確認したように1990年代の文民政権登場以来の生涯教育政策は、新自由主義理念に基づく教育政策の展開を伴い、民間の教育市場を積極的に活用する学習を中心として展開されてきた特徴がある。ただし、民間の教育市場を活用する生涯教育政策が推進された背景には、1980年代以降の社会教育政策の歴史的性格と密接に関連する論点がある。その論点とは、1980年代以前まで韓国の社会教育政策を支配してきた統制的かつ中央集権的な性格を内包している行政主導型の社会教育政策が、高等教育機関の生涯教育院を活用した学習形態として拡大され、1980年代以降は文化教養を重視する社会教育政策が推進されたため、学習者が自発的に生涯教育活動に関わることになったことを意味する。

1980年代の文化教養学習を中心とする社会教育政策が展開される過程で、学習

者をめぐる社会経済的環境は変化し始めた。その変化の要因を確認すると、第1に、1987年の民主化措置以来、韓国社会における民主化の機運が高まった。民主化を要求する市民運動の結果として得られた民主化措置は、韓国の人びとが統制的かつ順応的学習体系から民間の教育機関を活用する自由な意識が芽生えるようになったといえる。

　第2に、学習者の経済環境の変化である。1970年代までの韓国の社会教育政策は、産業化を通じた経済発展を促すための国民の啓蒙教育的性格が強かった[420]。しかし、1980年代以降、軍事政権下ではあるが、市民一人ひとりを取り込む経済的環境は変化していった。具体的な数値からみると、"1人あたり国民名目所得（GNI）が、1970年254ドル、1980年1,645ドル、1990年代には6,147ドル"[421]に増加した。すなわち、韓国国民一人ひとりの所得の増大は、民間の教育市場を活用する文化教養学習への参加を可能とする経済的環境を醸成していたと理解できる。

　1980年代に入り、韓国社会は、政治的に民主化運動が展開され、市民のなかで統制的行政主導に対する順応的社会参加から社会変化に対する自発的参加の動きが現れると同時に、市民個々人の所得が増大し、民間の文化教養的学習に参加可能な経済的要件が備わりはじめたのである。このような政治経済的環境の変化は、1980年代の文化教養政策に対する学習者の自発的参加を促す要因であったと理解できる。そして、政治経済的環境の変化に伴い学習者は文化教養活動を展開し、1990年代に入ってから自発的学習の経験を蓄積し、さらに新自由主義の理念に基づく教育政策の背景により積極的に学習者個々人の自己負担と関心事に焦点をあてた学習活動を展開するようになったが、このような1980年代から1990年代までの学習者の環境の変化は生涯教育政策においてどのような意味を持つのかという点は改めて確認しておく必要がある。

　実際に、1980年代の軍事政権の社会教育法の制定と文化教養的学習の拡大の社会教育政策の初期の意図は前章で確認したように、国民の民主化を要求する政治意識を文化教養の余暇的意識へ転換させることで政権運営を容易にしようとする軍事政権の政治的意図が内包されていた。

　しかし、現状は、高度経済成長期の韓国経済を背景に、1980年代の文化教養学習に対して学習者が積極的参加すると同時に、民主化を要望する政治的活動にも参加する結果として表れた。その後、1990年代以降の文民政権は、このような政治経済環境の変化を踏まえて、市民の自己負担と参加の自由を保障する教育政策に転

ずるようになったのである。

　より詳しくいえば、1990年代に入り、グローバル化が進む中で、韓国は経済成長と国際化によって諸外国の情報を自由に手に入れることとなり、1980年代までの学習が、多様な内容を学べる量的価値に満足していた時期とは異なり教育の質的価値を重視する学習者が出現した。そして、質的価値を重視する学習者の出現から、1990年代以降の生涯教育は生活の豊かさを背景に推進されているという事実を実感するようになったのである。言い換えれば、1990年代の学習者は、1980年代の社会教育政策の形態である多様な学習内容（文化教養）習得という学習の自由な選択の機会が増えたという状況に満足するのではなく、1990年代の文民政権の登場と時期を同じく、多様な学習内容のなかでより高い質の学習へ関心を寄せるようになったのである。

　すなわち、1990年代に入り、グローバル化が進み、生活が豊かになり、学習者が学習の質を重視する中で、さらに豊かな生活を実現するために、より積極的に自ら学習活動へ参加するようになった。その結果、1980年代までの社会教育政策と異なる特徴ともいえる1990年代の生涯教育政策が推進される時代の学習者は、統制的行政指導の下で動員されるのではなく、自発的意思に基づき学習活動を展開し、1990年代の文民政権下の民間の教育市場活用型の生涯教育政策へ転換する土台を形成するようになった。

　1990年代の学習者は、豊かになった生活状況を担保として、生涯学習活動の教育費を自己負担によって賄いながら、より質のよい教育を受けるために、積極的に学習活動に携わるようになった。そして、そのような質のよい学習を継続的に行うことで、さらに学習に対する認識と欲求が高まり、さらに質のよい学習を求めるようになったのである。このような学習者の出現は、1980年代までの軍事政権下の社会教育においては見られなかった類型の学習者であったといえる。結局、1990年代以降、生活が豊かになることによって現れた学習者の出現は、政策順応型の学習者が政策を活用する学習意識の形成へと転換し始めた転換期であったと理解できる。

　ただし、ここで注意すべき課題が一つある。その課題とは、1990年代に入り、生活が豊かになり、質の高い学習を求める学習者、自己負担に基づく学習活動を行い、さらに高度の学習を指向する学習者が出現する背後に、社会的には経済格差が現れ始め、学習活動の費用を賄うことが困難な人びとも存在していたという事実で

ある。この点を次項で検討する。

3. 民主化以降の生涯教育政策の両義的性格と課題

(1) 教育機会の拡大と能力中心主義の生涯教育政策の課題

　生涯教育政策の一環としての遠隔教育と高等教育機関の活用は、教育機会の拡大という点で一定の成果をあげた。遠隔教育を通じて都市部と農漁村地域の教育格差を解消すると同時に、働く人びとの教育機会の拡大を目指した施策であった。一方、大学付設の生涯教育院（平生教育院）は、高等教育機関の教育内容を学習者に提供すると同時に、社会人や主婦を対象とした教育機会の拡大を意図したものであった。

　しかし、こういった教育機会の拡大は、規制緩和を推進する教育改革の潮流に乗ったものであったことを認識しておく必要がある。規制緩和に基づく教育市場の拡大と競争の激化が誘因となって、生涯教育の世界でも民間の教育市場が拡大され、民間経営の教育機関が台頭した。遠隔教育の取り組みの影響もあって、民間主導の生涯教育が拡大し、相対的に行政主導型の社会教育の役割が停滞したことは否めない。

　一方、高等教育機関の教育を通じて能力の強化と学習者の自己啓発を重視する施策は、教養的学習というより職業能力と学歴形成という資格取得に重点をおいていた。しかし、「平生教育法（生涯教育法）」および関連法律（独学による学位取得と単位取得銀行制）は、大学・専門大学の学歴を取得する役割にとどまり、産業現場と密接な関係を持つ生涯教育制度の構築にまではいたらなかった。そして、職業訓練基準を含め、産業と教育機関の連携に基づく資格制度を確立するための方策が今後の課題であると指摘できる。

　以上を踏まえると、行政主導型の社会教育政策と民間の教育市場活用型の生涯教育政策という双方の政策を均衡に捉えるために、両政策に内在されている問題点を再考する議論が、1990年代以降の生涯教育政策の課題として浮上していると理解できる。

(2) 生涯教育行政の責任回避と学習者の二極化

　1990年代に入り「文民政府」誕生以降、市民参加が拡大されるなかで、生涯教育行政は民間主導の生涯学習政策を奨励した。その理由は、一つは生涯教育予算の

削減であり、もう一つは情報化の時代に適した学習者の積極的参加と学習活動を奨励する意図があったからである。そして、生涯教育行政の意図は、韓国社会の民主化に基づく市民参加を標榜したという側面から成果があったといえる。ただし、「文民政府」の新自由主義に基づく経済政策が展開され、アジア通貨危機による国家的経済危機に直面し、「国民政府」と「参与政府」の政策では社会階層の二極化が進むなかで、同行政側は学習者の学習活動を民間および学習者自身の責任に委任したことは、「いつでも、どこでも、誰でも学ぶこと」を同政策の標語として示していた生涯教育行政が、十分な生涯教育機会に恵まれていない疎外階層に対する責任を回避したとも分析できる。この点は、民主化が推進された韓国において民間および市民の参加に基づく政策の中で内在されている問題点の表出であると理解できる。

　他方、生涯教育政策が、民間および学習者の自発的かつ能動的学習活動を奨励し、行政側の責任を回避するなかで、学習者の方も異なる形態で生涯教育政策を受容し始めた。具体的にいえば、一つは、生涯教育政策の推進内容に積極的に参加する学習者の形態である。たとえば、文化教養的内容の学習活動に没頭し、民間の生涯教育機関によって推進される生涯教育を受ける人びと、または遠隔教育に基づく生涯教育内容に参加する人びとなどがその例である。もう一つは、アジア通貨危機以降、社会階層の「両極化（二極化)」の影響として生計を確保することが厳しい状況におかれ、自らの所得においては民間の生涯教育機関において教育を受けることが困難な人びとである。彼らの場合、行政支援に基づく生涯教育機会の保障が生涯教育政策の課題であると考えられるが、行政側はそのような責任を学習者個々人の自己判断に委ねていた。そのため、民主化以降、市民参加と民間の自由かつ自発的学習を促進する生涯教育政策を受容することが困難な学習者も現れたのである。

（３）生涯教育政策における学習の自由と教育機会の平等のジレンマ

　1990年代以降、以上の２つの生涯教育政策の特徴が現れた背景を突き詰めて把握すると、生涯教育をめぐる学習者間の格差が現れた背景には、「文民政府」登場以降、新自由主義理念に基づいた学習者の自由な選択を、国民全体の平等な教育内容・教育機会の提供よりも優先的な政策の基軸として定めたことに遡る。厳密にいえば、学習者の自由な選択を重視する生涯教育政策の展開は、1980年代の軍事政権下で実施された社会教育政策の形態を継承したと把握することが正しいと思わ

れる。しかし、1980年代の社会教育政策は、学習者の自由な選択を尊重する生涯教育政策へ移行するきっかけは提供しているが、民主化運動の展開を抑制しようとする政治的意図から生涯教育政策を活用し、国民の関心を政治的側面から文化教養的側面へ移行させようとした政策の意図が内包していた。そのため、政治的意図なく、生涯教育政策の独自の理念の実現という側面から同政策が推進されるようになった時期を把握すると、その時期は、学習者の自由な選択が平等な教育内容・教育機会の提供より、政策的に優位を占めるようになった「文民政府」登場以降であるといえる。

　実際に、「文民政府」の生涯教育政策は、平等な教育内容・教育機会の提供という旧来の韓国の生涯教育政策の伝統が軍事政権下の行政主導の政策によって学習者の自由な選択を十分保障せず、画一的な学習を推進してきたという歴史的反省が理念的根拠となっていたからである。ただし、学習者の自由な選択を重視する「文民政府」の生涯教育政策はアジア通貨危機を経て、新しい課題を生み出し始めた。もちろん、アジア通貨危機以降、直接、生涯教育政策の課題に直面したのは「国民政府」である。「国民政府」が直面した生涯教育政策の課題とは、平等な教育内容・教育機会の提供よりも、学習者の自己負担と自由な選択を重視する政策を推進する過程で浮上した疎外階層の教育機会の不平等の問題である。

　この問題が「国民政府」執権直後から現れた背景には、「文民政府」執権時から展開された学習者の自己負担と自由な選択を重視する政策が強調されたあまり、社会的に疎外されている階層に対する平等な教育機会の保障が十分配慮されなかったからである。その際、アジア通貨危機が発生し、疎外階層に対する教育機会の保障はさらに困難な状況となった。その理由は次のように説明できる。

　アジア通貨危機直後、政権を引き受けた「国民政府」においては、国家の経済的危機を克服し、経済再建を行うことが政策の最優先課題となったのである。そのため、同政府は、可能な限り予算を削減し、経済再建を試みることが求められた。そうすると、学習者の自己負担に基づく生涯教育を奨励し、政府の教育予算を削減可能にする教育政策が必要となった。言い換えれば、平等な教育内容・教育機会の提供を重視する軍事政権下の生涯教育政策の理念よりは、1990年代に入り定着していた生涯教育政策、すなわち学習者の自己負担と自由な選択を重視する政策が、アジア通貨危機直後の「国民政府」の基本方針と合致したのである。そのような政治経済的状況が後押しし、1990年代以降、学習者の自由な選択を重視する生涯教育政

策は継続的に展開され、平等な教育内容・教育機会の提供は政策を推進する上で次の順位に押し出されるしかなかったのである。

しかし、結局、アジア通貨危機以降、韓国社会において国民の所得格差が拡大される過程で、当然学習に対する自己負担の原則に基づき、生涯教育においても所得の差異による教育機会の格差が現れるようになった。このような生涯教育政策をめぐる時代的状況の変化をみると、韓国の生涯教育政策の展開は、「解放」以降、行政主導下において平等な教育内容・教育機会の提供を重視する政策から始まり、1990年代以降からは民間の学習市場を活用し、学習者の自己負担と自由な選択を重視する政策へ移行してきたと区分できる。ただし、このような政策の移行過程で、生涯教育政策の構造的問題を内在するようになった。

生涯教育政策の構造的問題とは、1980年代に始まり1990年代以降本格的に推進された同政策では行政主導の画一的生涯教育の促進という課題を克服し、学習者の自由を獲得する成果をあげることはできたが、アジア通貨危機を前後としてすべての人びとに平等な教育内容・教育機会を保障できず、教育機会の格差が拡大する結果が生まれたことを意味する。そして、このような学習者の二極化の問題が台頭し始めたのも、この時代の生涯教育政策の課題であると考えられる。

もちろん、なぜこの問題が1990年代の生涯教育政策の推進過程で顕著に現れたのかを検討するためには、もう一度、韓国の社会教育・生涯教育政策の歴史的展開の考察を踏まえた上で把握することが必要であると思われる。したがって、この点は次章で詳しく検討することとする。

第6章 「解放」以降の韓国の社会教育・生涯教育政策の歴史的性格と構造的特質

第1節　行政主導型の社会教育政策の歴史的展開と特徴

1.「解放」以降の韓国の民主主義体制の構築と識字教育の推進

　「解放」後、朝鮮半島は米国・ソ連の分割占領となり、韓国は米軍占領下におかれ、韓国民衆自らの国家体制の形成と社会的秩序の確立は困難な政治経済状況であった。その理由は、日本の植民地統治からの「解放」が、韓国国民の独自の力によって達成されたものでなく、第2次世界大戦の終戦による国際政治の産物としてもたらされた結果であるからである。それゆえに、「解放」後、約3年にわたり敷かれた米軍政は、韓国社会の再建に大きな影響を与えることになる[422]。この時期の米軍政の役割は、"1948年の韓国の政府樹立まで日本の植民地統治の残在を終息させ、帰属遺産を韓国政府に移譲する"[423]ことであった。そのためには、民主主義理念に基づき総選挙を実施し、朝鮮半島の南側へ自由民主主義政権を樹立することが最大の政治課題であった。事実、「解放」直後、米軍政と韓国の自由民主主義理念を主張した政治団体にとっては、「解放」後の左派・右派の対立が激化していた状況のなかで、左派・右派の社会的葛藤を克服し、自由民主主義の理念のもと、社会の統合を実現することが課題であった。そのため、民主主義理念に基づく総選挙を実施する際に、選挙行動が可能な基礎的識字を民衆に普及させることを、米軍政と政治団体は考えたのである。すなわち、国文普及運動を通じた識字教育を展開し、自由民主主義という政治理念の浸透とともに、民主主義制度を朝鮮半島の南側に確立することが必要となっていたのである。しかし、当時の朝鮮半島の民衆は、民主主義に関する理解も経験もなく、手続きや方法についても十分な知識がなかった。したがって、米軍政から権限を移譲された韓国政府（李承晩政権）は、米国式

の民主主義制度を韓国社会に定着させるため、市民の政治教育と言論媒体を活用した民主市民教育が必要であるという認識を持った。その基礎を築くためには、国文普及運動を中心とする識字教育の推進が必至であったと理解できる。

具体的にいえば、当時の朝鮮半島の民衆の約8割が韓国語の読み書きができない非識字者であったという事実は、米軍政が意図した総選挙の実施を難しくさせる要因であったと同時に、その後の南側の自由民主主義政権の運営を支える民主主義制度の確立を困難とさせる要因でもあったことを意味する。そのため、米軍政は、社会教育領域における主要政策として識字教育を推進せざるをえなかったのである。米軍政が識字教育を社会教育の最優先課題として位置づけた理由を再確認すると、その背景には、日本の植民地統治下で「皇国臣民化（内鮮一体）」と称された同化政策による朝鮮半島の民衆の韓国語に対する高い非識字率という状況があった。他方では、学校教育を通じて、日本語の識字率は増加し、その結果、当時の朝鮮半島の人びとのなかで知識人のみが日本語によって様々な日本と西洋からの知識を獲得し、朝鮮半島の近代化を模索するようになった。同時に、日本語普及政策に伴い、普通学校が朝鮮半島に普及したことは、一般民衆にとって重要な意味を持っていた。なぜなら、韓国社会では「学ばなければ生きられない」という考え方が全国的に普及しており、旧来から教育熱が高かったからである。

日本の植民地統治が始まる前、李朝の時代には身分制度が徹底され、「両班」と呼ばれた上流階級のみが漢学を軸とする「書堂」という教育機関に通いながら、学べる機会に恵まれていた。逆説的にいえば、一般民衆は、長い間、教育機会に恵まれなかったということを示唆している。そしてこの点は、韓国では一般的な歴史事実として認識されている。その意味で、日本語で実施されたということが「解放」後の韓国では批判の対象となるが、日本の植民地統治下において普通学校が普及され、身分制が廃止され、一般民衆が普通教育を受けられる機会が増えたことは事実として理解できる要素である。

しかし、日本の統治下において教育機会の拡大を実現させた社会教育政策をめぐる状況も、日本が第2次世界大戦に参戦することに伴い、一変するようになった。日本の戦況が厳しくなると、朝鮮民衆のなかで韓国の独立を願った人びとは日本語で実施される普通教育を拒否し、学校教育機会を放棄した。他方、普通教育を受け、継続的に学校教育を受けることを希望した人びとも、太平洋戦争が勃発して以降、青少年の多くが徴兵と徴用により、地元を離れることになり、さらに地域に

残った青少年も、戦争が激化する中で経済的事情が悪化したため、いずれにしろ教育を受けることは困難となったのである。

これだけではなく、約36年間の日本による朝鮮半島の統治期間中、朝鮮半島の民衆は自国の言語で教育を受けられないという不満を抱いていた。詳しくいえば、民衆は日本語による普通教育の機会を得ながらも、同時に、朝鮮総督府による日本語普及や学校教育は植民地支配教育であると認識していたのである。その理由は、日本語による近代的知識を習得することによって、皮肉にも本来あるべき自立国家としての朝鮮が支配されている状況に疑問を抱くようになったからである。結果、日本語で教育を受けながらも、日本に統治されることへの不満を持つようになった朝鮮民衆の複雑な感情は、学校教育のなかで日本語による教育が推進されるにしたがって、逆に韓国語を学校教育のなかで活用できないという不満を蓄積するようになっていったのである。

そしてこの複雑な感情は、「解放」後、米軍政が朝鮮半島に信託統治を始めた時期から、ようやく朝鮮半島の民衆が韓国語を自由に使えるようになったことを機に、36年の間に、韓国人の間で韓国語の読み書きが出来ない人が増大したという事実を認識するようになったのである。実際、"当時、朝鮮半島の人口の約3%（70万人）を占めていた日本人が朝鮮半島全体における大学卒業者のうち50%、専門学校卒業者のうち47%、中学卒業者のうち44%と小学校卒業者のうち74%であったことに対し、韓国人は全体のおよそ80%が非識字者であった"[424]という状況からも、当時の韓国人の感情をうかがい知ることができる。このように韓国語の高い非識字率を内包していた当時の朝鮮半島の事情を踏まえると、「解放」直後に朝鮮半島の南側に民主主義政府を建設するための選挙を実施することは、米軍政にとって識字教育の必要を認識せざるをえない状況であったと理解できる。

このような歴史的状況からみられるように、「解放」後、米軍政による民主主義教育を標榜する教育政策が実施されていることを機に、韓国の民衆は継続的に普通教育を受けることが可能であるという状況と、さらに韓国語でその教育を受けることができるという二重の喜びを満喫しながら、教育への欲求が爆発するようになった。そしてこの教育熱の向上が、識字教育の他に「解放」直後の韓国の社会教育を促進させるもう一つの要因となったと考えられる。このような学習者の教育欲求は、当時の米軍政および韓国政府の認識と合致し、国文普及政策として現れたという点も看過してはならない。

以上の理由から、米軍政と初代韓国の李承晩政権は、識字教育を社会教育政策のなかで最優先課題として位置づけ、文教行政主導のもとで推進したのである。当時の識字教育は、"日本の植民地統治の手段として行われた皇国臣民化のための教育から脱皮し、民主的市民としての資質を形成させる基礎教育であると同時に、政治の民主化と社会的統合を図る重要な教育内容であった"[425]と評価されている。

　この時期の社会教育政策の主な特徴は、行政主導のもとで国民啓蒙運動の形態として識字教育が推進され、民衆の識字率の向上を図ったことである。実際に、このような識字教育の展開という特徴を踏まえ、1945年から1950年代までの社会教育政策の特徴としてあげられている点は、①朝鮮半島の南側の民衆に対する識字率の向上によって自由民主主義政権の登場を実現させたことと、②識字教育を通じた国民のための基礎教育の土台を整備したということであると評価されている。

　しかしその一方で、民衆の教育熱に対する政策的答えではなく、朝鮮戦争前後から左派的政治理念を排除し、代わりに米国型の自由民主主義理念と制度を韓国社会に定着する手段として社会教育を利用したという点は問題であったと指摘されている。

　すなわち、「解放」後、韓国が独立国家として再度体制を整備し、新たな独立国家としての教育体制・政策を確立する中で、教育そのものが政治の手段として利用される結果を招いたという点は韓国の教育が民衆の視点ではなく、政治の道具であったという課題を示していると考えられる。

　識字教育を軸として、「解放」後から1950年代までの社会教育政策の特徴を把握すると、この時期の社会教育政策は、米軍政期、韓国政府の樹立と朝鮮戦争といった危機的状況に直面するなか、①国民の社会的統合、②基礎教育の土台の形成という課題を解決するため、行政主導型の社会教育政策として識字教育を推進し、政府の政治的意図を浸透させつつ、基礎教育体制を整備しながら自由民主主義理念の普及という名の国民啓蒙を図ったと解釈できる。この時期から、社会教育政策のなかでは、同政策の行政側の役割が重視されると同時に、国民啓蒙的性格が内包されていたのである。つまり、1960年代以降の社会教育政策では、この時期の社会教育政策の公的役割と国民啓蒙の性格が重要な影響を受けるきっかけとなったことを表している。

2. 産業化・工業化の推進と職業教育の展開

　1950年に勃発し1953年まで続いた朝鮮戦争の結果、韓国経済は甚大な被害をこうむった。"南側の製造業は1949年の半分以上が破壊され、数多くの住宅・学校・公共の建物などが大きな損害を受けた"[426] といわれている。朝鮮戦争の結果、韓国（朝鮮半島の南側）では生産基盤が破壊され、30億ドル相当以上の物的損失と多大な人的損失を抱え、韓国は国家の一大困難に陥った。この状況下、朝鮮戦争以後の社会教育政策は2つの方向へ推進された。第1は、北朝鮮の政治理念である共産主義に対する国家安全保障を掲げ、反共産主義理念を国民の意識に根づかせようとする反共教育、すなわち自由民主主義理念を普及する国民啓蒙教育であった。第2は、経済復興を後押しする産業化を支える人材育成を目的とする教育であった。

　米軍政期から米国の経済援助への依存度が高かった韓国だが、日本の植民地統治のなかで収奪されたための資源不足と、朝鮮戦争による膨大な軍事費の支出の結果、ますます財政難に陥っていた。したがって、米国からの経済援助とともに日本との国交正常化による賠償金および借款をもとに、国家経済の再建を図ることが当時政権の最重要政策課題であった。こうした政治経済状況下で、社会教育政策の焦点は、学校教育を中心とする自由民主主義理念を普及させるための国民啓蒙教育として反共教育を実施すると同時に、国家経済の発展を産業化によって支える人材の確保のための職業訓練教育に絞られた。特に職業訓練教育において朴正煕政権は、職業技術教育機関と産業機関の付属教育機関を設置し、技術系人材の養成に力を注いだのである。天然資源不足と朝鮮戦争後の財政難の状況下で、同政権は識字教育の成果を踏まえた産業化のための人材確保に注力したのもごく当然のことであったといえよう。そして、こうした1960年代の朝鮮戦争以降の社会教育政策の動向を踏まえ、この時期の社会教育政策の特徴を端的に説明すると、職業訓練教育を通じて産業化を図る上で必要な技術系人材を確保することを第1段階の目標として推進したといえる。

　しかし、技術系人材を確保する教育を実施するものの、当時の韓国の民衆の多くは朝鮮戦争以降の疲弊した状況におかれ、自暴自棄の念を抱いていた。つまり、民衆の間には、自分たちが直面している貧困の状況を克服するためにいくら努力しても無駄なのではないかという意識が浸透してしまっていたのである。すなわち、

せっかく技術を習得しても、働く人びとが自暴自棄の気持ちで労働活動に従事するなら一向に成果は上がらないということが次の課題であった。その結果、セマウル運動（セマウル教育）を通じて貧困を宿命として受け止め、自暴自棄の状況に陥っていた韓国の民衆の意識改革こそが第2段階の社会教育政策の目標となったのである。その意識改革のなかでさらにもう一つ、朝鮮半島特有の分断国家という状況を考慮し、北朝鮮の脅威から自国を防御しようとする意識をも埋め込もうとする反共教育が実施されるようになったのである。

朴正煕政権の反共教育と国民の意識改革を図ったセマウル運動（セマウル教育）が実施されたこの時期、韓国の民衆の反共教育に対する認識は次のように二分されていた。

まず、大学生の多くは、軍事政権下の反共教育が韓国社会において民主主義の定着を妨げる要因であると考え、民主化を要求する学生運動を展開し始めたのである。

他方、既成世代の大多数の人びとは、民主化運動を北朝鮮による韓国社会の分裂を助長する動きとして警戒し、民主化を要求する学生は共産主義勢力によって洗脳されているという認識を持っていた。なぜならばこの時期、韓国国民の意識のなかにおいては、朝鮮戦争後の北朝鮮に対する敵愾心が強く、北朝鮮を警戒する反共教育が広く実施されるようになった。その結果、負の側面として、民主化運動が北朝鮮の共産主義者によって洗脳された運動であるとの誤った認識がなされたのである。そのため、朴正煕政権の社会教育政策は、反共教育の強化とセマウル運動（セマウル教育）による国民の意識改革を図ることで、韓国経済の発展を支える国民意識の形成と国民統制の実現を図ったといえる。さらに、経済的側面からみると、当時は産業化・工業化が一定の成果を示し始め、その結果、職業訓練教育を受け、継続的に働きながら学ぼうとする若い人びとの学習意欲が向上したのである。

しかし、それに比べ、国民の自発的学習と高等教育を支援する環境は十分整っていなかった。その理由は、政府は外国からの借款と援助に基づいた産業化のみを優先し、財政支出は企業への支援が優先され、教育政策においては十分な予算が配分されていない状況であったからである。その後、ようやく朴正煕政権の末期に入ってから、輸出の拡大によって得られた財政基盤に基づき、高等技術学校を設置し技術教育の推進が図られた。朴正煕政権は、4期に渡る同政権の統治に対する反発が激化することを憂慮し、反共教育を普及させ、産業化に必要な人材を確保すること

を社会教育の役割として位置づけ、職業訓練教育に、より比重をおいた社会教育政策を推進したと考えられる。しかし、職業訓練教育の他、自由民主主義理念を普及させようとする国民啓蒙教育として反共教育が強化されたことは、当時の民衆の多様な価値観の形成を妨げ、社会統制的・画一的な理念を国民に浸透させたという悪影響もあった。すなわち、反共教育の普及による国民統制が、この時期の社会教育政策の問題点として指摘されるに至ったわけである。

結局、当時の経済復興の性急な実現と北朝鮮との軍事的対立という政治経済的状況を考慮すると、朴正熙政権主導の下で、①反共教育、②産業化の推進に必要な人材確保のための職業技術教育という2つの政策に対する評価においては、①を否定し、②を肯定するという評価は非常に断片的であると思わざるをえない。したがって、当時の韓国の政治経済的状況を考慮した上で、①と②の社会教育政策の歴史的意味を理解することが肝心であろう。すなわち、この時期の社会教育政策の特徴は、①政府主導の国民啓蒙的性格、②職業訓練教育という経済発展のための実利的性格とが混在していたことを表している。

3. 行政主導型の社会教育政策の拡大と課題

1960年代までの社会教育政策は、行政主導型と呼ばれる形態として、朴正熙政権下で反共教育を軸とする国民啓蒙教育と職業技術教育を中心に推進されながら、UNESCOによって提唱された生涯教育の理念を受け入れ、すべての国民に対して学習する機会を保障するという理念を重視する形で展開された。

その後、1970年代に入り、朴正熙政権は産業化政策を強化する中で、職業技術教育を通じて産業化へ必要な人材を確保する社会教育政策の枠組みを拡大させ、同時にUNESCOが提唱する「すべての人びとに対して学習機会を与える」という理念に基づき、地域社会開発という政策を実現する過程で全国民を対象とする社会教育政策を推進し始めた。その政策の例が、地域社会開発を目標として掲げ、韓国全域で展開されたセマウル運動という国民啓蒙教育であった。改めて説明すると、セマウル運動とは、勤勉・自助・協同の精神を備えた人間形成と産業化・工業化による経済成長、地域社会開発と所得増大による貧困の克服を目標とし、国家の発展を目指した政策であった。そしてこのセマウル運動は、地域住民を対象とするセマウル精神の涵養やセマウル指導者の育成などを総括するセマウル教育を通じて推し進められ、1970年代の韓国の社会教育政策の中核的施策となったのである。

セマウル教育の意図は何よりも第1に、国民の意識改革・啓発にあった。地域住民の封建的意識の改革なくして、産業化の推進に伴う国家発展目標の実現と地域社会開発という2つの目標を同時に実現することは難しいという問題意識が朴正煕政権のなかであったからである。当時、セマウル教育は、学校教育と連携する形で国民意識啓発教育として推進されたが、その活動内容はセマウル理念の普及、国家安保意識の高揚、専門的技術知識の習得、伝統的生活文化の改善など多岐にわたる分野を網羅していた。このような事業内容からみられるように、セマウル教育という国家事業を軸として推進された1970年代の生涯教育政策は、「解放」後の社会教育政策の行政主導・行政支援の特徴が最も色濃く反映されていたと評価されるようになった。米軍政期に始まった識字教育と産業化過程で展開された職業技術教育と反共教育を継承し、セマウル教育は地域社会開発へ焦点をあてながら、国民啓蒙教育としてその効力を発揮し、国家目標である経済発展を背後で支える役割を果たしていた。換言すれば、セマウル教育は、国家事業の一環としての社会教育政策として位置づけられ、「解放」後の行政主導の特徴が現れていると理解できる。

しかし、この頃から、朴正煕政権の主導の下、推進された社会教育政策においては次のような問題点も指摘され始めた。その問題点とは、国家が個々の事業内容を策定し、地域社会開発へ貢献可能な人間を形成するという目的に基づいたセマウル教育が推進された結果、学習者の自発性と多様性が排除され、国家の画一的な方針が国民に浸透し、米軍政期以来目標としてきた国民の自由な意思を尊重する米国式民主主義制度の確立までには至らなかったことである。「解放」以降、米軍政の民主主義理念に基づき、学習者が自らの自由な意見と責任を持ち、政治活動が可能な自立した市民の形成を、当時の社会教育政策の重要な目標として掲げ、推進してきた。しかし、民主主義を実現する市民を形成する社会教育は、朝鮮戦争以後の韓国社会の絶対的貧困の拡大という問題と直面することによって、民主主義の実現よりは経済発展を支える職業技術教育が重視されるようになったのである。産業化を担う人材の育成を目指した社会教育政策が推進されたが、当時貧困に陥った韓国国民の多くは貧困を宿命的なものとして受け入れ、経済発展を実現することで自らも豊かになるという意識が希薄であった。そのため、まずは国民に対して豊かになれるという希望を与える啓蒙教育としてセマウル教育を推進し、産業化を担う技術能力形成に重点をおいた教育から、さらに意識改革という要素を加えるようになったのである。

しかし、この国民意識改革の社会教育政策は、民主主義理念より経済発展を優先する大義名分を掲げるあまり、時間が経つことにより国家統制を強化し、学習者が行政によって学習内容の選択を制限され、自由な学習活動を行うことが困難となる状況に直面するに至ったのである。その結果、国民意識改革に重点をおいた社会教育政策は、韓国の社会教育において民主主義の理念を十分反映することができなかったのである。結局、1970年代の行政主導型の社会教育政策は、経済発展を実現する上で必要な国民の職業技術と意識改革を実現するという面では評価されながらも、国民の民主的政治参加と自由な学習を抑制したという問題も内包していたと考えられる。

　一方、1970年代のセマウル教育を軸とする行政主導型の社会教育政策の統制的・強制的運営手法が問題視されて以来、全斗煥政権が登場した後の1980年代の社会教育政策では、学習者の自由な選択の企画を拡大する教育環境醸成へ焦点をあてた政策が展開されるようになった。この時期の社会教育政策は、高度経済成長という経済的状況に伴い、学習者個々人の興味や関心事（個人の趣味・教養の内容）へ焦点をあて展開されるようになった。特に、学習者個々人の関心事（個人の趣味・教養の内容）のなかでも、文化・教養的性格が強く内在されている教育内容（外国語、個人の趣味、教養関連講座）を重視する政策は、この時期の社会教育政策の特徴でもあった。実際に、1980年代に全斗煥政権によって拡大された文化・教養的内容を含む社会教育に焦点をあてたこの政策は2つの段階で実施されたと分析することができる。

　第1段階としては、憲法の条項に社会教育（生涯教育）の振興を奨励する文言を明記すると同時に、長年、議論を続けながらも実現することができなかった社会教育法を制定・公布するに至ったことがあげられる。特に、この時期初めて制定された社会教育法のなかでも、国民生活の質の向上を目的とする文化・教養教育を促進する方針が打ち出されたことによって、国民の文化・教養の向上を図るための教育環境整備を主要内容とする行政主導型の社会教育政策の性格が顕著に現れるようになったのである。

　第2段階としては、1970年代までの社会教育政策が政府機関を中心に推進された反面、1980年代の社会教育政策では民間の教育機関を活用し、文化・教養学習を促進する政策が打ち出されたことである。その結果、同政策では、社会教育法に基づく生涯教育の教育機関の設置・運営に関する方針を提示しながらも、実質的な

社会教育活動は民間の教育機関を活用する形態へ進むようになったのである。言い換えれば、1980年代の社会教育政策は、政府が文化・教養的性格が強い教育内容（外国語、個人の趣味、教養関連講座）を中心とする社会教育政策を主唱し、関連法整備に基づく環境醸成を行い、具体的学習の実施・運営は民間の教育機関へ委任する形をとっていたと理解できる。したがって、この時期の社会教育政策に関する評価は2つの側面で分かれことになる。

つまり、この時期の社会教育政策の問題点としては、同政策の推進内容が文化・教養的性格が強い教育内容（外国語、個人の趣味、教養関連講座）を中心としていたため、本来であるならば学習者の個々人の関心事（個人の趣味・教養の内容）に沿った学習が実施され、政治社会的関心事から余暇・趣味の関心事まで幅広く展開するはずだったにもかかわらず、実際の学習動向をみると、余暇・趣味を含む教養学習に偏った活動が主に行われたことである。1980年代初めの「光州民主化運動」と1986年以降の市民運動と労働運動の拡大という韓国の社会状況を鑑みると、この時期に社会教育領域では文化・教養的性格が強い学習内容（外国語、個人の趣味、教養関連講座）を中心とする政策が奨励されたという事実は、市民運動と労働運動の拡大という政治的状況とは相反する動向を示していたようにみえる。このような動向が現れた背景には、当時の全斗煥政権は、民主化と労働運動のなかで提示された政治的課題に関する議論と対立を妨げるためには、文化・教養的性格が強い教育内容（外国語、個人の趣味、教養関連講座）を推進したいという政治的思惑を持ち、社会教育政策を通じて展開したということである。したがって、当時の学習者個々人の問題意識が文化・教養的性格が強い教育内容（外国語、個人の趣味、教養関連講座）に焦点をあてる一方、政治的内容に関する学習を行わなくなったことは、政権が文化教養学習を重視する社会教育を奨励することで、民衆の軍事政権下での政治に対する反発を抑制しようとする狙いが成功したためであろう。

このような状況を崔章集は、"軍事政権は反共イデオロギーの強化により政治的正当性を確保する戦略をとっていたために、1987年までの韓国社会では依然として進歩的社会集団が政治的表舞台に出ることができない構造的制約を抱えていた"[427]と述べ、全斗煥政権がこの時期民衆の政治的関心を遮断することに必死であったと指摘してる。結局、全斗煥政権の社会教育政策は、民間の教育機関を活用する形態で、文化・教養的性格が強い教育内容（外国語、個人の趣味、教養関連講座）を軸とする学習を推進し、民衆の政治に関する関心を背けようとしたのである。

しかし、全斗煥政権の意図とは異なる形態の動きが、民衆の社会教育活動のなかで現れ始めた。具体的に説明すると、まず全斗煥政権下において韓国民衆は、高度経済成長の結果得られた生活の経済的安定を背景として、政治的主張を実現することが困難な構造的制約を克服する手段として、文化教養学習を推進するようになったのである。わかりやすくいえば、全斗煥政権は民衆の政治的関心を背ける手段として趣味的性格が強い文化教養学習を奨励したが、実際には民衆は自らの自由な選択に基づく学習活動を展開することによって、文化・教養的水準を向上させることができた。特に、外国語、趣味、教養関連講座に対する学習活動へ関心を寄せることで、自ら見識を向上させ、政治的問題に関しても自然に興味関心を示し始めたのである[428]。すなわち、全斗煥政権の政策によって民間の教育市場を活用する社会教育政策が奨励されるが、民衆の側は文化・教養的性格が強い社会教育（外国語、個人の趣味、教養関連講座）へ参加するうちに、教養を向上させる中で自ずと政治的問題へ関心を持つようになったのである。結果的に、全斗煥政権の社会教育政策は、民衆の政治的関心を背ける意図で民間の教育機関を活用し、文化教養中心の学習活動を奨励した。しかし、民衆の教養意識の向上は、学習者が自然に文化教養的内容から政治的内容へと次の学習の関心を転換させるきっかけを提供するようになってしまったのである。そして、この学習内容の変化は、1990年代の新自由主義理念の拡大に伴って、民間の教育市場を軸とする生涯教育が1990年代に主流となっていく契機となったのである。

　このような内容を整理してみると、1980年代までの韓国の社会教育政策は、学習者個々人の関心事（個人の趣味・教養の内容）を尊重し、文化教養的内容（外国語、個人の趣味、教養関連講座）へ比重をおくことで、1970年代の軍事政権の社会教育政策とは違う試みを見せ始めた。しかし、1980年代の社会教育政策も、1970年代までの同政策と推進形態では同じであり、行政が社会教育活動の流れを作るという行政主導の形を継承していた。言い換えれば、1980年代の全斗煥政権の社会教育政策は、学習者に対する文化・教養学習の奨励と推進という行政主導型の社会教育政策という性格を内包したまま、直接学習者を学習活動へ参加させるのではなく、学習者の自発的参加を促す間接的統制の手法として民間の社会教育機能を活用する形態をとっていたと理解できる。

　以上の内容を踏まえて1970年代から1980年代までの社会教育政策の歴史的性格を把握すると、国家の直接的統制による社会教育政策の推進と国家の間接的統制

による民間教育機関の活用という手法の違いはあるものの、いずれの社会教育政策も当時の政権の政策意図にそった社会教育の内容を展開することにより、各政権の行政主導型の社会教育の性格が強く反映されていたと考えられる。

第2節 民間の教育市場活用型の生涯教育政策の展開と課題

しかし、1980年代まで各政権の直接・間接統制によって推進されてきた行政主導型の社会教育政策は、OECDの人的資源開発の理念の影響を受け、1990年代以降「文民政府」の登場に伴い新しい形態に転換することになる。

1990年代以降の生涯教育政策は、これまで韓国の社会教育・生涯教育政策の歴史的性格としてみなされてきた行政主導型の社会教育の性格から、政府の統制・管理によるものではなく、規制緩和と市場競争に基づく民間の生涯教育関連の教育機関を活用する教育市場活用型の生涯教育政策の形態へ移行することになった。ちょうどこの時期から、旧来の「社会教育」という言葉の代わりに「生涯教育」という言葉が広く使われるようになったことも特徴的な点であるが、以下では、1990年代以降の民間の生涯教育機関を中心に実施・運営されてきた生涯教育政策の歴史的性格を把握する。

1. アジア通貨危機の要因と人的資源開発中心の生涯教育政策の性格と課題

1990年代に入って長きにわたる韓国の軍事政権は終焉を迎え、「文民政府」(金永三政権)が誕生し、民主的政治運営が始まった。この時期の韓国社会では世界化(グローバリゼーション)・国際化の時代的状況下で新自由主義理念が社会に広がり始め、特に経済政策の面では規制緩和の潮流が拡大されるようになった。その過程で「文民政府」が終盤にさしかかった1997年のアジア通貨危機に巻き込まれた韓国は、未曾有の経済危機に直面した。実際に、この"アジア通貨危機は、韓国の国家政策全般に打撃を与え、生涯教育政策にも深刻な影響をおよぼした"[429]といわれている。このような時代的変化を表すように、アジア通貨危機の影響は労働市場にも広がり、"雇用の創出と消滅が急増し、伝統的職場中心(終身雇用制度)の

労働市場から頻繁に職場間の移動を経験する労働市場へと転換するようになった"[430]。アジア通貨危機の翌年である1998年には、1年の間に失業率が10％以上も上昇し、終身雇用の概念が事実上崩壊した。このような社会経済的状況を打開することを重要な政策目標として掲げた金大中政権（国民政府）は、アジア通貨危機を克服するための経済政策として財閥企業の再編と大規模リストラを軸とする構造調整政策を推進することで雇用市場と企業の構造の転換を図った。その結果、企業間の買収・合併が急速に進み、リストラやホームレスの増加が1990年代後半の新たな社会問題として浮上した。この波を受けて韓国の企業組織のなかでは40歳前後の会社員の早期退職の流れが形成され始めることによって、早期退職と呼ばれるリストラに対応する策として、同時に職業教育・企業内再教育を通じて労働市場に必要な人的資源としての個々人の価値を向上させるための手段として生涯教育の役割が期待されるようになったのである。すなわち、1980年代までは、労働市場の変化を踏まえた生涯教育としては職業訓練教育が推進され、産業化過程で必要な単純労働の技術能力を有する人材の育成を目標としていた。しかし、アジア通貨危機以降は、人的資源開発を重視するOECDの生涯教育の理念が普及するなか、学習者が教育費を自己負担する形で、個々人が労働市場に適応可能な能力を身につけるための自己啓発学習が求められる状況へ変わったのである。したがって、金大中政権は、国家は人的資源開発という生涯教育政策の理念と方向性を示す役割を担い、個々の学習活動は学習者の自由な選択と自己負担に基づき行われるような政策を推進した。

　アジア通貨危機以降という政治経済的状況の変化の他、法制度的側面においても1990年代の生涯教育政策は、以前の時代とは異なる特徴的な政策を推進することになる。1999年、金大中政権は1980年代に生涯教育政策を支えた社会教育法を廃止し、新たに生涯教育法を制定・公布した。具体的にいえば、生涯教育法の制定・公布の背景には、アジア通貨危機以降の労働市場の需要が変化することによって、知識基盤社会に必要な人的資源の開発へと焦点を当てた政策への転換が求められたという経緯がある。実際、1980年代の生涯教育を支えた社会教育法は、政府が奨励する学習内容に基づいた学習活動を営為する傾向が強く、逆に学習者の自由な選択が十分保障されてこなかったという統制的性格が問題として捉えられていた。

　一方、この時期、新しく制定された「平生教育法（生涯教育法）」においては、①学習者のより自由な学習内容の選択に基づく教育機会の拡大、②学習活動に対す

る学習者の参加の有無を過去の政権のように強制的に奨励することなく、学習者の自由な判断と自らの学習費用の負担に基づき学習活動を推進する形態への変化が現れたのである。すなわち、「平生教育法（生涯教育法）」は、学習者の学習に対する自己意思と自己負担を原則とし、学習者主体による自己啓発学習の推進を支援するための法的根拠として位置づけられるようになった。そして、「平生教育法（生涯教育法）」の制定・公布以降、OECDの人的資源開発政策の理念に影響を受けた韓国の生涯教育政策は、知識基盤社会への対応を目的とする学習内容の開発が課題として提示された。ここで金大中政権が定義した「知識基盤社会」とは、"社会の様々な情報そのものが商品価値を内在しているという認識でなく、より組織化され、再構成された知識を活用する過程で創出される力と社会的価値に人びとの生活が依存する社会であることを表す"[431]と説明されている。特にアジア通貨危機以降、国家の経済政策を巡る議論のなかで注目され始めた知識基盤社会とは、労働と教育が個々に独立して存在するのではなく、統合された状態で機能するものであるという理解が一般に広がったのである。このような知識基盤社会へ注目した生涯教育においては、1980年代に拡大した文化・教養中心の生涯教育政策に満足することなく、労働市場に必要な人的資源としての教養や知識を習得し、職業生活に活用していくと同時に、社会変化に適応可能な知識を継続的に習得していくための生涯教育政策が求められるようになった。すなわち、生涯にわたる知識の習得と学習の継続を踏まえた生涯教育政策の必要性が示されたといえる。

　1990年代に入り、世界化・国際化、アジア通貨危機のような政治経済的変化と、生涯教育法の整備という法制度の変化を経験することによって、生涯教育政策の性格は次のように変わったのである。

　「解放」後の韓国の社会教育・生涯教育の特徴が、各政権の政策目標に基づいた学習内容を国民に奨励することであり、国民の学習活動への参加を促すと同時に積極的支援を実施したということであった。その後、1990年代に入ってから生涯教育政策は、世界化・国際化およびアジア通貨危機という政治経済的変化によって人的資源開発を重視し、学習者の自由な選択と自己負担に基づいた自己啓発学習の形態へと転換するようになった。さらに、近年、知識基盤社会という言葉が盛んに使われることによって、1990年代以前までの韓国の社会教育政策の歴史的性格として位置づけられてきた行政主導型の社会教育の役割が衰退し、学習者の自由な選択と自己負担を重視する民間の教育市場活用型の生涯教育の役割が注目されるよう

になった。特に、一部の研究者の間では、学習者の自由な選択と自己負担に基づく民間の教育市場活用型の生涯教育政策を推進した金永三政権と金大中政権の政策に対して、政府の公的支援と保障に基づく社会教育・生涯教育政策の衰退の側面を危惧する論調もあったことは事実である。具体的にみると、知識基盤社会では、"生産の原動力が労働および資本から知識へ移動することになり、この知識の効果的生産・活用が個人の生活の向上はもちろん、国家の生存をも左右する。特に、資源の乏しい韓国の場合、国境を越えた情報・人・資本の移動が拡大される状況のなかで国民の力量をいかにして開発・管理・活用していくかが重要な課題として浮上している"[432]と述べた。知識基盤社会においても、個々人の能力開発とその能力を効果的に活用するためには、国家が人的資源開発の学習と推進の過程を全体的に管理・把握する生涯教育政策の促進が重要であるという見解が出されたと考えられる。

しかし、金大中政権はアジア通貨危機に直面している当時の政治経済的状況から、韓国経済における人的資源の開発の重要性を認識しながら、他方ではOECDの生涯教育理念に共感し、知識基盤社会に必要な人的資源を確保する手段として生涯教育の役割に期待していた。そして、その期待を現実化させるために生涯教育政策では、学習者個々人の自由な選択と自己負担という原則に基づく学習活動を奨励した。ただし、政府の規制緩和とアジア通貨危機以降の厳しい財政難によって、学習者個々人の学習に対して公的支援を行い、知識基盤社会に必要な人的資源を確保する生涯教育政策の推進にまでは至らなかった。したがって、1990年代末から本格的に始まった学習者の自己負担に基づく生涯教育政策の推進は、今日の生涯教育をめぐる環境のなかにおいて所得格差による生涯教育の学習機会の不平等という教育格差の問題を生み出した遠因であったと指摘されるようになったのである。

以上の内容を踏まえると、1990年代以降の生涯教育政策は、学習者個々人の自由な選択と自己負担に基づき、さらに民間教育機関の活用を軸とする生涯教育政策を推進することで知識基盤社会に必要な人材育成とともに、アジア通貨危機以降の厳しい国家の教育財政の負担を軽減させる方向へ推進されたと思われる。すなわち、民間の教育市場活用型の生涯教育政策が顕著に現れたと分析できるのである。そして、学習者個々人の自由な選択と自己負担を重視する民間の教育市場活用型の生涯教育政策が1990年代以降展開され、その結果として、生涯教育の学習活動が学習者個々人の自己負担によって運営され、学習者個々人の所得格差によって学習の機会が決定されるようになった。つまり、所得格差によって学習者の教育機会が

決定され、生涯教育活動においても教育格差が生じ始めたことがこの時期の重要な問題として浮上したのである。

2. 地方分権化時代の生涯教育政策の推進と課題

1990年代以降の生涯教育政策に現れたもう一つの変化は、地方分権化の政策的潮流のなかで起きた地方分権化政策の推進である。「解放」後、軍事政権によって統制されてきた韓国においては中央集権的行政運営が長い間行われてきた。しかし、1980年代の民主化を求めた市民運動と労働運動の結果として出現した文民政権は、軍事政権の色合いが強い中央集権的行政運営から脱皮し、民主的行政体制の構築という意図のもとで地方分権政策を推進し始めた。このような地方分権政策の推進の時代的流れは、1990年代末、生涯教育の分野にも影響を与えるようになった。具体的政策例をあげると、1990年代末、地方分権化に基づく生涯教育政策として実施されたものとして、「生涯学習都市（平生学習都市）」の拡大と「地域生涯教育センター」などがあげられる。特に、生涯学習都市は、各地方自治体の生涯教育に対する理念を示す尺度として評価される傾向が強く、近年拡大されている状況である。このような動向を踏まえてみると、地方分権化の政策が推進される中での生涯教育政策の特徴を把握すると、まず地方分権化を促す法制度の背景を確認しておく必要がある。

地方分権政策を促した法制度整備の背景としては、1991年に制定された「地方自治に関する法律」に法的根拠を見ることができる。同法律のなかの教育政策と関連する内容に焦点をあてると、同法律は、教育行政の地方分権化を通じて地域住民の地方自治に対する参加意識を高揚させ、地域の実情に即した教育政策を実施することで教育の自主性と専門性、そして教育政策の政治的中立性と教育自治の発展性を確保するという意図で制定されたことがわかる。実際に、同法律の特徴である①教育の自主性、②教育自治の理念、③規制緩和、という動きを踏まえて、生涯教育政策の領域では民間の教育機関を活用した政策が推進されるようになり、同時に各地方自治体の権限によって生涯教育の活動内容が決定されるという体制が構築されるようになった。その結果、1990年代以降の生涯教育政策には、学習者の要望を重視し、以前の中央統制・中央集権的な性格を克服しようとする動きが顕著となり、1980年代までの軍事政権の中央集権的生涯教育政策の特徴とは異なる1990年代以降の同政策の特徴が現れ始めたと考えられる。

地方分権化に基づく生涯教育政策の推進とは、上記の記述同様の軍事政権から文民政権への移行という政治体制の側面の他、地方分権化に伴い推進された生涯教育政策の主要内容（各地域の平生学習都市宣言）に焦点をあてると、地方自治体の生涯教育政策の特徴は、地域の教育力の強化の一環として地域社会の発展を担う人的資源の確保・開発が重要な目的として考えられていた。ただし、地方自治体の生涯教育政策は「平生学習都市（生涯学習都市）」の宣言のように生涯教育の理念の提示であり、具体的な生涯教育予算の配分という段階まで発展するものではなかったことを確認しておく必要がある。なぜならば、地域の生涯教育政策は、学習者個々人の生涯教育活動に対する自主的参加と負担を促す理念の普及へと焦点が当てていたからである。そして、自治体が実際に、地域の生涯教育理念を提示する中で奨励した学習内容をみると、①失業者の再雇用のための教育、②外国人のための異文化教育、③女性の自立と生活支援のための教育、④世界化・国際化時代における外国語教育、⑤情報化社会とパソコン教育が主要な内容としてあげられる。
　特に、各地域では、民間の教育機関の講師の招聘および地域の大学の生涯教育施設と連携し、外国語教育とパソコン教育を軸とする学習を推進した。しかし、実情は、地方自治団体は生涯教育活動を奨励する理念を提示し、学習活動にかかる費用などは地域住民によって負担されることが一般的であった。換言すれば、学習者の自己負担に基づく生涯教育活動が地方分権化のなかで自治体が進めた生涯教育政策の実情であった。さらに、自治体は、世界化・国際化および情報化社会という時代的動向を踏まえ、地域住民に対して生涯教育を奨励する理念を提示することを重要な役割として捉えていた。このような自治体の生涯教育の奨励策によって行われた学習の成果に関する教育科学技術部の調査結果によると、以下のような結果が出されている。
　表6-1の学習成果においても都市および中小都市に比べ、郡地域の方が生涯教育の学習成果に関して肯定的意見が少ない。しかし、生涯教育の学習成果に関する満足度の結果より地域間の生涯教育の格差を顕著に表わしている要因は、序章の地域間の教育格差の拡大の問題のなかで確認したように、地方自治体を中心に行われる生涯教育政策に対する予算配分の相違である。地方自治体による生涯教育政策の推進の有無は各地方自治体の首長の理念によって決定される傾向が強く、実際に、各地域別の生涯教育関連の公的支援は皆無に等しかったため、生涯教育の活動は地域住民の自己負担によって賄われてきた。その結果、民間の教育市場活用型の生涯

表6-1 各地域別生涯教育の学習成果の水準 [433]

(単位:%)

地域別	認定	少し認定	余り認定しない	全然認定しない	無回答	総合評価 肯定的	総合評価 否定的	総合評価 無回答	全体
大都市	20.7	44.4	20.7	8.9	5.2	65.2	29.6	5.2	100 (135)
中小都市	27.2	46.6	17.5	2.9	5.8	73.8	20.4	5.8	100 (103)
郡地域	25.0	33.3	25.0	4.2	12.5	58.3	29.2	12.5	100 (24)

(최돈민・양흥권・이세정 (チェドンミン・ヤンフンゴン・リセジョン)『한국성인의 평생학습 참여실태조사 (韓国成人の社会教育・生涯教育の参加実態調査)』한국교육개발원 (韓国教育開発院) 2005)

教育の形態に基づく生涯教育活動が行われ、地域住民間の生涯教育活動の格差とさらに各地域間の生涯教育の格差が現れるようになったと考えられる。

　もちろん、生涯教育において民間の教育市場活用型の生涯教育政策が拡大され、地域住民間の生涯教育の格差と各地域間の格差が問題視され始めた1990年代後半以降、金大中政権は情報通信技術に基づく生涯教育の一環として遠隔教育を奨励し、遠隔教育を活用した大学の設置を奨励するなど、各地域間の生涯教育機会の格差の問題を解決する政策を打ち出し、遠隔教育が既存の特色ある地域の生涯教育政策を推進すると同時に、生涯教育政策から疎外されている地域の人びとに対して教育機会を提供することが期待されていた。このような金大中政権の遠隔教育を活用した生涯教育政策の動向を、韓国教育開発院の調査では、以下のように分析されている。

　生涯教育政策の一環として"遠隔教育が推進され始めた2004年以来の都市と農漁村地域の情報通信技術を活用している水準を比較すると、都市地域の国民の平均としては64.2%が情報通信技術を活用していることがわかる。もちろん、高学歴層に関していえば、93.4%以上の人びとが生涯教育の遠隔教育を利用可能な情報通信技術を習得しているといえるが、他方で、農漁村地域において情報通信技術を活用し、学習活動へ参加している人びととの比率は41.7%に過ぎなかった"[434]。

　都市(大都市・中小都市)と農漁村地域(郡地域)の格差を克服するために、金大中政権が情報通信技術を活用した生涯教育政策を推進したという事実を踏まえると、情報通信技術を活用する国民の水準そのものが農漁村地域(郡地域)は全国民の平均に及ばないことがわかる。言い換えれば、地域間の格差を克服する生涯教育の前提となる情報通信技術の活動水準そのものが、都市と農漁村地域(郡地域)の

間では隔たりがあるといえる。したがって、地方分権化のもとで推進される生涯教育政策は、実質、都市と農漁村（郡地域）の間で依然として格差が広がっており、その格差は中央集権的体制から地方分権体制へ移行する過程で生じた生涯教育政策の課題であると思われる。

上記の内容を踏まえた上で地方分権化の政策のなかで推進された地域の生涯教育政策の問題へ注目すると、学習者個々人の学習要求に基づく民間の学習機関主導の生涯教育の性格が自治体の生涯教育政策の特徴としてあげられる。実際に、各自治体が生涯教育政策へ焦点をあて、生涯教育の理念を提唱することで地域住民が生涯教育活動を行うことを促したとしても、所得格差による地域住民間の生涯教育機会の違いと、地域の産業・経済的状況によって大都市・中小都市と農漁村地域（郡地域）の間の生涯教育機会の格差が当時の金大中政権のなかで問題視されていたことは事実である。この点に注目すると、地方分権化を推進する過程で推進された生涯教育政策は、民間の教育市場活用型の生涯教育政策に基盤をおいていたと端的にいえる。そうすると、1990年代以降の韓国の生涯教育政策の特徴である民間の教育市場活用型の生涯教育政策の形態は、中央政府の生涯教育政策のみならず、各自治体の生涯教育政策のなかでも内包されていたと理解することができる。

第3節　韓国の社会教育・生涯教育政策の歴史的展開と政策構造の特徴

1.「解放」後の韓国の社会教育・生涯教育政策の歴史的展開と課題

「解放」以降、韓国の社会教育・生涯教育政策の性格を述べる前に、行政主導型の社会教育政策と民間の教育市場活用型の生涯教育政策という2つの形態で展開された同政策の全体的構図を確認しておく。社会教育・生涯教育政策の特徴を時系列に区分すると、以下の2点があげられる。

第1は、社会教育・生涯教育政策における学習内容の側面からいえばその特徴は、①識字教育、②産業化過程の職業技術教育、③国民意識啓発教育、④文化教養教育、⑤人的資源開発政策の理念に基づき、学習者個々人の自由な選択と自己負担による自己啓発教育という流れで展開されたと理解できる。

第2は、社会教育・生涯教育関連法整備の側面から、社会教育法と「平生教育法（生涯教育法）」整備の以前・以降の時期別に区分すると、法整備以前は、政府の統制的手法と政権の理念に基づいた個別の社会教育・生涯教育政策を実現していく形態が一般的であったが、社会教育法および生涯教育法の制定・公布がなされた後は、学習者の選択の自由と自己負担を促す形態へ転換したことが特徴であるといえる。
　特に、社会教育法と「平生教育法（生涯教育法）」制度の違いを見てみると、社会教育法はUNESCOの学習権思想と学習機会の権利的保障という生涯教育の国際的動向に影響を受け、行政支援型の生涯教育の機能を重視し、すべての学習者に対する学習機会の保障という側面から、国民の文化・教養能力を向上させるための生涯教育の役割へ焦点があてられていた。しかし、他方、1990年代末制定・公布された「平生教育法（生涯教育法）」は、OECDの人的資源開発の理念に影響を受け、学習者個々人の学習内容の自由な選択に基づく自己啓発と学習者の自己負担による学習市場の自由化と民間教育機関の参加を促進する民間の教育市場活用型の生涯教育政策の形態が主流をなしていた。「解放」後の韓国の社会教育・生涯教育政策が、行政主導型の形態から民間の教育市場活用型の形態へ移行している状況を、政策内容および政策理念に焦点をあてて把握すると、この時期は民間の教育市場活用型の生涯教育を主流とする政策が社会教育・生涯教育政策として推進されていたと理解できる。
　このような「解放」後の韓国の社会教育政策の行政主導型の形態と民間の教育市場活用型の生涯教育政策の形態の2つの特徴は、「解放」以降、韓国の社会教育・生涯教育政策の内容への歴史的変遷を整理した表6-2により、わかりやすく理解できる。
　「解放」以降、韓国の社会教育・生涯教育政策の推進内容を把握すると、①から⑤までの流れで政策展開の推移を捉えることができる。①は、韓国が「解放」直後、米軍政の占領期における政策と朝鮮戦争を経てまず独立国家としての教育体制を確立していく過程で根本となる自国の言葉・言語の確立と普及を模索した段階であると理解できる。②は、独立国家の構成員として言葉や基礎知識を獲得した人びとが、基礎知識に基づく生活のための職業技術教育を受けることによって、経済発展を促す上で必要な人材としての基礎的能力を形成し始めた段階である。③は、国家の経済的発展を促進すると同時に、地域社会開発を推進する手段として職業教育という技能的側面ではなく、国民一人ひとりが経済発展を担う国家の構成員として

第 6 章 「解放」以降の韓国の社会教育・生涯教育政策の歴史的性格と構造的特質　221

表 6-2　「解放」以降の韓国の社会教育・生涯教育政策の推進形態

時代区分	時代特性		変化要因		
	生涯教育政策の特徴	学習者要因	社会変化要因	国際機構の理念変化	政策目的
① 1945－1950 年代	・識字教育（文盲退治）教育 ・国文講習所の設置・運営 ・文盲退治 5 か年計画実施 ・全国単位の巡回啓蒙教育		・日本の植民地統治からの「解放」 ・朝鮮戦争		・識字教育 ・基礎能力開発
② 1960 年代	・職業人材養成と技術教育の活性化 ・再建国民運動 ・技術学校および高等技術教育の推進	・農村地域から都市地域への移動の増加	・5.16 軍クーデター	UNESCO の社会教育・平成教育理念の形成・普及、学習権思想の拡大が、韓国の生涯教育へ影響を与える。	・職業教育の実施 ・生活基盤の形成
③ 1970 年代	・国家主導の国民意識改革を目指した啓蒙教育の推進 ・郷土学校の建設と推進 ・全村教育の実施 ・セマウル教育の推進 ・放送大学・高等学校の運営	・義務教育制度の普及と地域住民の教育欲求の増加	・セマウル運動の実施（国家単位の生涯教育の推進）		・国民啓蒙教育の拡大 ・自立意識と生活向上。
④ 1980 年代	・社会教育関連法案の整備 ・文化教養教育の推進 ・大学内の生涯教育機関の設置・普及 ・民間の生涯教育施設の増加	・高学歴化	・高度経済成長（輸出拡大、ソウルオリンピック開催など）		・文化教養教育 ・余暇の増大
⑤ 1990 年代以降	・生涯教育法体制の整備と推進 ・国家人的資源政策の実施 ・高等教育機関における生涯教育の機会拡大 ・遠隔教育の実施 ・学力認定制度の実施 ・高齢者教育の推進	・情報化、世界化 ・高齢化社会への突入	・アジア通貨危機の発生：国家は人的資源開発のための個人学習の奨励	OECD の生涯教育理念の普及：情報化と世界化に適応可能な人的資源開発	・人的資源開発教育 ・規制緩和、多様化、民営化。

（「解放」以降の社会教育・生涯教育政策の特徴を筆者まとめ）

の意識を涵養させ、国家発展と地域発展を同時に担うことのできる主体としての意識を形成させるための国民意識の啓蒙教育が促進された段階である。④は、高度経済成長に伴い、貧しい生活から脱皮し、生活のゆとりを得た人びとが学習者個々人の文化と教養を向上させ、先進国の市民として相応しい文化教養を涵養させることを目的としていた段階である。同時に、経済的発展によって市民が余暇活動を営為することが可能になったため、社会教育法の制定という法的背景に基づき生涯教育を通じた文化活動を促進させようとした段階でもある。すなわち、①から④の段階までの社会教育・生涯教育政策の推進形態を分析すると、社会教育・生涯教育政策の推進主体は行政であり、行政は学習者の社会教育・生涯教育の機会を保障することを前提とし、個別の段階で異なる政策内容を実現していたと理解できる。

しかし、⑤の時期からは、軍事政権から文民政権へ移譲する政治体制の変化とともに、アジア通貨危機という経済的環境の変化が現れた時期である。新自由主義理念の拡大と世界化・国際化・情報化の流れに伴う規制緩和と行政の役割の減少を原則とする政治的・経済的状況の変化によって、この時期から生涯教育政策も、人的資源開発を重視する政策へ転換することになる。したがって、①から④までの公的性格を重視する行政主導型の社会教育政策から、学習者個々人の自由な選択と自己負担を基礎とする民間の教育市場活用型の生涯教育政策へ転換することになる。すなわち、米軍政時期から1980年代まで各政権によって中央集権的形態で推進されてきた行政主導型の社会教育政策は、1990年代以降、韓国を囲む政治的・経済的状況の変化によって、学習者個々人の自己啓発と自己負担に基づく民間の教育市場活用型の生涯教育政策へ転換することになったと理解できる。

ここで注目すべき点は、「解放」後の韓国の社会教育政策の主流を形成してきた行政主導型の社会教育政策の性格に対する歴史的考察の問題である。すなわち、「解放」以降の韓国の社会教育・生涯教育政策は、米軍政占領期から1990年代初めの軍事政権までは行政主導型の社会教育政策が主流を占め、1990年代以降の文民政権からは政治的・経済的状況の変化の結果として民間の教育市場活用型の生涯教育政策が主流となったと、その政策の歴史的変遷を結論づけることが可能である。言い換えれば、「解放」以降、韓国社会の時代的状況の変化とともに、韓国の社会教育・生涯教育政策も、行政主導型の社会教育政策から民間の教育市場活用型の生涯教育政策へ転換する結果が現れたと解釈することである。

しかし、今日の韓国の教育政策のなかで深刻な問題として議論されている教育格

差の拡大の状況を踏まえて、同政策の歴史的展開を突き詰めて分析すると、1990年代以降、新自由主義理念に基づく教育政策の推進の結果として現れた教育格差の拡大は、行政主導型の社会教育政策から民間の教育市場活用型の生涯教育政策へ移行し始めて以来の約十数年の間で起き、民間の教育市場活用型の生涯教育政策は学習者の自己負担を原則としていたため、所得格差によって学習者の学習機会の違いが現れていたからである。したがって、教育格差の拡大の状況と民間の教育市場活用型の生涯教育政策の推進の間では深い関連があると思われる。言い換えれば、今日の民間の教育市場活用型の生涯教育政策の推進の結果と、学習者に対して生涯教育の教育機会が権利として十分保障されていない現状に注目すると、教育格差の拡大という現状は民間の教育市場活用型の生涯教育政策の推進以来の結果であると捉えられる。

さらに突き詰めていえば、民間の教育市場活用型の生涯教育政策の推進は、過去の行政主導型の社会教育政策が「大きな政府」と呼ばれる中央集権的政策の産物であったことに比べると、「小さな政府」の市場主導の方針に基づいた政策であることを意味しているからである。問題は、市場主導の理念に基づき展開された民間の教育市場活用型の生涯教育政策が、行政の支援と市場の自由という均衡を図る中で推進されるのではなく、過度に市場に依存する政策を展開したことである。結果的に、行政支援が必要な教育疎外層まで十分な教育支援策が実現されることなく、教育格差の拡大という問題が噴出されるに至ったわけであり、既に序章（本書の問題意識）のなかで言及したのと同様に、現在の教育格差の問題を論じる上で、民間の教育市場活用型の生涯教育政策とは、行政主導および市場主導と区分される中で常に折衷を図ってきた政策の本来の機能を見直しながら、同時に軍事政権下の行政主導型の社会教育政策の成果と問題点を省察的に検証し、この時代の社会教育政策の役割を再考することが課題であると思われる。

そして、この課題を検討する中で明らかになった点は、近年の教育格差が拡大されている現状を打開するための方法として、社会教育・生涯教育政策の機能を通史的に考察することが重要であることを確認したことである。特に、その方法として本書で注目したのが、韓国特有の社会教育・生涯教育政策の構造を、同政策の通史的考察に基づき考察することであったといえる。つまり、教育格差の拡大の問題を社会教育・生涯教育政策の視点から論じる際には、民間の教育市場活用型の生涯教育政策の行き過ぎを問題として捉え、行政主導型の社会教育政策の意義と課題を再

検討することが求められているという認識に至ったのである。

2. 韓国の社会教育・生涯教育政策の構造的特徴と教育疎外層の出現

(1) 韓国の社会教育・生涯教育政策の構造的特徴

　前項の「解放」以降の韓国の社会教育・生涯教育政策の歴史的展開を踏まえて、韓国の社会教育・生涯教育政策の構造的特徴を検討すると、序章で言及した問題意識を改めて確認しておく必要がある。序章では、教育疎外層に対する社会教育・生涯教育機会の保障が欠如されていた政策的課題は、近年の新自由主義の理念とグローバル化の動向によってなされた結果だけではなく、韓国の社会教育・生涯教育政策が教育疎外層への教育機会を保障するという視点からみると、疎外階層に対する政策に主眼がおかれてこなかったのではないかという点に疑問を提示した。この問題認識と関連し、前項に記した内容(「解放」以降の韓国の社会教育・生涯教育政策の歴史的展開)を踏まえた上で、韓国の社会教育・生涯教育政策の構造的特徴を把握すると以下のように分析できる。

　第1に、「解放」直後の米軍政の占領期から1950年代までの社会教育政策においては、識字教育を軸として国民全体を対象とする政策が推進された。同時に、民衆も学びへの高い意欲に基づき生活向上を図る手段として教育機会の重要性を認識し、識字教育を積極的に受容したのである。この時代の生涯教育政策の構造的特徴は、国民全体を対象とした普遍的政策が展開されたことである。

　第2に、1960年代から1970年代の朴正熙政権下においては、産業化・工業化を促進する経済政策が推進されたため、産業化に必要な人材を確保するための職業技術教育と経済活動への積極的参加および生活改善を図ることへの参加を促す国民啓蒙教育が実施された。行政側は、生活向上を図る手段として社会教育政策の役割を期待した。他方、民衆の方は生活向上を図る政策という点では同調を示しながらも、多くの人びとが生計をたててきた農業の衰退と抑圧的政策推進方法には疑問を示していた。

　いずれにしろ、この時代においても社会教育政策は、国民全体を対象としていた。しかし、既に言及したように、実際にこの時代の社会教育政策に対して民衆の側は自発的参加だけでなく、統制的政策推進の結果として強制的に参加させられるという2つの対峙する形としての政策を受容したのである。したがって、この時代の社会教育政策は、朴正熙政権の政策を受容する人びとを対象として表出されるよ

うになったといえる。その結果、この時代の社会教育政策は、自発的かつ強制的とという手段の是非はともかく、同政権の政策に同調する人びとに焦点が当てられる形態として展開された。すなわち、社会教育政策の構造的特徴は、全国民を対象とするという政策方針とは異なり、現状は行政政策に同調する人びとに対して優先的に教育の機会が保障されるようになったという点が指摘できる。

　第3に、1980年代から1992年までの軍事政権下においては、高度経済成長を背景に民間の教育市場を積極的に活用し、学習者の自由かつ自発的選択を重視すると同時に、学習者の自己負担の原則に基づく社会教育政策が展開されたことである。もちろん、民衆の側は、朴正煕政権下の統制的かつ抑圧的教育政策に対する疑問を持っていたため、文化・教養的生活が強い外国語、趣味、教養的内容を軸とする学習活動へ積極的に参加した。言い換えれば、軍事政権下で得られた自由な学習機会を積極的に受容し、同時代の政策を積極的に利用する傾向が現れたと分析できる。

　しかし、この時代の社会教育政策の構造的特徴をみると、同政策は全国民を学習対象としてきた以前の時代とは異なり、生涯教育活動に参加する意思と教育費の自己負担が可能な人びとを主な対象として設定していたといえる。「解放」以降、全国民を対象としてきた社会教育政策の枠組みが初めて転換されたのである。補足すると、同政策の構造的特徴は行政側の教育機会の保障という形態から学習者の自己責任かつ自己負担の原則に基づく形態へと転換がなされたと理解できる。そして、この時代の社会教育政策の構造的特徴は、新自由主義政策を基礎とした「文民政府」の政策へ繋がる。

　第4に、1992年以降から今日に至るまで韓国の生涯教育政策は、学習者の自発的参加を促す政策基調に基づき実施されてきた。その背景には、新自由主義の経済政策とグローバル化という政治経済的情勢の急激な変化も無関係とはいえない。なぜならば、行政側は小さな政府を目指し、行政の財政負担を減少し、民主化が推進される過程で学習者の自己負担に基づく自由な学習の展開を奨励したからである。実際に、この時代においてはアジア通貨危機を経て、所得格差が拡大し、その結果、生涯教育において学習者の教育費の自己負担が定着してきた中で、社会階層間の教育機会の格差が広がるという問題が生じ始めた。具体的にみると、学習者においても教育費の自己負担が可能な人びとと経済状況が困難となり教育を受けたくても、義務教育のように無償で保障されていない生涯教育の教育機会を得られない人びとが現れ始めたのである。すなわち、このような現状からみると、この時代の生

涯教育政策の構造的特徴は、1980年代の軍事政権の特徴と同様、社会教育・生涯教育政策の教育機会が教育費用を負担可能な人びとに限定していたと理解できる。

結局、韓国の社会教育・生涯教育政策の構造は、韓国の政治経済の歴史的変化とともに展開されてきたのである。まず軍事政権下の社会教育政策は、行政主導によって推進され、国民を統制・啓蒙する性格が強かった。政府の統制的政策推進によって、韓国の人びとは、経済成長に伴い生活が豊かになり、多様な価値観が形成され始めたのである。しかし、経済成長と生活水準の向上は、韓国の人びとが既存の行政主導による統制型の政策の代表格である「セマウル運動」のような社会教育政策に反発し、自分が好きなことを好きなときに学べる自由を求めるに至った。それと同時に、社会的に民主化を求める国民の声が高まるようにもなった。そうすると、軍事政権は、教育の市場においての文化教養学習を推し進め、自由の機運を学習現場に広げながら、内心は行政主導の統制を継続することを図った。前述した崔章集の指摘からいえば、文化教養学習に関心を向けることによって、国民の民主化を求める基礎となる政治的学習から目を背けることを意図したと指摘されている。

しかし、民間の教育市場という空間を借り、表面的には自由な学習機会を提供し、既存の行政主導の統制的社会教育に対する反発を抑えようとした軍事政権下の社会教育政策は、その期待を裏切られる結果に直面することとなる。その理由は、民間の教育市場という空間を借り、自由な学習を推進し始めた学習者は、文化教養学習を行うことで主体的かつ能動的学習活動へ自然と参加するようになり、その過程で民主化や自由の重要性を謳える政治意識が高揚されるようになった。その結果、民主化と学習の自由を主張し、行政主導への強い反発を招いた。その結果、1990年代以降、文民政府登場以来、旧来の行政主導の社会政策を民主化に反するものとして位置づけ、新自由主義の下で民間の教育市場に基盤を置いた生涯教育政策を促進することになる。その結果、学習者の自己負担の原則に基づく民間の教育市場における学習活動がさらに拡大されるようになった。

もちろん、民間の教育市場に基づく学習活動が苛烈する状況となると、政府は行政の統制によって学習費を負担することが困難な学習者への教育機会を保障するため、教育市場に基づく政策に一定の統制を図ろうとすることが一般的構図である。しかし、韓国の場合、長い間の軍事政権下の行政主導の社会教育政策に対する批判的意識が依然として浸透していたため、行政の統制的機能を図ろうとする政策に対する反発が高まる結果となった。そのため、今日に至るまで韓国の社会教育・

生涯教育政策は、統制と市場の自由というバランスを保とうとする政策は実現できなかったのである。その結果、行政の統制機能は役割を果たすことができず、民間の教育市場が支配する社会教育政策へ展開せざるをえない状況におかれるようになったのである。すなわち、民主化と学習の自由化を推し進める過程で、市場主導の生涯教育政策が主流となり、教育市場で自己負担で学ぶ生涯教育の形態が定着した結果、経済的条件が教育機会を得られる、得られない重要な規準となったのである。民主化と学習の自由を促進する際、行政による統制機能が排除される状況と、両極化（二極化）が進む中で所得格差が教育格差を生み、その結果、経済的理由で教育機会を得られない教育疎外層が急増する状況に直面するとは誰も予想しなかったと考えられる。

整理すると、軍事政権下の過度な行政主導の社会教育と、それに対する反発として民主化が展開され、その後、民主化という理念に守られ、民間の教育市場において展開された生涯教育政策は、学習者の自己負担に基づく学習活動の行き過ぎによって、結果的に教育疎外層に対する行政支援の政策を推進すること自体も不可能な、政策推進の構図を形成させたと理解できる。この点が、本書で解明した韓国の社会教育・生涯教育政策の特有の構造であるといえる。

さらに、韓国特有の社会教育・生涯教育政策の構造的特徴を踏まえた上で、今日同政策が克服すべき課題とは何かを上記の記述と関連づけて説明すると、その課題は3つの形態に区分して説明できる。①は、全国民に対して公平な教育機会を保障する形態である。②は、全国民に対する教育機会の保障という政策方針を示しながらも、現状は政権の政策に同調する人びとを優先的に保障する形態である。最終的に、③は、民間の教育市場における学習者の自発的選択と教育費の自己負担の原則に基づき、学習機会が学ぼうとする自発的意思と自己負担が可能な人びとに限定されている形態であることである。①・②・③の形態をみると、韓国の社会教育・生涯教育政策の構造的特徴は、同政策の歴史的展開と脈絡を同じとして、全国民の教育機会を保障する形態から教育を受けようとする意思と経済能力がある人びとを対象とする形態へ展開されたと分析できる。そして、この分析に基づき検討すると、全国民に対して社会教育・生涯教育の学習機会を保障しようとする政策方針が変化した時期が1980年代の高度経済成長期であったとすると、今日の教育疎外層のように経済的能力が十分ではない人びとに対して教育機会を保障する視点の欠落は、近年のことではないと考えられる。言い換えれば、1980年代以降、社会教育・生

涯教育政策のなかでは既に疎外階層に対する教育機会を保障しようとする視点が欠落していたのである。その背景には、社会教育・生涯教育政策の予算を縮小することで行政の責任と負担を軽減させながら、学習者の自発性と能動性を十分活用し、相対的に社会的弱者に対する保護の視点が弱い機能的性格が同政策中では深く浸透していたからであると考えられる。事実、疎外階層に対する教育機会を保障する視点が欠落していた社会教育・生涯教育政策は、今日に来てようやく、所得格差による社会階層間の教育格差が拡大する現状において、教育疎外層に対する教育機会の保障が問題視されるようになったのである。このような分析に基づくと、教育疎外層に対する生涯教育機会の保障の問題は、今日の新自由主義とグローバル化という政治経済状況のなかで現れたというより、「解放」後の韓国の社会教育・生涯教育政策の通史的考察からみえる構造的要因と深く関連していると理解できる。

（2） 韓国の社会教育・生涯教育政策の歴史的展開と教育疎外層の課題

　「解放」以降、韓国の社会教育・生涯教育政策の推進形態は、上記の記述からも見られるように学習者の学習機会を保障することを生涯教育の理念として捉えていた行政主導型の社会教育から、民間教育機関を活用しながら学習者の自由な選択と自己負担に基づく民間の教育市場活用型の生涯教育政策へ移行してきたという理解が韓国の社会教育・生涯教育政策の歴史的展開の一般的認識であるといえる。

　しかし、教育格差が拡大し、教育疎外層の教育機会の保障が問題視されている今日の生涯教育政策の状況を踏まえると、学習者個々人の自由な選択を尊重し、学習者の自己負担を原則とする現在の民間の教育市場活用型の生涯教育政策の推進形態を再考し、すべての学習者に学習権を保障する理念に基づく行政主導型の社会教育政策の意義を省察的に再検討することが教育格差の問題を改善するための生涯教育政策を論じる上で必要であると思われる。したがって、本項では、「解放」後、韓国の社会教育・生涯教育政策としての行政支援の役割と必要を再考察し、今日の教育格差の問題との関連性を検討する。

　「解放」後、韓国の社会教育・生涯教育政策の歴史的性格は、教育疎外層に対する教育機会の保障とすべての人に対する社会教育・生涯教育機会の提供という理念のもとで、行政主導型の生涯教育政策の推進形態が主流をなしていた。しかし、今日の韓国の生涯教育の状況をみると、OECDの生涯教育理念に影響を受けた人的資源開発政策の促進とアジア通貨危機以降の社会階層間の教育不平等の拡大によっ

て、教育疎外層の教育機会の保障が生涯教育政策上の重要な課題として認識されてきた。実際に、1990年代以降、学習者の個人的関心事に焦点が当てられた生涯教育政策が拡大された結果、生涯教育活動は主に学習者個々人の自己負担によって任される傾向が顕著に現れたのである。さらに、今日、韓国の生涯教育政策のなかで論じられている教育格差の問題は、学習者に対する生涯教育機会の保障という点が重要な課題として指摘されるようになった。教育格差の原因として指摘されている生涯教育機会の保障という論点に対して、류방란（Ryu Bangran）は教育格差の拡大の背景を次のように分析している。

　教育格差が拡大し、教育疎外層の教育機会の保障の問題の背景には、第1に、"生涯教育予算が貧弱であり、その結果、生涯教育予算の配分が学習者個々人に対する生涯教育機会を保障する段階まで至らなかったという原因があると思われる。すなわち、政府の生涯教育費用の支援の不足は、学習者個々人の生涯教育費用負担を増加させ、低所得層を含む教育疎外層の生涯教育機会への接近を不利にさせた"[435] という結果を招き、その結果によって教育格差が拡大され、教育疎外層に対する生涯教育の機会が十分保障されていない状況が現れるようになったという指摘である。具体的に、社会階層別の生涯教育に対する教育費負担の内訳を表6-3で確認することができる。

　韓国教育開発院の生涯教育関連教育費用の負担の内訳を社会階層別に調べた上記の調査内容をみると、学歴別の教育費負担状況は、政府の教育補助が必要だと思われる初等学校卒の教育費支援の比率は0％である反面、大卒者は5.0％の補助を受けている。低学歴の人より高学歴の方が政府の生涯教育費用の援助を受ける結果を見せている。また職業別に無職、所得別には100万ウォン未満の階層は生涯教育の教育費の支援が必要とされていると思われるが、これらの階層に対する政府支援も0％である。このように低所得層と低学歴層に対する政府の教育費支援が欠落しており、一方、300万ウォン以上の高所得層に対する教育支援が1.7％であることは教育格差の拡大をもたらす原因を提供していると考えられる。

　第2に、1990年代以降の韓国の生涯教育政策においては、生涯教育関連予算の不足という問題の他、人的資源開発の政策に重点をおくことによって、学習者の自由な選択と自己負担の原則に基づき生活に必要な文化、宗教、教養、余暇、職業能力啓発の教育を実施することで、学習者個々人の自己決定学習を支援する専門家の役割が必要とされるようになった。具体的政策としては、人的資源開発を支援する

表 6-3 社会階層別生涯教育活動の諸費用負担内訳[436)]

(単位：%)

社会階層		無 料	雇用主	本人・家族	政 府	労働者支援組織	雇用保険	全 体
学歴別	大学校	33.3	32.8	25.4	5.0	2.5	1.0	100 (201)
	高等学校	34.0	25.5	29.8	5.3	4.3	1.1	100 (94)
	中学校	76.9	0.0	15.4	7.7	0.0	0.0	100 (13)
	初等学校（小学校）	91.7	4.2	4.2	0.0	0.0	0.0	100 (24)
職業別	事務系	30.0	41.9	17.5	6.9	2.5	1.3	100 (160)
	技術系	70.6	16.5	8.2	3.5	1.2	0.0	100 (85)
	自営業	23.7	15.3	50.8	3.4	6.8	0.0	100 (59)
	主 婦	21.4	0.0	71.4	0.0	0.0	7.1	100 (14)
	無 職	42.9	7.1	50.0	0.0	0.0	0.0	100 (14)
所得別	300万ウォン以上	28.2	36.8	28.2	4.3	1.7	0.9	100 (117)
	200〜299万ウォン	39.5	30.9	23.5	4.9	1.2	0.0	100 (81)
	100〜199万ウォン	45.8	20.5	18.1	8.4	4.8	2.4	100 (83)
	100万ウォン未満	62.1	3.4	27.6	0.0	6.9	0.0	100 (29)

(최돈민・양흥권・이세정（チェドンミン・ヤンフンゴン・リセジョン）『한국성인의 평생학습 참여실태조사（韓国成人の社会教育・生涯教育の参加実態調査)』한국교육개발원（韓国教育開発院）2005)

　専門家として生涯教育士を養成し、学習者個々人の生涯教育活動を支援する政策が促進された。生涯教育士（平生教育士）による生涯教育政策の推進内容は、表6-4のように説明できる。
　民間の教育市場活用型の生涯教育政策の一環として学習者個々人の学習を支援するために、高度な専門知識を有する生涯教育士（平生教育士）を設け、民間の教育機関に比べて劣らない生涯教育の支援を図ったのである。
　しかし、実際は、人的資源開発を理念的目標として位置づけている民間の教育市場活用型の生涯教育政策は、新自由主義理念に基づく規制緩和により、学習市場の自由な競争を推進することによって、民間の教育機関を活用する形態を維持していたため、生涯教育士（平生教育士）の十分な支援が行われることなく、生涯教育の学習市場の競争を招く結果となった。すなわち、所得格差に基づく教育機会の不平等が広がり、教育格差が拡大され、教育機会に恵まれない教育疎外層[437)]に対する対策が必要とされる結果になったことを意味する。そして、教育疎外層の出現の背景には、過去の行政主導型の社会教育政策の推進の問題点である国民統制・教化と

表6-4　生涯教育士に対する専門化の要求

推進主体	視点	現状の問題認識	生涯教育制度の専門化
国　家	生涯教育体系化	①生涯教育法改正（社会教育専門要員から生涯教育士へ変更） ②生涯教育専門の担当機構の体系化、生涯教育センターおよび地域生涯教育情報センターを担当する専門人材の確保・必要	①生涯教育専門の行政担当者の養成・配置：管理システムの構築の必要性 ②生涯教育士の配置と地域人材の確保
現　場	専門性	①生涯教育プログラムの高度化に対応するための専門化の必要性 ②生涯教育をめぐる民間機関の競争の拡大と民間教育市場の競争化	①生涯教育担当の専門的人材の現場配置 ②教育行政職員の再教育の必要
生涯教育士養成機関	養成体制の内実化	①生涯教育士養成と教育体制の再考および内実化	①生涯教育士養成のための現場教育課程の運営 ②生涯教育士の養成のための教授要員の確保

(http://www.mwest.co.kr/ より)

中央集権の問題に対する対案として、人的資源開発の理念を重視する民間の教育市場活用型の生涯教育政策が展開され、その結果、学習者の教育費に対する経済的負担が増え、教育格差が拡大される結果になってしまったという経緯がある。

　もちろん、一部の見解としては、近年の大学進学率が80％近くになり、教育疎外層の問題はいずれ解決できるだろうとの期待もある。それでも、2000年時点の人口統計と年齢別の学歴状況をみると、30～39歳の場合12.5年、40～49歳の場合10.5年が教育機会を得た平均期間である。このなかで大卒以上の学歴を有している人びとは24.3％に過ぎず、大多数は大学教育の一般的な学齢期を過ぎた人びとであった[438]。この数値をみる限り、高等教育の機会を得られなかった人びとはまだまだ多いと思われる。

　したがって、知識基盤社会に対応可能な人的資源が十分とはいいがたく、成人のための高等教育を含む生涯教育の機会の拡大が必要である。また、教育疎外層の一部は、教育機会を剥奪された結果として経済活動に従事しない非経済活動人口になっている。言い換えれば、生涯教育機会の不平等が、経済活動に従事可能な人的資源の確保が困難な事態であることを意味する。そのため、教育疎外層に対する生

涯教育の機会を保障するためには、教育市場の競争原理に基づく民間の教育市場活用型の生涯教育政策では解決が難しく、公的支援による生涯教育政策で対処すべき課題であるといえる。実際に、ここまでの「解放」後の韓国の社会教育・生涯教育政策の歴史的展開の構図をみると、過去の行政主導型の社会教育政策のよい伝統を継承し、民間の教育市場活用型の生涯教育政策の課題を克服すると同時に、教育格差の拡大を防ぐための新たな行政支援型の生涯教育政策のあり方を模索することが課題として浮上してきたと思われる。

「解放」後、韓国の社会教育・生涯教育政策の歴史的性格を踏まえた上で、行政支援型の生涯教育政策が解決すべき問題としては、①社会階層別の教育費負担の格差による教育格差、②人的資源開発を重視する民間の教育市場活用型の生涯教育政策の結果として行政支援型の生涯教育機能の欠落による教育格差であり、またこの2つの問題を克服するためには、行政支援型の生涯教育政策の可能性を検討することが必要である。そして、行政支援型の生涯教育政策の重要な要素の一つは、教育疎外層に対する生涯教育機会の保障のための予算の編成である。実際に、現在の教育格差の問題を解決する上で必要な財源確保の状況はどうだろうか。

具体的にみると、アジア通貨危機から脱出し始めたといわれている1999年時点の教育科学技術部の生涯教育関連予算は5万3,400万ウォン"[439]である。さらに、"2001年の生涯教育関連予算は、韓国全体の教育予算のうちわずか0.73%の1,260億ウォンに過ぎなかった"[440]。実際、近年の生涯教育関連予算の推移は表6-5のように把握することができる。

表6-5からみると、2005年度に比べ2006年の生涯教育関連予算は、約5億ウォ

表6-5　2006年度生涯教育関連予算の推移[441]

(単位：百万ウォン)

区　分	2005年度		2006年度		増　減	
	(A)	(%)	(B)	(%)	(B－A)	前年比%
教育部予算合計	27,982,002	100.0	29,127,259	100.0	1,145,257	4.1
人的資源教育・平生・職業教育・国際教育部門合計	259,370	0.9	273,174	0.9	13,804	5.3
人的資源教育	10,584	0.0	11,539	0.0	955	9.0
生涯教育・職業教育	185,964	0.7	191,779	0.7	5,815	3.1
国際教育	62,822	0.2	69,856	0.2	7,034	11.2

(http://www.mwest.co.kr/ より)

ンぐらい増えたが、教育科学技術部の全体予算の比率からみると、0.7％と過去と同じ水準である。すなわち、生涯教育の予算規模は、教育格差が問題視されている近年の状況のなかで教育疎外層に対する教育機会の保障を基調とする生涯教育の行政支援の側面があまり重要視されていないという事実の裏返しであると考えられる。

　もちろん、生涯教育予算の不足の背景には、政府が教育負担を軽減し、学習活動への関与を抑制することで、国民の自己責任に基づく自立を促すために新自由主義理念の普及に力を注ぎ、学習市場の市場化を図ったことがあるといえる。

　しかし、1990年代初めの文民政権の民間の教育市場活用型の生涯教育政策が主流となって以来、生涯教育予算は、教育部全体の予算のなかで平均0.1％に過ぎなかったという点は、その後の教育疎外層の増加の状況と比較すると、学習機会の保障という根本的政策責任を果たしているとは考え難い部分がある。したがって、教育格差が拡大している今日、教育疎外層を含め学習者に対する生涯教育の機会を保障するための行政支援型の生涯教育政策を推進することにおいて、生涯教育関連予算の確保が重要な課題であると思われる。すなわち、今日の生涯教育政策の重要な課題は、教育疎外層に対する教育機会を保障するための生涯教育予算の確保であるといえる。この問題を克服するためには、民間の教育市場活用型の生涯教育政策が推進される過程での学習者負担の基本原則の結果として、増大した教育疎外層の拡大を防ぐ手段として、行政主導型の社会教育政策の歴史的性格を省察的に検討しながら、新たに行政支援型の生涯教育政策の役割を再構築することが必要である。民間の教育市場活用型の生涯教育政策の負の遺産、具体的にいえば、経済的理由によって民間の教育機関の学習活動へ参加することができない学習者のための生涯教育を推進することが重要である。同時に、「解放」後の韓国の社会教育・生涯教育政策の歴史的性格である行政主導型の社会教育の役割と機能を省察的に検討し、行政支援型の生涯教育の可能性を再確認し、教育疎外層のための学習機会を提供することが求められると考えられる。

　結論的にいえば、1990年代以降、OECDの人的資源開発の理念に基づく生涯教育政策においては、民間の教育機関を活用し、学習者の自由な選択と自己負担に基づく学習活動を奨励してきたが、アジア通貨危機以降の所得格差の拡大によって教育格差が広がり、教育疎外層が現れた。その結果、教育格差の拡大に伴い教育疎外層を含む学習者に対する学習機会の保障が重要な問題として議論され始めた。そし

て、教育疎外層の拡大に代表される教育格差の問題は、今日韓国の生涯教育政策の重要な課題として位置づけられるようになったのである。したがって、教育格差の課題を克服するためには、「解放」後の韓国で主流を占めてきた学習者の教育機会を保障する行政主導型の社会教育政策の役割を再評価し、新たに行政支援型の生涯教育政策の可能性を模索することが課題として浮上していると思われる。

（3） 韓国の社会教育・生涯教育政策の歴史的展開と構造的特徴

　上記の内容を踏まえて、今日の韓国の生涯教育政策が直面している問題にはどのような要因が内在されているのかを突き詰めると、第4章と第5章のなかで議論してきた内容と関連づけて把握することができる。具体的にいえば、「解放」以降、1970年代までの韓国の社会教育政策は、貧困克服と国家経済の成長という目的を達成するために国民全体の平等な教育機会を提供することを目標として、識字教育、国民啓蒙および職業訓練を中心的内容とする行政主導の生涯教育を促進した。

　しかし、1980年代に入り、従来の統制的かつ画一的社会教育政策の行き過ぎと平等な生涯教育機会を提供するための予算が負担となり、両方の問題を克服する手段として民間の教育市場を活用し、個人の自由と選択を保障する生涯教育政策が推進されるようになった。その結果、「解放」以降、社会教育・生涯教育政策のなかで継承されてきた「平等な教育内容・機会を保障する社会教育政策の形態」より、「学習者個々人の自由な選択を尊重する生涯教育政策の形態」が、1980年代以降主流を占め始めた。

　1990年代に入り、新自由主義の理念が韓国の政策全般の基軸理念として形成され、さらにアジア通貨危機を機に社会階層間の格差が拡大される過程において、学習者個々人の自由な選択を尊重する生涯教育政策を推進したあまり、教育疎外層が増加し、結果的な生涯教育の機会の不平等が問題視されるようになった。

　このような社会教育・生涯教育政策の歴史的展開のなかで内在されている同政策の構造的特徴を把握すると、韓国の社会教育・生涯教育政策の構造は、「平等な教育内容・機会を保障する社会教育政策の形態」と「学習者個々人の自由な選択を尊重する生涯教育政策の形態」という2つの形態がともに内在されていることを意味する。

　まず前者の場合は、「解放」以降、貧困克服、経済発展と国民の意識改革を支えた社会教育・生涯教育政策の歴史的分析によって浮き彫りされた構造的特徴であ

る。一方、後者の場合は、民主化運動の成果に伴い、韓国社会において個々人の自由な選択を尊重し、学習者個々人の要望を実現する学習社会の構築を試みる過程で現れた構造的特徴である。そして、このような社会教育・生涯教育政策の構造的特徴は、社会教育・生涯教育政策関連の先行研究からもみられており、同政策は1970年代と1980年代を境に、時代の社会経済的状況と密接に関連してきており、時代の社会経済的状況の変化によって前者もしくは後者の形態が社会教育・生涯教育政策の主流となったと指摘されるようになった。

　しかし、韓国の社会教育・生涯教育政策の歴史的展開を通史的に考察した内容を踏まえた上で、同政策の構造的特徴を把握すると、同政策の構造的特徴は時代の変化に対応しておらず、その結果、近年のように教育疎外層が増加する中で求められる行政支援型の政策（「平等な教育内容・機会を保障する社会教育政策の形態」）が実施されていないという問題を表しているといわざるをえない。

　具体的に説明すると、「解放」以降、新しい国家づくりの過程で、軍事政権の主導の下で重化学工業を軸とする経済成長政策が推進され、その過程での教育政策においては、国民全体に平等な教育機会を保障しようとする政策が実施された。いわゆる、「平等な教育内容・機会を保障する社会教育政策の形態」を意味する。その後、1980年代に入り、軍事政権の抑圧的支配体制に対して反対する民主化運動が展開されるようになり、新自由主義の理念に基盤をおいた文民政府が登場し、個人の自由な選択を尊重する学習を奨励するようになった。いわゆる、「学習者個々人の自由な選択を尊重する生涯教育政策の形態」が主流を成した生涯教育政策の時代である。

　しかし、アジア通貨危機を機に、社会階層間の所得格差が拡大されるようになり、所得格差と連動して教育格差が現れ始め、韓国社会において教育疎外層の台頭が問題視されるようになった。その結果、1990年代以降、特にアジア通貨危機を機に韓国の生涯教育政策は、教育疎外層の増加に伴い、1980年代以降主流となっていた「学習者個々人の自由な選択を尊重する生涯教育政策の形態」を継続的に促進することが困難となったのである。もちろん、国家の経済的危機と社会階層間の格差が拡大することによって、民主化運動という歴史的成果によって獲得された「学習者個々人の自由な選択を尊重する生涯教育政策の形態」を諦め、以前の時代の社会教育政策の特徴である「平等な教育内容・機会を保障する社会教育政策の形態」へ戻ることも難しい状況であった。その理由は、「平等な教育内容・機会を保

障する社会教育政策の形態」は、権威主義政権下の画一的かつ統制的政策の典型として認識されており、過去の政策軸への移行は社会教育・生涯教育政策の退歩であると思われるからであった。そうすると、教育疎外層の増加が問題視されている状況において、社会教育・生涯教育政策は2つの形態のうち、いずれかを選択することでは、同政策が直面している問題の根本的解決にはならないことを意味する。

　なぜ、2つの形態の社会教育・生涯教育政策の選択が根本的問題解決にはならないかというと、韓国の社会教育・生涯教育政策の構造的特徴は、「平等な教育内容・機会を保障する社会教育政策の形態」から「学習者個々人の自由な選択を尊重する生涯教育政策の形態」へ移行したのでなく、実際は両方の形態が共存していたことにその理由がある。具体的に説明すると、貧困克服と国家の経済発展を促すことが必要な社会経済的状況においては「平等な教育内容・機会を保障する社会教育政策の形態」の比重が高まることである。他方、経済的ゆとりが社会経済全体に広がり、国民個々人の自由な活動が活発に行われる状況においては「学習者個々人の自由な選択を尊重する生涯教育政策の形態」の比重が高まることを意味する。すなわち、韓国の社会教育・生涯教育政策は、前者の特徴と後者の特徴が常に共存しており、特定時代の社会経済的状況を考慮した上で両者のなかでいずれの形態の比重が大きくなったことを表す。そうすると、韓国の社会教育・生涯教育政策は、「平等な教育内容・機会を保障する社会教育政策の形態」と「学習者個々人の自由な選択を尊重する生涯教育政策の形態」という2つの形態がどの時代においてもともに存在していることがわかる。

　そして最後に確認しておくべき問題がある。その問題とは、近年の教育疎外層の増加と教育疎外層のための生涯教育機会の保障の不備を一例としてあげるとわかるように、既存の韓国の社会教育・生涯教育政策の先行研究において、1990年代以降の政治経済的要因（新自由主義、グローバリゼーション、アジア通貨危機）が教育疎外層に対する生涯教育機会の保障の不備の遠因であると認識していることである。言い換えれば、韓国の社会教育・生涯教育政策の問題（教育疎外層のための生涯教育機会の保障）を、「平等な教育内容・機会を保障する社会教育政策の形態」と「学習者個々人の自由な選択を尊重する生涯教育政策の形態」という同政策の構造的特徴を踏まえることなく、短絡的に捉えているといわざるをえない。すなわち、「平等な教育内容・機会を保障する社会教育政策の形態」と「学習者個々人の自由な選択を尊重する生涯教育政策の形態」が共存しており、このような構造的特

徴を時代的状況に合わせていずれの形態の比重を高めていくことだけではなく、社会的弱者と呼ばれる教育疎外層に対する教育支援を最低限保障した上で、同政策の2つの形態の方向性を探ることは、社会教育・生涯教育政策が実際に直面している問題を解決する上で必要な要素であるといえる。同時に、前述同様、教育疎外層に対する生涯教育機会の保障が問題視されている今日の状況を考慮すると、「学習者個々人の自由な選択を尊重する生涯教育政策の形態」に偏った現在の政策の問題を認識し、同時に「平等な教育内容・機会を保障する社会教育政策の形態」の意義を再考することも課題であるといえる。

結局、韓国の社会教育・生涯教育政策の構造的特徴をみると、同政策は「平等な教育内容・機会を保障する生涯教育政策の形態」と「学習者個々人の自由な選択を尊重する生涯教育政策の形態」の狭間で、政権のイデオロギーによって展開されてきたという問題があった。さらに、同政策は、「解放」以降、継続的に推進されながらも長年の間、政策の基本となる一つの理念(「社会的弱者(教育疎外層)に対する教育機会の保障」)を貫くことなく、展開されてきたという問題がある。そのため、本来の社会教育・生涯教育政策の役割が社会的弱者に対する学習機会の保障という点にその意義があったとすると、韓国の社会教育・生涯教育政策の歴史を見つめ直すことで把握された行政支援型の生涯教育政策の議論を今後行うことが課題であると思われる。

第4節　今後の生涯教育政策の検討課題

韓国の社会教育・生涯教育政策の通史的考察からみると、近年の政策課題は、行政主導の社会教育政策から民間の教育市場活用型の教育政策へ展開される過程で、教育疎外層に対する学習機会の保障であることがわかるようになったのである。特に、教育格差の拡大の問題をもたらした参与政府(盧武鉉政権)の生涯教育政策は、①行政支援型の生涯教育政策の再構築、②市民組織との協力に基づく生涯教育政策の策定、という2つの課題を抱えていると思われる。さらに、2つの生涯教育政策の課題を踏まえた上で、今後生涯教育政策のなかで推進されるべき政策内容を分析すると、①生涯教育の基盤構築および学習機会の保障・拡大、②教育情報化の実現のための遠隔教育体系の整備と活性化、③生涯教育予算の確保という3つの論

点が主要な内容であろう[442]。以下では、その3つの政策内容の今後の課題を個別に検討する。

1. 生涯教育政策の基盤構築と教育機会の拡大

1990年代以降のOECDの人的資源開発を重視する教育理念の普及に伴い、民間の教育機関活用型の生涯教育政策が推進される過程で浮上した課題は、生涯教育の教育機会から疎外された人びとを対象とする行政支援型の生涯教育機会の保障を軸とする生涯教育政策の推進であった。すなわち、誰もが学習したいと願うときに学習できるようにするという生涯教育の理念に基づき、教育疎外層に対する生涯教育の機会を保障・拡大し、知識基盤社会で求められている生涯教育体制を構築することが必要とされているのである。そのため、今日の生涯教育政策の重要な推進内容を検討し、教育疎外層のための生涯教育機会を保障する上で必要な生涯教育政策の課題を把握する。主な論点は、以下の4点に要約できる。

第1に、すべての人びとに生涯教育の教育機会を保障するという生涯教育の教育理念が充足されねばならない。特定の社会階層や地域の人びとに生涯教育の教育機会が偏重し、農漁村地域や低所得層に対する生涯教育の教育機会が制限されている現状は、韓国の生涯教育政策が「解放」以降推進してきたすべての国民に対する社会教育・生涯教育の学習機会の保障という行政支援の役割の再考が必要とされていることを意味する。したがって、情報化と国際化が進む知識基盤社会に生きる市民として必要な能力を、生涯教育を通じて涵養し、学歴や経済的地位によって差別されない平等な教育機会を提供するための行政支援型の生涯教育政策の整備が求められるのである。そのために、生涯教育を学習権の思想に基づき国民全体の権利とする認識を再確認し、人的資源開発という経済的側面から焦点をあてた民間の教育機関活用型の生涯教育政策の形態から、生涯教育を権利として保障する行政支援型の生涯教育政策を重視する方向への政策転換が肝要であるといえる。

第2に、教育格差の拡大に伴い高所得層とソウルの一部地域において学歴を重視する風潮を煽った既存の生涯教育の政策による私教育費の増加の現状を脱皮し、教育疎外層が雇用のための能力を形成することを可能とする「独学による学位取得制度」などの能力形成と自己啓発を重視する行政支援型の生涯教育政策への転換が求められる。教育疎外層が行政支援型の生涯教育活動に基づき、個々の能力を向上させ、労働市場で求められる人材としての雇用競争力を確保することを支援する行

政支援型の生涯教育政策の促進が必要なのである。

　第3に、男女共同参画社会の推進に伴い生涯教育における男女平等の教育機会の付与を制度的に整備することが今日求められている。たとえば、男女共同参画の視点から生涯教育政策の課題を捉えた指摘をみると、"儒教社会といわれる韓国の伝統的価値観のために、生涯教育政策も女性を対象とする政策については十分とはいえない状況である"[443]といわれている。今日、社会の各分野で男女平等と女性の社会参加の拡大がいっそう求められるなかで、女性の教育機会を保障し、拡大する生涯教育政策の構築が今後の課題であると考えられる。

　第4に、生涯教育政策を推進する行政機構の一元管理が今日の生涯教育政策のなかで議論されている。その背景には、「解放」後の韓国の社会教育・生涯教育政策は、各政権の交代によって生涯教育政策を管轄する政府部署が変更されたという原因があった。したがって、社会教育・生涯教育政策が政権交代に影響されず、すべての人びとに社会教育・生涯教育の学習機会を保障するという根本理念に基づいた政策の効率的執行が実現できなかったと指摘された。この問題を克服するためには、政府部署間で生涯教育業務を統括管理する部門の設置が求められるようになった。

　しかし、1990年代以降、人的資源開発という理念に基づき民間の教育機関を積極的に活用した民間の教育機関活用型の生涯教育政策においても、生涯教育関連の業務体制は断片的性格が強く、統一された体制の確立が実現されず、部署間の連携不足から、同一事業を複数の部署で同時に実行するという業務の重複を許しがちだったという問題が指摘されていた。一例をあげると、失業中の女性を対象とした生涯教育プログラムの場合、保健福祉部、教育部、労働部の三部署が同一の教育活動を実施したため、効率性に欠け、予算と人材の浪費と責任の所在の不明確さという問題が現れたのである。そのような現状を踏まえると、今日の生涯教育政策においては、より効率的に政策を執行するために一元管理という原則に基づく行政機構の整備が求められていると思われる。

　教育格差の拡大が韓国の生涯教育政策の重要な課題として指摘されている今日、上記の4つの課題は、「解放」後の韓国の社会教育・生涯教育政策の性格である行政主導型の社会教育の意義を再評価し、行政支援型の生涯教育政策を推進する上で、まず検討すべき生涯教育の基盤を確立することであると思われる。この4つの課題を踏まえて、行政支援型の生涯教育の性格の意義を検討しながら、今後の生涯教育体制を改善することが生涯教育体制の再構築につながると考えられるのであ

る。

2. 教育情報化と遠隔教育体系の整備と活性化の課題

近年の韓国の教育政策のなかで教育情報化を通じた遠隔教育体制が課題として指摘されるようになった背景には、"学校教育の教育力の再考を通じて表された学校間の格差の緩和と家庭および地域社会の背景の不利な状況におかれている社会的不平等の世代への継承を抑制すること"[444] が重要な政策方向として位置づけられていたことである。特に、生涯教育政策においては、所得格差に基づく教育格差の結果、社会的不平等が世代を通じて継承されることを問題視し、その問題を克服するためには教育情報化を通じた教育機会の拡大がもとめられていると捉えられていた。その結果として遠隔教育を通じた教育機会の拡大が推進されるようになったのである。

詳しくいえば、従来の物理的空間を中心として展開された対面学習(face to face)の伝統的教育方法は、情報通信技術の発達に伴い、仮想空間を中心とする多岐にわたる学習活動を可能とした。特に、生涯教育においては仮想空間を活用した遠隔教育(distance education)の体制が確立・普及し、生涯教育政策のなかで高等教育機会の拡大の一環として大学の開放という潮流が形成されるようになったのである。1998年3月、教育人的資源部(現:教育科学技術部)によるサイバー大学の試験的運用が行われ、その成果を受けて2000年には、仮想教育体制の本格的な構築が始まった。サイバー教育体制の意義は、場所と時間に制約されず、不特定多数の学習者と教育者が双方向の遠隔教育を利用し、学習者の希望の時間に自由な学習活動を行えることにあった。学習者にとっては学習内容の選択の幅が広がると同時に、都市地域と農漁村地域間の地理的格差の問題を克服し、地理的要因に基づく教育格差の要因を解決することで、生涯教育の教育機会の保障に基づく生涯教育体制が構築され始めたのである。

一方、教育情報化による遠隔教育は、生涯教育の教育格差の問題と、その格差に伴う教育疎外層の教育機会の保障の課題を解決するという教育効果への期待が大きかったにもかかわらず、1990年代から民間の教育機関活用型の生涯教育政策が推進されて以来、生涯教育関連学習活動においては恒常的な予算不足という問題が内包されていた。さらに、より多くの学習者の需要に答えるための幅広い学習内容の編成に基づく教育機会の拡大は、以下の3つの側面から遠隔教育における学習体系

を整備する課題を明らかにした。

　第1に、「解放」後、韓国の社会教育・生涯教育政策のなかで遠隔教育の代表的形態である放送通信大学・高等学校の教育への学習者の参加を増大させ、情報技術の発達に基づく多様な学習内容の編成と他の遠隔教育機関との連携を通じ、教育疎外層のための教育機会の拡大を推進すると同時に、産業・研究機関・政府機関との連携を図ることで多方面での遠隔教育に対する支援のための環境整備を行うことがあげられる。第2に、遠隔教育機関の教育課程を履修した後、高等教育機関の学位課程への進学を促し、生涯教育と高等教育を連携させた政策の推進による教育機会の拡大を図ることである。第3に、教育疎外層が無償または低額の費用で、良質の教育を享受できるような遠隔教育機関に対する財政面の支援が今後の生涯教育政策の課題であると思われる。

　上記の3つの遠隔教育体制の整備と関連する課題を踏まえると、教育情報化を図る生涯教育政策における遠隔教育の推進課題は、地理的要因による地域間の教育格差を克服し、時間的・空間的制約によって教育機会を剥奪されていた教育疎外層のための教育機会を保障することであり、そのために遠隔教育体制の構築を促す行政支援型の生涯教育政策の推進が課題であるといえるのである。

終　章

　本書は、「解放」後の韓国の社会教育・生涯教育政策の歴史的特徴と課題を把握し、さらに、今日の教育格差の拡大のなかで浮上している教育疎外層のための生涯教育の学習機会を保障する政策の必要性を、「解放」後の韓国の社会教育・生涯教育政策の通史的考察という歴史研究の視点に基づき検討した。

　このような本書の研究の意義を整理すると、次の2つの点があげられる。一つは、「解放」後の韓国の社会教育・生涯教育政策の歴史的性格を検討し、韓国の生涯教育政策の構造的特徴を示すと同時に、同政策上の性格のなかで内在している伝統的かつ歴史的価値を理解したことである。もう一つは、歴史研究の視点から今日の韓国の生涯教育政策の課題を捉えた本書の問題意識とも関連するが、教育格差の拡大によって教育疎外層のための学習支援が求められている今日、このような状況を克服する社会教育・生涯教育政策の一環として韓国の社会教育・生涯教育政策の歴史的特徴である行政主導型の社会教育政策の意義を再考し、行政支援型の生涯教育政策の推進のあり方を把握することが必要であるという課題を示したことである。そして突き詰めると、本書の意義は以下のように記述できる。

　第1に、本書の研究の意義として、「解放」後の韓国の社会教育・生涯教育政策の歴史的性格は、行政主導型の社会教育中心の政策が推進されてきたということである。しかし、韓国の政策を主導する行政および政治システムは、"欧米のように、広義の市民社会が形成されてから国家建設が行われていくのではなく、まず軍部と官僚を中心とした国家が形成されてから、次いで市民社会が形成されていくような過程を経てきた"[445] ため、"韓国の政治社会（政策推進形態）の後進性"[446] が常に問題視されてきた。生涯教育政策のみならず、政策体系自体が軍部や官僚を中心とした国家建設という目的の下で推進されたため、政策推進手法は中央集権的かつ統制的な後進性を内在していたと考えられる。したがって、本書のなかで焦点をあてた社会教育・生涯教育政策も、軍事政権下の官僚や軍出身の政策担当者によって推進

されたため、統制的かつ中央集権的な特徴の政策の後進性を内在していたといえる。本書では、軍事政権下の行政主導型の社会教育政策の統制的かつ中央集権的性格に内在されている問題を指摘しながら、同時にその時代のすべての人びとに社会教育・生涯教育の機会を保障しようとする政策の意義も把握した。行政主導型の社会教育政策には、統制的かつ中央集権的性格のような後進性も内在しているが、社会教育・生涯教育の教育機会を保障しようとする評価すべき特徴もあったということである。

一方、1992年の文民政権登場以降の韓国の生涯教育政策においては、軍事政権下での行政主導型の社会教育政策の統制的かつ中央集権的な性格を批判的に捉え、市民の自発性と自由な選択を保障する政策理念に基づいた行政および政府の役割を最低限に抑止する政策が主流を形成し、民間の教育市場活用型の生涯教育政策が推進された。同政策が推進された背景には、①市民運動団体の活動の成熟による個人的学習活動の拡大、②その個人的学習活動を支えるための教育の私事化と、教育の私事化による民間の教育市場の拡大がある。

①の市民運動団体の活動は、1987年の民主化措置以降急速に成長し、旧来の権威主義的政策の改善を促す役割を果たしたと評価できる。特に、1980年代の文化教養的内容に焦点をあてた生涯教育政策が推進される過程で、市民は行政主導型の社会教育政策を自らの個人的関心事（個人の趣味・教養の内容）の学習を展開する手段として自発的に活用し、市民の民主化運動を背後で支える環境醸成を行ったという点は、生涯教育政策の視点から市民運動活動を捉える上で重要な論点であると思われる。しかし、韓国の市民運動団体の活動は、欧米や日本のような草の根の活動によるものというよりは、軍事政権下の官僚組織やエリートとは相対するイデオロギーを持ち、市民運動や労働運動の現場に入り、市民運動を組織化してきた少数の社会エリート集団によって成長してきた背景がある。その結果、韓国の市民運動そのものも、"少数の社会エリート集団によって閉鎖的に運営された権威主義の制度的遺産が政治社会ではなく市民社会の隅々にまで残っていた"[447]という問題も指摘されている。ただし、少数のエリートの主導の下で実施された韓国社会の市民運動は、市民個々人の意思に基づく草の根の活動として定着してこなかったという課題はあるが、市民の生涯教育への自由な参加と多様な選択を支える政治環境の醸成には重要な役割を果たしたと理解できる。

②の1992年代以降の生涯教育政策の主要な特徴である私事化傾向は、民間の教育市場活用型の生涯教育政策の主流を形成し、その結果、民間の教育機関による多

様な学習内容の提供と学習者の自己負担という原則のもとで自由な学習内容の選択を行うという自発的学習の環境が整備されるようになったのである。

①と②は、行政主導型の社会教育政策の統制的かつ中央集権的性格の後進性を改善し、学習者の自発的生涯教育活動を保障する上で政策の意義があったといえる。

しかし、民間の教育市場活用型の生涯教育政策が推進される過程で、行政主導型の社会教育政策のなかでは基本的前提となっていたすべての人びとに対する教育機会の保障という理念が十分実現できていないという問題が現れ始めた。その背景には、民間の教育市場活用型の生涯教育政策は、行政側が全額費用を負担していた行政主導型の社会教育政策とは異なり、学習者の自由を尊重し、彼らの自己負担を原則としていたということである。

しかし、アジア通貨危機以降の所得格差の拡大による教育疎外層の出現と近年増加している北朝鮮の脱北者、外国人労働者や移民によって、韓国社会全体において「両極化（二極化）」の拡大がみられるようになった。その結果、近年増え始めている教育疎外層に関する生涯教育支援の必要を主張する声が高まり始めた。それゆえに、教育疎外層に対する生涯教育機会を保障する社会教育・生涯教育政策の確立が求められ、行政主導型の社会教育政策の統制的かつ中央集権的性格を省察的に捉えながら、すべての人びとに社会教育・生涯教育機会を保障しようとする政策の歴史的意義を継承する行政支援型の生涯教育政策の推進を必要とする結論に到達したのである。

本書では、「解放」後の韓国の社会教育・生涯教育政策をマクロの視点から考察し、行政主導型の生涯教育政策の問題と意義を把握し、生涯教育機会の保障という理念が「解放」後の韓国の社会教育・生涯教育政策の軸を形成してきたという点を確認した。その上で、今日の教育格差の拡大の問題を歴史的視点から捉え直し、それらを克服するためには行政支援型の生涯教育政策という「解放」後の韓国の社会教育・生涯教育政策の行政主導の性格を省察的に継承した政策の推進が課題であることを述べた。

つまり、本書の第1の意義は、「解放」後の韓国の社会教育・生涯教育政策の歴史的特徴を考察する中で、行政主導型の生涯教育政策の意義と問題点を把握し、その政策の意義を継承することの必要を検討することであった。

本書の第2の意義として、単に「解放」後の韓国の社会教育・生涯教育政策の歴史的特徴を把握するにとどまらず、「解放」後の韓国の生涯教育政策の歴史的意

義がすべての人びとに生涯教育の教育機会を保障しようとする理念的性格が強いという事実を踏まえた上で、韓国の社会教育・生涯教育政策の歴史的特徴としての行政主導型の社会教育政策の意義を、今日の生涯教育政策の重要な問題である教育格差の拡大の問題と関連させ、「両極化（二極化）」による結果、増加している教育疎外層の問題を解決する政策として行政支援型の生涯教育政策への転換の必要性を示した。

まず序章のなかで言及したように、「両極化（二極化）」によってもたらされた教育格差の拡大と教育疎外層の問題の背後には、1990年代以降韓国社会で普及された新自由主義の潮流と、その理念の下で実施された韓国の教育政策（私事化）の過程で民間教育市場の活用を重視する生涯教育政策が遠因であると指摘されるようになった。

しかし、教育格差という現状の問題を深刻に捉える研究が「韓国教育開発院」を中心に行われてはいるが（序章参照）、生涯教育関連研究の領域では教育格差による教育疎外層の拡大の問題を論じる研究は少ないことが現状である。特に、本書のように歴史的視点から教育格差の拡大の問題に着目した社会教育・生涯教育の政策研究は皆無である。さらに、本書は、教育格差の拡大による教育疎外層のための生涯教育機会の保障という論点に基づき、現行韓国の教育政策の問題を歴史的政策研究から考察する研究としては独自的意義があると思われる。同時に、韓国の生涯教育政策の歴史的性格（行政主導型の社会教育政策の問題と意義）を再考し、教育格差の拡大の問題を克服する生涯教育政策として行政支援型の政策の推進の必要を論じたという点が、本書の研究視点の独自性を裏付けるものとして評価することができる。

したがって、今日の教育格差の拡大という政策課題を問題認識の出発点とし、教育格差を単に新自由主義理念に従った政策推進の結果として、その政策の失敗を問題視するのではない。むしろ、今日の教育格差に代表される韓国の生涯教育政策の課題を検討する上で教育疎外層のための生涯教育政策の推進は必要不可欠であると考える。

しかし、「解放」後の韓国の社会教育・生涯教育政策の歴史的特徴であった行政主導型の社会教育政策は、統制的かつ中央集権的な後進性の側面だけが指摘され、行政主導型の社会教育政策の課題を省察的に検討し、その政策のなかで活用可能な要素を把握しようとする積極的かつ能動的議論にまでは至らなかった。本書では、

このような「解放」後の韓国の社会教育・生涯教育政策研究の禁忌（タブー）に挑戦し、歴史研究の視点から今日の教育疎外層のための生涯教育機会を保障する政策の必要を論じ、行政支援型の生涯教育政策（「平等な教育内容・機会を保障する社会教育政策の形態」の役割の再考）の推進の可能性を模索することが必要であると論じた。このように「解放」後の韓国の社会教育・生涯教育政策の歴史的特徴を踏まえた上で、今日の問題を捉えるという分析視座は、本書の独自的視点として評価に値する要素であると思われる。

最後に、本書の第3の研究の意義としては、韓国特有の社会教育・生涯教育政策の構造的特徴を検討したことである。本書の第1と第2の研究の意義と関連する内容のなかで記した課題、すなわち、今日の韓国の社会教育・生涯教育政策のなかで課題とされている教育疎外層のための教育機会の保障の問題は、1992年以降の新自由主義およびグローバル化という政治経済的状況の変化によってもたらされたという認識が一般的であった。

しかし、本書ではこのような認識とは異なる視点から教育疎外層が問題視される近年の韓国の政策課題を捉えた。端的にいえば、近年、韓国の教育疎外層の問題は、韓国の社会教育・生涯教育政策において社会的弱者に対する教育機会を積極的に保障しようとする政策視点の欠如に原因があるのではないのかという疑問を提示したことである。その上、韓国の社会教育・生涯教育政策の歴史を考察し、同政策の構造的特徴として同政策の歴史のなかで既に教育疎外層の教育機会の保障が問題視されうる要素が内在されていたという点を検討したのである。

具体的に説明すると、韓国の社会教育・生涯教育政策を通史的かつ構造的に考察することによって、韓国の社会教育・生涯教育政策の構造は、全国民を教育対象として位置づける政策形態から民間の教育市場を軸とした学習者の自発的かつ自由な選択と学習者の教育費の自己負担を原則とする形態に転換されたという政策の構造的変遷がなされたということである。そして、生涯教育政策の構造が変化する過程で、生涯教育に対する学習者の教育費の自己負担の原則が定着し、逆に過去の学習者の平等な教育機会を重視した原則が薄れ、今日に至っては学習費用を負担することが困難な教育疎外層のための教育機会の保障が政策課題とされるようになったのである。すなわち、韓国の生涯教育政策の歴史における構造的特徴は、社会保障という性格が強い全国民に対する教育機会の保障という形態から機能的側面を重視する学習者の自発的選択と教育費の自己負担を重視する形態へ変わったことを意味す

る。

　もちろん、同政策の歴史的展開を検討する内容のなかで確認されたように、その政策構造の変化は政策を策定する側の意向によるものでもなく、学習者の側も高度経済成長の過程で経済的余裕を得て、同政策の変化を能動的に受容し、活用してきたという経緯があることは事実であろう。政策側と学習者側の相互の意図を背景に推進されてきた韓国の生涯教育政策の構造的特徴は、全国民の教育機会を保障する形態から学習者の自発的選択と教育費の自己負担の原則を重視する形態に転換されたことであり、この点は先行研究では検討されていない論点である。このような論点に基づくと、今日の教育疎外層の生涯教育機会の保障の問題は、新自由主義とグローバル化という政治経済的状況の変化によってもたらされたと捉える先行研究の指摘は、今日の生涯教育政策の課題（教育疎外層の生涯教育機会の保障の問題）を短絡的に把握したといわざるをえない。したがって、本書のなかで検討したように、教育疎外層の生涯教育機会の保障の問題を韓国の社会教育・生涯教育政策の通史の構造的特徴に基づいて捉えることは、現代の政策課題を今日の一時的問題として捉えず、より歴史的視点から重層的に把握したという点で一定の新しい視点を示したと考えられる。

　一方、これからの課題としては、2007年12月に改正され、2008年に入ってから実施されるようになった「平生教育法（生涯教育法）」が、「解放」後の社会教育・生涯教育政策においてどのような意味を持つのかという点である。しかしながら本書では、李明博政権登場後まだ、新政権の政策を十分検討する時期に至っていないこと、また同法律が改正されてから間もない時期であるため、同法律に基づく社会教育・生涯教育の実態を把握することが困難であったことにより、参与政府（盧武鉉政権）までの社会教育・生涯教育政策に焦点をあてて分析を進めた。したがって、同法律に依拠した社会教育・生涯教育政策の展開を今後、継続的に注視し、政策推進状況を分析していくことが今後課題であるといえる。

注

1) 공은배외 (Gong unbe 他)『평생교육 종합발전계획 수립연구』(生涯教育の総合発展計画に関する研究) 한국교육개발원 (韓国教育開発院) 2001、pp.51-52.
2) 여유진외 (Yo yujin 他)『빈곤의 불평등의 동향 및 요인 분해』(貧困の不平等動向および要因分解) 한국보건사회연구원 (韓国保健社会研究院) 2005、p.47.
3) 최경수 (崔慶株)「사회통의 과제와 저소득층의 향상」(社会統合の課題と低所得層の増加)、韓国開発研究院『경제위기 10 년』(経済危機以降 10 年) 2008、p.268. より抜粋筆者作成.
4) Ibid., pp.267-269.
5) 홍선이 (Hong suni)『양극화 해소를 위한 전문대학에서의 소외계층의 직업교육 지원 방안』(両極化の解消のための専門大学における疎外階層のための職業教育支援方案) 교육인적자원부 (教育科学技術部) 2006、pp.9-10.
6) 민승규외 (Min sunggyu 他)『소득양극화의 현황과 원인』(所得両極化の現況と原因) 삼성경제연구소 (三星経済研究所) 2006、p.19. 同研究所の調査では、アジア通貨危機以降の韓国社会の所得不平等の程度を示すジニ係数 (1997 年 0.283 から 2006 年 0.351 へ) と所得 5 分位倍率 (1997 年 4.74 から 2006 年 7.64 へ) ともに上昇し、韓国社会の貧富格差が広がっていることを端的に示していると分析していた。
7) 민승규외 (Min sunggyu 他)、op.cit., p.18.
8) 강영혜외 (Kang younghe 他)『양극화 해소를 위한 교육분야 대책 수립 연구』(両極化の解消のための教育分野の対策樹立研究) 한국교육개발원 수탁연구 (韓国教育開発院受託研究) CR2005-27 2005、p.4.
9) 韓国において疎外階層の意味は、基本的人権に基づく社会保障、教育と福祉政策の十分な権利を行使できないと思われる社会階級・階層の人びとを指している。
10) 홍선이 (Hong suni)、op.cit., p.10.
11) Ibid., p.11.
12) 通説的に教育格差の概念とは、個人の知的能力、社会経済的背景、性別、地域、制度的要因、学校の特性などの多様な要因によって発生する個人間、集団間の差異を指している。教育格差が表す性格的側面をみると、実際に教育不平等と教育格差は同じ意味であるが、理念的かつ象徴的性格が強い教育不平等という言葉に比べ、教育に関連する要因を中心として比較対象間の差異を包括的に表す言葉が教育格差であると位置づけられる。より具体的にいえば、教育不平等の概念は教育機会の不均等な配分を意味し、初期の教育機会の概念は、学校教育を受ける機会が保障されているのかに限定し、議論してきた。その一方で、教育を受けた以後の結果は個々人の責任という理解が一般的であった。

教育不平等に比べ、教育格差は教育機会の不平等に対する色々な概念的要素のなかで教育結果の不平等に注目している。そして、教育結果が教育機会の不平等を指す要素として

注　*249*

登場したのは、Colemanによる研究（J. Coleman. *Equality of Educational Opportunity*, Wachington, D. C. Government Printing Office, 1966）から始まったといわれている。Colemanは、学校教育の結果に影響を与える要素として家庭環境と人種の構成を提示し、この要素は学校教育の結果が個人の努力および学校の施設支援よりは個人の家庭環境によって決定されることを明らかにした。さらに、彼は、教育機会の平等は教育結果の平等まで保障すべきであると主張している。(유한구 (Ryu Hangu)『사회계층과 교육격차』(社会階層と教育格差) 한국직업능력개발원 (韓国職業能力開発院) 2006、pp.13-14.)

　Colemanの固有の教育格差に関する主張に比べ、今日の韓国の教育格差をめぐる議論においては、盧武鉉大統領の政権下で教育科学技術部長官を務めた金信一によると次のように説明されている。彼は教育機会の平等を4つの側面、①教育機会の許容的平等、②教育機会の保障的平等、③教育条件の平等、④教育結果の平等に区分し、教育機会の平等の概念が①から④の方向へ段階的に発展する傾向があるととらえた。(金信一『教育社会学』教育科学社　2003)

　しかし、旧来の教育格差の議論は、学校教育の領域において議論され、学校教育を受けた集団および社会階層間の不平等の状況に注目しており、学校教育外および学校教育以後の生涯教育の側面における教育格差の問題に関しては十分な議論が行われていないことが現状である。実際に、現在の社会経済的状況からみることと伝統的学習権の議論を踏まえてみると、職業訓練教育、教養教育と高等教育を含め、生涯学習に関する学習権の保障が重要な課題であり、生涯学習の結果に基づき大人の教育格差の問題が表れるのが現状である。そうすると、今後、学校教育中心の教育格差の概念から生涯教育の視点を踏まえた教育格差の概念が今後議論される必要があると考えられる。

13)　최은영 (choi unyoung)「학력자본 재생산의 차별화와 빗장도시의 형성」(学歴資本の再生産の差別化と貧困都市地区の形成)、『대한지리학회지 (大韓地理学会誌)』Vol.39. (3)　2004、p.375.
14)　Ibid., p.379.
15)　Ibid., p.380.
16)　강영혜외 (Kang Younghe 他)『교육격차의 실태와 해소방안 연구』(教育格差の実体と解消方案に関する研究) 한국교육개발원 (韓国教育開発院) 2004、p.179.
17)　류방란 (Ryu Bangran)『교육격차 해소와 교육안전망』(教育格差の解消と教育安全網) 한국교육개발원 (韓国教育開発院) 2006、pp.8-9.
18)　Ibid., p.22.
19)　Ibid., pp.20-21.
20)　教育格差に関する研究動向をみると、教育環境、教育機会、教育課程および結果という要素に焦点をあてた研究として区分して把握することができる。第1に、하봉운 (Ha boungun)「지방분권시대 지역간 교육격차 실태 및 개선 방안 연구：서울시를 중심으로」(地方分権時代の地域間教育格差の実態および改善方案の研究)、『교육행정학연구 (教育行政学研究)』8 (2) 2005、pp.167-193と김영철 (Kim YongChul)『서울시 지역간 교육격차 해소방안 (ソウル市

の地域間教育格差の解消方案)』韓国教育開発院（韓国教育開発院）2003の両論文は、地方自治団体の教育経費補助金の地域間の格差を分析し、ソウル市の各区の教育投資格差を分析した。すなわち、基礎自治団体別の教育投資額の差異を分析し、各区の教育格差の環境的側面を検討した。その結果、大学入試に対する私的教育費が増加する江南地区は同区の教育投資額も増加し、相対的に江北地区は私的教育費も区の教育経費も少ないのが現状であると把握した。

第2に、教育機会の側面から教育格差の問題を取り上げた研究としては、김기남・방화남（Kimginam/BangHwnam）「고등교육에 있어 가족배경의 영향과 성별격차：한국과 일본의 경우」（高等教育における家族背景の影響と性別格差）、『한국사회학』（韓国社会学）39（5）2005、pp.119-151．がある。同研究は、家庭背景による大学進学の状況を分析し、今日の高等教育機会が拡大している状況にもかかわらず、教育機会の格差が生じている背景において所得格差や教育に関する親の関心の度合の違いなどを分析した。

第3に、上記の강영혜외『교육격차의 실태와 해소방안 연구』（教育格差の実体と解消方案に関する研究）한국교육개발원（韓国教育開発院）2004の研究は、韓国教育開発院の資料を活用し、家庭背景、家庭内の教育関連支援活動、学校教育の過程面で教育格差を総合的に分析した。その結果、家庭の教育期待水準が高いほど、親の学歴が高いほど、親の職業が社会的地位のなかで高いほど、学業達成度は高いと説明した。

上記の3つの教育格差に関する主要な研究を中心に研究動向を把握すると、主に学校教育の側面へ問題意識が絞られていたとみられる。逆説的にいえば、生涯教育の側面から教育格差を問題視した研究の動向はまだ十分議論されていない状況であるといえる。

21) 최돈민（Choi Donmin）『한국의 평생교육 수준 진단：OECD 국가를 중심으로』（韓国の生涯教育水準診断：OECD国家を中心に）한국교육개발원（韓国教育開発院）2004、p.11.
22) 류방란（Ryu Bangran）『한국사회 교육복지 지표 개발 및 교육격차 분석－교육복지 지표 개발』（韓国社会の教育福祉指標開発および教育格差の分析—教育福祉指標開発）한국교육개발원（韓国教育開発院）2006、p.37.
23) Ibid., p.40.
24) 최돈민・양흥권・이세정（Choudonmin・Yanghunggwon・Leesejung）『한국성인의 평생학습 참여 실태 조사』（韓国成人の平生学習の参加実態調査）한국교육개발원（韓国教育開発院）2005、p.29.
25) Ibid.
26) Ibid., p.136.
27) 류방란（Ryu Bangran）、op.cit., p.173.
28) 최돈민외（Choudonmin 他）2005、op.cit., p.151.
29) Ibid., p.141.
30) 류방란（Ryu Bangran）、op.cit., p.173.
31) Ibid.
32) 이무근、김신일、강무섭、최운실（Lee mugun, Kim sinil, Kang musub, Choi unsil）『국

제기구의 평생교육 정책동향 및 발전모델 비교분석』(国際機構の生涯教育政策動向および発展モデルの比較分析) 교육인적자원부（教育科学技術部）2001、p.64.
33) Ibid., p.9.
34) 권두승（Kwon Dusung）『한국 사회교육의 변천에 관한 사회학적 분석』(韓国社会教育の変遷に関する社会学的分析) 고려대학교 박사학위논문 （高麗大学博士学位論文）1990. 박형민（Park Hyungmin）『유네스코 평생교육의 형성과 전개』(UNESCOの生涯教育の形成と展開) 서울대학교석사학위논문（ソウル大学修士学位論文）2004. 이희수（Lee Wesu）「학습사회에서 학습경제로의 전환과 그 의미」(学習社会から学習経済への転換とその意味)、김신일・한숭희（Kim Sinil・Hansunghi）編『평생교육학：동향과 과제』(生涯教育学：動向と課題) 교육과학사（教育科学社）2001.
35) 박형민（Park Hyungmin）『유네스코 평생교육의 형성과 전개』(UNESCOの生涯教育の形成と展開) 서울대학교석사학위논문（ソウル大学修士学位論文）2004、p.5.
36) Ibid., p.6.
37) 송병순・이영호（Song Byungsun・Lee youngho）『평생교육의 이론과 실제』(生涯教育の理論と実際) 교육과학사（教育科学社）2000、p.71.
38) 박형민（Park Hyungmin）、op.cit., p.38.
39) 이무근외（Lee mugun 他）、op.cit., p.67.
40) Ibid., p.24.
41) 박형민（Park Hyungmin）、op.cit., p.72.
42) 차갑부（Cha gapbu）『열린사회와 평생교육（開かれた社会と生涯教育）』양서원（Yangsuwon）1997、p.49.
43) 学習権宣言は、学習可能な権利を認めることは人類の大きな挑戦であるととらえていた。さらに具体的に、学習権とは、①読み書きの権利、②質問・分析可能な権利、③想像し、創造することを可能とする権利、④自らの世界を把握し、歴史を記録することができる権利、⑤あらゆる教育資源をアプローチ可能な権利、⑥個人的かつ集団的に技能を開発することが可能な権利などの内容を掲げ、学習権を人間の基本権の一つとして位置づけたのである。(이무근외（Lee mugun 他）、op.cit., p.69.）
44) 박형민（Park Hyungmin）、op.cit., pp.82-83.
45) 김종서・황종건・김신일・한숭희（Kim Jongsu・Hwang Jonggun・Kim sinil・Han Sunghi）『평생교육개론』(生涯教育概論) 교육과학사（教育科学社）2000、p.307.
46) 김동휘편（Kimdonghwi 編）『평생교육개론』(生涯教育概論) 교육과학사（教育科学社）2000、p.26.
47) 박형민（Park Hyungmin）、op.cit., pp.118-119.
48) 공은배외（Gong unbe 他）『평생교육 종합발전 계획 수립 연구』(生涯教育の総合発展計画の樹立と研究) 한국교육개발원（韓国教育開発院）2001、p.13.
49) Ibid., p.14.

50) 김영준 (Kim Youngjun)「국가경쟁력 향상을 위한 평생학습의 정책방향」 (国家競争力向上のための平生学習の政策方向)、한국교육개발원 평생교육센터 (韓国教育開発院生涯教育センター)『국가경쟁력 강화 평생교육이 해법이다』 (国家競争力の強化、生涯教育が解決策である) 한국교육개발원 (韓国教育開発院) 2004、p.83.

51) 이희수 (Lee Hesu)「학습사회에서 학습경제로의 전환과 그 의미」(学習社会から学習経済への転換と意味)、김신일・한숭희 (Kim Sinil・Hansunghi) 編 (2001)、op.cit., p.201.

52) 이무근외 (Lee mugun 他)、op.cit., p.72.

53) 정찬영외 (Jeng Chanyoung)『OECD 교육분야 정책분석 연구』(OECD 教育分野の政策分析研究) 한국교육개발원 (韓国教育開発院) 1998、p.34.

54) 이무근외 (Lee mugun 他)、op.cit., p.73.

55) 최운실편역 (Choi unsil 編訳)『OECD 의 평생학습 실현을 위한 정책과 방향』(OECDの平生学習の実現のための政策と方向) 한국교육개발원 (韓国教育開発院) 1995、p.121.

56) 김영화 (Kim Younghwa)「OECD 국가의 노동시장 재구조화와 성인학습체제 개혁」(OECD 加盟国の労働市場の再構造化と成人学習体制の改革)、한국교육학회 (韓国教育学会)『교육학연구』(教育学研究) 1999、p.63.

57) Ibid., p.71.

58) 이희수 (Lee Hesu)、op.cit., p.204.

59) 최돈민역 (Choi donmin 訳)『OECD 교육정책 분석、평생학습 정책을 중심으로』(OECD 教育政策の分析、生涯学習政策を中心に) 대통령자문 교육인적자원 정책위원회 (大統領諮問機関、教育人的資源政策委員会) 2000、p.18.

60) 이무근외 (Lee mugun 他)、op.cit., p.78.

61) 강무섭 (Gang musup)『OECD 한국 교육정책 검토 후속 보고』(OECD 韓国教育政策の検討の後続報告) 한국교육개발원 (韓国教育開発院) 1999、pp.89-90.

62) 이무근외 (Lee mugun 他)、op.cit., p.81.

63) 윤여각、최돈민、양병찬 (Yoon Yogak, Choi donmin, Yang Byungchan)『평생교육의 활성화를 위한 고등교육 체제 개혁 방안 연구』(生涯教育の活性化のための高等教育体制改革の方案の研究) 한국교육개발원 (韓国教育開発院) 2000、p.34.

64) OECD 가 韓国의 生涯教育政策에 影響을 与えた 理念을 整理한 記述을 みると、以下のように把握できる。"OECD 는 知識基盤経済의 成敗는 知的資本과 金融資本의 結合을 通じてシリコンバレーのような 知的複合体를 開発する 同時に、21 世紀의 都市는 知的資本、金融資本과 情報基盤이 密集され、一つの複合体を形成することに注目している。そして、このような 知識基盤経済에 相応する 知的複合体を建設する 手段として 人的資本の開発、社会文化的資本の開発へ総合的に取り組む 学習都市の建設が必要である"と認識されている。(이희수 (Lee Hesu)、op.cit., p.205.)

65) 권건일 (Kwon Gunil)『한국사회교육 정책에 관한 연구』(韓国社会教育政策に関する研究) 1995、p.121.

66) 김일중 (Kim iljung)『한국 사회교육정책의 변천과 과제에 관한 연구』(韓国社会教育政策の変遷と課題に関する研究) 1997、p.119.
67) 유명길 (Ryu Myunggil)『한국 사회교육정책의 변천과정에 관한 연구：1945-1999』(韓国社会教育政策の変遷過程に関する研究) 2000、pp.67-88.
68) 권두승 (Kwon Dusung)『한국 사회교육의 변천에 관한 사회학적 분석』(韓国社会教育の変遷に関する社会学的分析) 1990、p.60.
69) 안상헌 (An Sanghyun)『1980년대 사회교육정책의 정치경제학적 분석』(1980年代の社会教育政策の政治経済学的分析) 1993、p.5.
70) 魯在化「韓国の地方分権と自治体生涯教育の展望」、日本社会教育学会編年報『地方分権と自治体社会教育の展望（第44集）』東洋館出版社2000、pp.228.
71) 李正連「韓国生涯教育の動向と課題」、新海英行・牧野篤編『現代世界の生涯学習』大学教育出版 2002、p.360.
72) 金侖貞「韓国生涯教育におけるパラダイム転換とその課題」、東京大学大学院教育学研究科生涯教育計画講座社会教育学研究室紀要『生涯学習・社会教育学研究』第29号 2004、p.59.
73) 尹敬勲「韓国における生涯教育法の推進と課題」、日本社会教育学会編『社会教育関連法制の現代的検討』（第47集）東洋館出版社 2003、pp.199-200.
74) 이기백 (Lee Gibek)「한국의 시대구분 문제」(韓国の時代区分の問題)、한국 경제학회 (韓国経済学会) 편『한국사 시대구분』(韓国史の時代区分) 서울（ソウル）을유문화사 (Ulyumunhwasa) 1991、pp.6-21.
75) 김종서 (Kim Jongsu) 他『평생교육개론（生涯教育概論）』교육과학사（教育科学社）2000、pp.3-4.
76) 한숭희 (Han Sunghee)『평생교육론（生涯教育論）』학지사 2004、p.26.
77) 阿部洋『해방후한국의교육개혁（解放後の韓国の教育改革）』서울（ソウル）한국연구원（韓国研究院）1987、p.56.
78) 손인수『한국교육사』서울 문음사 1987、p.680.（Son-insu『韓国教育史』ソウル Munumsa 1987）
79) 朝鮮総督府編『施政二十五年史』朝鮮総督府 1935年、p.25.
80) Ibid., p.168.
81) Ibid., pp.169-181.
82) 隈本繁吉「教化意見書」、『日本植民地教育政策資料集成』（第69巻）竜渓書舎 1991年、p.39.
83) 朝鮮総督府編（1935年）、op.cit., p.314.
84) Ibid., p.317.
85) Ibid., p.476.
86) Ibid., p.479.
87) Ibid., p.489.

88) Ibid., p.656.
89) Ibid., p.668.
90) 朝鮮総督府学務局「朝鮮社会教育要覧」、『日本植民地教育政策資料集成』(第51巻) 竜渓書舎 1991 年、p.16.
91) 朝鮮総督府編 (1935 年)、op.cit., p.907.（この時期では、総督府官僚を含む官署官使に対して朝鮮語を奨励し、より官の人びとが日本語を習得しない人びとに対する教育を実施する動きを見せ始めたことも特徴である。）
92) 朝鮮総督府『施政三十年史』朝鮮総督府 1941 年、pp.409-411.
93) Ibid., p.780.
94) Ibid., pp.808-826.
95) Ibid., p.828.
96) 남궁용권 (南宮勇權)「일제에 대한 민족적 저항기의 사회교육」(日帝に対する民族的抵抗期の社会教育)、韓国教育史学会『韓国教育史学』(第16集) 1994、p.100.
97) 金道洙「우리나라의 近代社会教育政策과 活動形態의 展開過程—日帝統治時代를 中心으로—」(わが国の近代社会教育政策と活動形態の展開過程—日本帝国統治時代を中心に—) 檀国大学校教育大学院『教育論集』(創刊号) 1985、pp.44-46.
98) 李正連『韓国における社会教育の起源と変遷に関する研究—大韓帝国末期から植民地時代までの近代化との関係に注目して—』名古屋大学大学院教育発達研究科（博士学位論文）2005、p.200.
99) G. H. Q. US Army Forces, Pacific Office of Commanding General Yokohama, Japan, 7. September 1945, Proclamation No.1 *"To the People of Korea"*「Official Gazette United States Army Military Government in Korea Vol.No.1」Sept, 1945-Sept, 1946, Part I, p.20.
100) E. G. Meade, *American Military Government in Korea*, New York, Kings Crown Press, 1951, p.52.
101) Bruce Cumings「한국의 해방과 미국 정책 (韓国の解放と米国政策)」、Bruce Cumings 他『분단전후의 현대사 (南北分断前後の現代史)』서울（ソウル） 一月書閣、1983、p.52.
102) G. H. Q. U・S Army Forces, *Regulation of Political Parties*, Ordinance Number 55, 23 February 1946,「Official Gazette United States Army Military Government in Korea Vol. No.1」, Sept, 1945-Sept, 1946, Part I, p.223.
103) 최봉대 (Choi Bongdae)「정치적 이데올로기를 통해 본 이승만 정권의 성립과정과 그 함의 (政治的イデオロギーを通じて見た李承晩政権の成立過程とその含意)」、최장집 (Choi Jangjip) 編『한국현대사 (韓国現代史)』열음사 (Yulumsa) 1985、p.376.
104) 조종현 (Jo jonghyun)『한국정치연표 (韓国政治年表)』국회도서관 (国会図書館) 1984、p.10.
105) 심지연 (Shim jiyun)『해방정국 논쟁사 I (解放政局論争史 I)』도서출판 한울 (図書出版 Hanul) 1986、p.41.

106) 손영원 (Son Youngwon)「분단의 구조 (南北分断の構造)」、김홍명他『국가이론과 분단 한국 (国家理論と分断韓国)』Hanul、1986 p.60.
107) 박현채 (Park Hyunche)「한국 자본주의 경제의 제단계와 그 구조적 특징 (韓国資本主義経済の諸段階とその構造的特徴)」、박현채他『한국사회의 재인식 (韓国社会の再認識)』한울 (Hanul) 1989. 유인호 (Yu Inho)「해방후 농지개혁의 성격 (解放後農地改革の性格)」、송건호 (Song gunho) 他『해방전후사의 인식 (解放前後史の認識)』한길사 1979. 박관일 (Park Gwanil)「미국의 경제원조 성격과 그 경제적 귀결 (米国の経済援助の性格とその経済的帰結)」、김병태 (Kim Byungtae) 他 『한국경제의 전개 과정 (韓国経済の展開過程)』돌베개 1981.
108) 이현창 (Lee Hyunchang)「8・15의 사회경제사적 인식 (8・15の社会経済史的認識)」、이대근・정운영 (Lee Daegun・Jung Unyoung) 編『한국 자본주의론 (韓国資本主義論)』까치 (Kachi) 1984、p.90.
109) 박혜숙 (Park Haesuk)「미군정기의 농민운동과 전농의 운동노선 (米軍政期の農民運動と全農運動路線)」、박현채 (Park Hyuche) 他『해방전후사의 인식 3 (解放前後史の認識 3)』한길사 (Hangilsa) 1987、pp.309-310.
110) 이응호 (Lee Ungho)『미군정기의 한글운동사 (米軍政期のハングル運動史)』성청사 (Sungchungsa) 1974、p.233.
111) G. H. Q. U・S Army Forces, *Summation of No.4. Non-Military in Japan and Korea for the Month of January*, 1946, p.291.
112) G. H. Q. U・S Army Forces, *Summation of U・S Military Government Activities in Korea* Vol.1. No.1-4., 1946, p.870.
113) G. H. Q. U・S Army Forces, *Summation of U・S Military Government Activities in Korea* Vol.4. No.22-26., 1946, p.104.
114) 정재철 (Jung Jaechul)『일제의 대한국 식민지 교육 정책사 (日本帝国の韓国に対する植民地教育の政策史)』일지사 (一志社) 1985、p.515.
115) G. H. Q. U・S Army Forces, *Summation of U・S Army Military Government Activities in Korea* Vol.2. No.5-16、1946, p.32.
116) 이길상 (Lee Gilsang) 編『해방 전후사 자료집Ⅱ-미군정 교육 정책 (解放「解放」後の史資料集Ⅱ-米軍政の教育政策)』원주문화사 (原州文化社) 1992、p.642.
117) G. H. Q. U・S Army Forces, *Sub-report for Korea Education Commission General Education21*、January, 1946, p.1.
118) G. H. Q. U・S Army Forces, *Education in South Korea* (Summarized by Dr. H. G. Underwood, 1947.6, p.2.
119) 민주주의・민족전선 (民主主義・民族戦線) 編集『해방조선Ⅱ (解放朝鮮)』과학과 사상 (科学と思想) 1988、p.455.
120) 한국 교육 십년사 간행회 (韓国教育十年史刊行会) 編『한국 교육 십년사 (韓国教育十年

史)』풍문사 (Pungmunsa) 1960、p.10.
121) 심지연 (Shim Jiyun)『한국 민주당 연구Ⅱ-한국 현대 정당론 (韓国民主党研究Ⅱ-韓国現代政党論)』실천문학사 (実践文学社) 1984、p.268.
122) 광주부 (Kwang jubu)『해방전후 회고-현대사자료집 (解放前後の回顧-現代史資料集)』돌베개 (Dolbege) 1984、p.14.
123) 심지연 (Shim Jiyun)『조선혁명론-해방정국 논쟁사2 (朝鮮革命論-解放政局論争史)』실천문학사 (実践文学社) 1984、p.324.
124) 민주주의・민족전선 (民主主義・民族戦線) 編集『해방조선Ⅰ (解放朝鮮)』과학과 사상 (科学と思想) 1988、p.27.
125) 광주부 (Kwang jubu), op.cit., p.161.
126) Ibid., p.170.
127) Ibid., p.174.
128) Ibid., p.167.
129) 민주주의・민족전선 (民主主義・民族戦線) 編集『해방조선Ⅰ (解放朝鮮)』、op.cit., p.180.
130) 광주부 (Kwang jubu), op.cit., p.177.
131) Ibid., p.179.
132) Ibid., p.180.
133) 『새한 (Saehan)』창간호 (創刊号) 1946.12. pp.6-7.
134) 광주부 (Kwang jubu), op.cit., p.140.
135) 『東亜日報』1946年5月24日
136) 『새한 (Saehan)』창간호 (創刊号)、op.cit., p.2.
137) Ibid., p.4.
138) 呉天錫 (O chunsuk)『한국교육사下 (韓国教育史下)』光明出版社 1975、p.8.
139) Ordinance Number6, 29 September 1945.「Official Gazette United Army Military Government in Korea」p.4.
140) 呉天錫 (O chunsuk), op.cit., p.14.
141) 강길수 (Gang Kilsu)『한국교육행정사연구 (韓国教育行政史研究)』재동문화사 (Jaedongmunhwasa) 1976、p.241.
142) 정태수 (Jung Taesu)「미군정기 한국교육행정의 기구와 요원의 연구 (米軍政期の韓国教育行政の機構と要員の研究)」、정태수・신세호 (Jung Taesu・Shin Seho) 『전환기의 한국교육 (転換期の韓国教育)』예지각 (Yejigak) 1991、pp.743-781. :内容に基づき筆者作成.
143) Department of Education, Bureau of Culture, R. G. 332, Box36.
144) History of Adult Education Under United States Army Military Government in Korea, R. G.332, Box35.
145) 総務処『대한민국 정부조직 변천사 (大韓民国政府組織変遷史)』総務処 1988、p.661.
146) 『漢成日報』1946年3月10日字

147) 한국 교육 십년사 간행회（韓国教育十年史刊行会）編、op.cit., p.113.
148) Ibid.
149) 중앙대학교 부설 한국교육문제 연구소（中央大学校付設韓国教育問題研究所）編『문교사（文教史）』중앙대학교 출판부（中央大学校出版部）1974、p.16.
150) 『東亜日報』1946 年 5 月 29 日
151) Ibid.
152) 『漢成日報』1946 年 5 月 29 日
153) 『漢成日報』1946 年 9 月 1 日
154) 『東亜日報』1946 年 6 月 13 日
155) Ibid.
156) 『東亜日報』1946 年 7 月 24 日
157) Ibid.
158) 『自由新聞』1947 年 12 月 12 日
159) 『東亜日報』1947 年 4 月 26 日
160) 文教部『文教 40 年史』文教部 1988、pp.103-104.
161) 한국 교육 십년사 간행회（韓国教育十年史刊行会）編、op.cit., p.110.
162) 중앙대학교 부설 한국교육문제 연구소（中央大学校付設韓国教育問題研究所）編、op.cit., p.182.
163) Ibid., p.188.
164) Ibid., pp.189-194.
165) 이옥분（Lee Okubun）「한국사회교육사（韓国社会教育史）」『평생교육연구（生涯教育研究）』제 4 권제 1 호（第 4 巻第 1 号）1998、pp.115-120.
166) 최운실（Choi Unshil）他『한국 사회교육의 과거・현재・미래 탐구（韓国社会教育の過去・現在・未来探求）』한국교육개발원（韓国教育開発院）1993、pp.35-38.
167) 최재만（Choi jaeman）「문맹퇴치교육에관하여（識字教育に関して）」『문교월보（文教月報）』（第 49 号）1959、p.55.
168) 2006 年 12 月 28 日（金海市 K 先生の聞き取り）
169) 교육부（教育部）『평생교육백서（生涯教育白書）』창간호（創刊号）선명인쇄（鮮明印刷）1997、pp.20-26.
170) 중앙대학교 부설 한국교육문제 연구소（中央大学校付設韓国教育問題研究所）編、op.cit., p.262.
171) 최재만（Choi jaeman）、op.cit., p.64.
172) 文教部『文教統計年報』1951 年 -1960 年の各年度資料参照.
173) 文教部『韓国教育 30 年』文教部 1980 p.201.
174) 교학사（教学社）『문교법전（文教法典）』교학사출판사（教学社出版社）1988、p.27.
175) 文教部『文教統計年報』1951 年 -1960 年の各年度資料参照.

176) 김남석 (Kim Namsuk)『일제하 공공도서관의 사회교육활동에 관한 연구 (日本植民地支配下の公共図書館の社会教育活動に関する研究)』단국대학교 대학원 박사학위논문 (檀国大学大学院博士学位論文) 1990、p.39.
177) 文教部 1980、op.cit.、p.204.
178) 総務処 1988、op.cit.、p.663.
179) 鄭硯九「사회교육의 법제와 행정 (社会教育の法制と行政)」『社会教育研究』(第11巻) 韓国社会教育協会 1986、p.76.
180) 중앙교육연구소 (中央教育研究所)「한국의 사회교육 (韓国の社会教育)」『조사연구 (調査研究)』(第43集)、p.96.
181) Ibid., pp.112-113.
182) 独立運動家、政治家。中国とアメリカで独立運動を展開し、日本植民地からの独立後の大韓民国初代大統領。
183) 当時の低穀価政策の他にも、戦争期間と復興期の現物受納税などのインフレの圧力を農民・地域住民に転嫁する多様な制度があった。이대근『한국전쟁과 자본축적』까치 1987 (Lee Daegun、『韓国戦争と資本蓄積』KACHI、1987.)
184) 손호철『해방 50년의 한국정치』새길 1995、p.33. (Son Hochul、『解放 50年の韓国政治』セギル 1995、p.33.)
185) 장상환『한국자본주의의 전개와 농촌사회의 변화』、한국농어촌 사회연구소 편『한국자본주의와 농촌사회』사회문화연구소 1991、p.29. (Jang Sanghwan『韓国資本主義の展開と農村社会の変化』、韓国農漁村社会研究所編『韓国資本主義と農村社会』社会文化研究所 1991、p.29.)
186) 정일영「원조경제의 전개」、이대근 & 정운영 편『한국자본주의론』까치 1984. (Jung Ilyoung「援助経済の展開」、Lee Daegun&Jung Unyoung 編『韓国資本主義論』、KACHI 1984.) 参照。
187) Haggard Stephan&Moon, The State, Politics, and Economic Developmen in PostWar South Korea, in Koo, Hagen ed. *State and Society in Contemporary Korea*, Cornell University Press, 1993, p.66.
188) 政府は 1961年1月から輸出所得に対する法人税および所得税を 60%減免し、同年4月には輸出用の原材料と資本財の輸入に対する関税を免税する政策を推進した。その他、輸出企業の営業税を免税し、各種租税上の支援と低金利の輸出金融、輸出産業の育成のための各種資金を提供し、輸出企業を支援した。(김호기 (Kim hogi)「경제개발과 국가의 역할에 관한 연구」 (経済開発と国家の役割に関する研究)、최장집 (崔章集) 편『한국자본주의와 국가』(韓国資本主義と国家) 한울 (Hanul) 1985、p.194.
189) Amsden Alice, *Aisa's Next Giants: South Korea and Late Industrialization*, New York, Oxford University Press, 1989, p.66. のなかで記されている表を再構成。
190) Kim Eunmee, *Big Business, Strong State: Collusion and Conflict in South Korean*

Development, 1960-1990, State University of New York Press, 1998, p.105.
191) 山本剛士「韓国経済開発五ヵ年計画と高度成長」、山田三郎『韓国工業化の課題』アジア経済研究所 1971、p.277. 経済発展を通じて政治的正当性を獲得しようとした政府は、可視的な経済再建の成果物を必要とし、その結果、農業よりは相対的に短期間に効果を生み出すことが可能な工業に比重をおいたのである。
192) 임경택『한국권위주의 체제의 동원과 통제에 관한 연구 : 새마을운동을 중심으로』(韓国権威主義体制の動員と統制に関する研究：セマウル運動を中心として) 고려대학교 정치외교학과 박사논문, 1991、p.25.
193) 山本剛士、op.cit., p.277.
194) 김호기 (Kim hogi)、op.cit., p.195.
195) 1960年代後半、借款に依存していた企業の倒産が相次ぎ、1969年には政府の企業の整理によって外資に依存していた85社の企業が銀行の管理下におかれ、123社の企業は不渡を起こし、整理されるようになった. : 박현채「분단 40 년의 한국자본주의와 농업」、『한국사회연구』 No.3 한길사、1985、p.360. (Park Hyunche、「分断40年の韓国資本主義と農業」、『韓国社会研究』No.3 Hangi-sa、1985、p.360.) 実際に、このような企業の倒産は、短期的経済成長を意図した政府の無理な外資導入政策と、企業間の外資導入をめぐる過度な競争の産物として指摘されている。
196) 내무부『새마을운동 10년사』1980、p.108. (内務部『セマウル運動10年史』1980、p.108.)
197) 임경택、op.cit., p.34.
198) 농협『농업연감』1970、p.21. (農協『農業年鑑』1970、p.21.)
199) 홍성직「도시화의 사회문화적 의미」、전국경제인연합회『산업사회와 도시』경제・기술조사센터 1977、p.55. (Hong sungjik、「都市化の社会文化的意味」、全国経済人連合会『産業社会と都市』経済・技術調査センター 1977、p.55.)
200) 김대일「권위주의 체제의 등장원인에 관한 사례연구」、최장집、op.cit., p.63. (Kim Taeil、「権威主義体制の登場原因に関する事例研究」、Choi Jangjip、op.cit., p.63.)
201) 韓国政府の1960年代の経済政策の変遷課程に対するより詳しい内容は、David Cole&Princenton N. Lyman, *Korean Development : The Interplay of Politics and Economics*, Cambridge, Harvard University Press, 1971, pp.210-212. 参照。
202) Young Jo, Lee, *Legitimation, Accumulation, and Exclusionary Authoritarianism*, Dissertation of Harvard University, 1990, pp.259-271.
203) 当時の行政部内の人びとは、経済成長に対する執着だけではなく、方式においても相互認識を共有していた。彼らは、結果に対して強い執着をみせ、実績を通じて政治的正当性を確保するために規模の利益を強調し、支援を大企業に集中したのである。Youngil Lim, *Government Policy and Private Enterprise : Korean Experience in Industrialization*, Berkely, Institute of East Asian Studies, University of California, 1981.
204) 박상섭、「한국정치와 자유민주주의 : 현대 한국정치사의 정치사회적 이해의 시론」、최상

용외『현개한국정치와 국가』법문사、1986、p.424. (Park Sangsub、「韓国政治と自由民主主義：現代韓国政治史の政治社会的理解のための時論」、Choi Sangyong 他、『現代韓国政治と国家』法文社、1986、p.424.)

205) 김진균 (Kim Jingyun)「한국의 교육문화에 대한 사회학적 접근 (韓国の教育文化に対する社会学的接近)」、한국 기독교 사회문제 연구원 (韓国キリスト教社会問題研究院) 編 『한국 사회 변동연구 (韓国社会の変動研究)』민중사 (Minjungsa) 1984、p.193.

206) 중앙대학교 부설 한국교육문제 연구소 (中央大学校付設韓国教育問題研究所) 編、op.cit., p.299.

207) 대한어머니회 중앙연합회 (大韓母の会中央連合会) 編 『한국교육의 30년사 (韓国教育の30年史)』대한어머니회 중앙연합회 출판국 (大韓母の会中央連合会出版局) 1977、p.425.

208) 권두승 (Kwan Dusung)『한국사회교육의 변천에 관한 사회학적 분석 (韓国社会教育の変遷に関する社会学的分析)』고려대학교 대학원 박사학위논문 (高麗大学校大学院博士学位論文) 1991、p.142.

209) 김종철 (Kim Jongchul)『한국교육의 행정의 제문제 (韓国教育の行政の諸問題)』교육과학사 (教育科学社) 1993、p.19.

210) 文教部 1988、op.cit., p.204.

211) 私設講習所とは、成人と若者の技術習得と学校教育を補完、外国語教育などの社会変化へ対応するための教育内容を一時的に実施する個人経営の社会教育機関である。

212) 文教部『私設講習所に関する法律案』(第 719 号) 1961、p.18.

213) 이종만 (Lee Jongman)『평생교육체제의 확립을 위한 사회교육 관련 법규 연구 (生涯教育体制の確立のための社会教育関連法規研究)』서울대학교 박사학위 청구논문 (ソウル大学博士学位請求論文) 1991、p.124.

214) 대한교육연합회 (大韓教育連合会)『한국교육연감 (韓国教育年鑑)』새한신문사 (セハン新聞社) 1970、pp.204-208.

215) 유네스코 한국위원회 (ユネスコ韓国委員会) 編 『평생교육의 기초와 체제 (生涯教育の基礎と体制)』法文社 1983、p.317.

216) 권건일 (Kwon Gunil)『한국 사회교육정책에 관한 연구 (韓国の社会教育政策に関する研究)』단국대학교 대학원 (檀国大学校大学院) 박사학위논문 (博士学位論文) 1995、p.78. 再引用。

217) 황종건 (Hwang Jonggun)『한국 사회교육 (韓国の社会教育)』교육과학사 (教育科学社) 1985、p.311.

218) 문교부 (文教部)『한국교육 30년 (韓国教育の30年)』1980、pp.323-324.

219) 권건일 (Kwon Gunil)、op.cit., p.84.

220) 文教部『文教統計年報』1956年-1960年の各年度資料参照。

221) 문교부 (文教部)『문교통계년보 (文教統計年報)』1966.

222) 최운실 (Choi Unshil) 他：1993、op.cit., p.94.

223) 황종건（Hwang Jonggun）『향토학교 건설의 문제점 조사연구（郷土学校建設の問題点と調査研究）』중앙교육 연구소（中央教育研究所）1963、p.18.
224) 문교부（文教部）：1966, op.cit., p.265.
225) 技術学校とは、正規の学校教育を受けられない人びとを対象とし、職業に必要な知識と技術を教える学校を指す。設立目的は、産業発展に伴う技術系人材の育成・確保を図り、産業現場で必要な人材を確保することであった。1～3年制の技術学校には、中学校を卒業した人びとなら入学可能であり、修了者および卒業者には資格証を与えた．
226) 青少年職業学校は、中高校未就学者や中退者に対して地域社会に適した技術教育を実施し、潜在的余剰労働力を開発・活用することで地域社会開発に寄与可能な青少年を育成するために設置・運営された学校を意味する．
227) Ibid., p.284.
228) 대한민국정부（大韓民国政府）『행정백서（行政白書）』1969 p.432.
229) 문교부（文教部）：1966, op.cit., p.208.
230) 地域文庫は、1950年代に農村文庫、郷土文庫、班文庫、里洞文庫、希望文庫と郷土図書館という名前で推進された読書運動を総括したのである．
231) 중앙대학교 부설 한국교육문제 연구소（中央大学校付設韓国教育問題研究所）編、op.cit., p.449.
232) 대한교육연합회（大韓教育連合会）：1970, op.cit., p.254.
233) 대한민국정부（大韓民国政府）：1969, op.cit., p.432.
234) 공은배（Gong unbe）他『평생교육 종합 발전계획 수립 연구（生涯教育総合発展計画の樹立に関する研究）』한국교육개발원（韓国教育開発院）2001、p.45.
235) T. C.Rhee, *South Korea's Economic Development and its Socio-Political Impact*, Asian Survey, Vol.13. No.7. July, 1973.
236) Hagen Koo, *The Interplay of State, Social Class, and World System in East Asian Development: The Cases of South Korea and Taiwan* in Frederic C. Deyo (ed.), *The Political Economy of New Asian Industrialism*, Ithaca, Cornell University Press, 1987, p.171. しかし、東アジアの新興産業国家は、ラテンアメリカの新興産業国家に比べて、所得不平等性が低いと評価されている。特に、韓国社会の所得不平等性が低い原因として4つの例があげられている。第1は、韓国社会が他の国に比べて同質的な社会であることである。第2は、土地改革の結果である。第3は、韓国戦争の結果である。第4は、教育の拡大である。Kwang-Suk Kim& Michel Roemer, *Growth and Structural Transformation*, Cambridge, Harvard University Press, 1979, pp.163-164. この点に加えてみると、輸出主導の産業化戦略の下で労働集約的な産業化を追究することによって、輸入代替の産業化で資本集約的な産業化による労働市場の分節化現象がなかった点も所得不平等性の差に影響を及ぼしたととらえられている。しかし、韓国で所得不平等性が低く現れたのは、分析対象を1960年代末までとしたからである。1960年代を経て、現れた分配の不平等性は1970年代以降本格的に現れたのである。Hagen Koo,

The Political Economy of Income Distribution in South Korea: The Impact of the State's Industrialization, World Development, Vol.12, No.10, 1984, pp.1027-1037.

237) 都市と農村間の所得格差は、日本と比べてもわかるように一般的な現象であったにもかかわらず、韓国の場合は、その格差の幅と速度が普通より深刻であったことに問題があった。特に、都市と農村間の所得格差の深刻性は、産業の都市集中により、農民・地域住民の農外所得より低かったということに起因していた。Sameul P. S. Ho, Rural-Urban Imbalance in South Korea in the 1970s, Asian Survey, Vol.19. No.7, July, 1979, pp.647-649.

238) T. C. Rhee, op.cit., p.685.

239) 第3次経済開発5か年計画の重点目標として、第1は、"食量を増産し、主穀物を自給し、農漁民の所得を積極的に増大させると同時に…"が提起されている。大韓民国政府、「第3次経済開発5か年計画、p.2.

240) 当時の選挙状況の特徴に対しては、Chae-Jin Lee, South Korea: Political Competition and Government Adaptation, Asian Survey, Vol.12. No.1 Jan, 1972, pp.38-40. を参照。

241) T. C. Rhee, *op.cit.*, p.686.

242) Jin-Hwan Park, *Introduction in Chung Hee Park, Saemaul : Korea's New Community Movement, Seoul,* The Secretariat of the President, 1979. セマウル運動に深くかかわったJin-Hwan Parkは、次のように初期段階の政府政策を評価した。韓国経済から見て、全国に散在している3万5,000の村の生活環境を改善するために投入可能な政府の財源は極めて制限されたものであった。そのため、既存の農村で慣行的に行っていた地方道路の補修作業に全住民が参加した点を考慮し、初期の生活環境改善では村周辺の道路開発が非常に強調されたのである。特に、セマウル運動に点火する段階で実施されたセメントの提供は、企業の在庫整理の過程で考案されたものであった。박진환「새마을사업의 점화과정」、이만갑외『새마을운동의 이념과 실재 : 새마을운동 국제학술회의 논문집』1980.12、pp.8-13.；서울대학교 새마을운동종합연구소 1980、pp.138-139. (Jin-Hwan Park、「セマウル事業の点火過程」、Lee Mangap 他『セマウル運動の理念と実際：セマウル運動国際学術会議論文集』1980.12、pp.8-13.：ソウル大学 セマウル運動総合研究所 1980、pp.138-139.) そして、セマウル運動の初期大統領特別補佐官であった임방현も産業化で発生する投資需要に起因して、最小投資で最大効果を出すことが可能な農村開発戦略が要請されていると述べていた (임방현「5.16 정신과새마을정신」『세대』1972、7月号 (Lim Banghyun「5.16 精神とセマウル精神」『世代』1972、7月号))。

243) 維新政権とは、韓国の憲政史上7次で改正された第4共和国の憲法である維新憲法によって成立した政権と体制を指している。当時の大統領朴正熙は、72年10月17日 "我が民族の地上課題である祖国の平和的統一"を裏づけるために、"我々の政治体制を改革する"と宣言した。そして、超憲法的な国家緊急権を発動し、国会を解散し、政治活動を禁止すると同時に全国的に非常戒厳令を宣布した後、10日以内に憲法改正案を作成し、国民投票で確定するように指示され、その結果、国民投票を経て公布・施行されたのである。改正当時の維新憲法の基本的な性格は、"祖国の平和的統一志向、民主主義の土着化、実質的な経済的平等を成し遂げる

ための自由経済秩序の確立、自由と平和守護の再確認"であった。しかし、事実上、維新憲法は朴大統領の長期執権のための改憲であり、国民の基本権の侵害、権力構造上において大統領の権限の肥大により独裁を可能とした憲法であったと今日いわれている。

244) Pal-yong Moon, *The Saemaul (New Community) Movement (1971)* in Lee-jay Cho and Yoon-hyung Kim (eds.) *Economic Development in the Republic of Korea ; A Policy Perspective*, Hawaii, An East-West Center Book, 1991, p.409.

245) 박종철「한국 근대화정책과 국가의 역할 1948-1972」: 제1공화국과 제3공화국의 비교연구」, 고려대학교 박사논문, 1988, pp.74-75. (Park Jongchul「韓国近代化政策と国家の役割 1948-1972」: 第一共和国と第三共和国の比較研究」, 高麗大学博士論文、1988、pp.74-75.)

246) 政策担当者たちが制度化された指導原理と内面化された価値観と意識構造を分析した文献などによると、1960年代政策担当者が1950年代に比べると、より経済発展志向的な方向へ転換したと評価している。황인정『행정과 개발』서울대학교 출판부 1970, p.42。(In-jeong Hwang,『行政と開発』ソウル大学出版部、1970、p.42.)

247) Hagen Koo, "Strong State and Contentious Society" in Hagen Koo (ed.), op.cit., p242.

248) Mygdalは、強い国家の形成するうえで充足条件として次のような要素をあげている。一国の近代国家形成と世界的な歴史的視点の連関性、一国が置かれている軍事的脅威性、独立的な官僚制の基礎、有能なリーダーシップを述べており、ここでは新しいリーダーシップと官僚制の形成という側面から把握することができる。Joel S. Migdal, Strong Societies and Weak State: State-Society Relations and State Capabilities in the Third World, Princeton University Press, 1988, pp.271-277.

249) 当時、経済の急速な発展を成し遂げるために、政策担当者たちは環境政策と福祉政策、労働政策などの非経済政策に対する注目は欠けていた。言い換えれば、政策担当者の間では、急速な経済的発展を成し遂げるためには、どのような手段も使うべきであるという認識が普遍的であった。: Chung-kihl Chung, *The Ideology of Economic Development and Its Impact on Policy Process*, The Korean of Policy Studies, Vol.1, 1986.

250) 최장집 (崔章集)、op.cit., p.316.

251) 김영민「한국의 정치변동과 관료제、1945-72:국가관료제의변천과정」, 서울대학교 박사논문、1991, pp.186-188。(Kim Youngmin、「韓国の政治変動と官僚制、1945-72:国家官僚制の変遷過程」、ソウル大学博士論文、1991、pp.186-188.)

252) 이종복「근대화와 정치체제의 변화」한국정치학회회보 (제19집) 1985、p.68. (Lee Jongbok,「近代化と政治体制の変化」、韓国政治学会回報 (第19集) 1985、p.68.)

253) 최장집「과제:성장국가의 형성과 정치균열의 구조」, 한국사회연구 (제3집) 한길사 1985、p.217. (崔章集,「課題:成長国家の形成と政治亀裂の構造」、韓国社会研究 (第3集)、Hangi-sa、1985、p.217.)

254) セマウル運動の政策決定と同様に、重化学工業化の場合の政策決定過程も大統領を頂点と

する数人の経済官僚が中心となって推進した。: In-won Cho, *The Politics of Industrialization in South Korea*, Dissertation of Pennsylvania University, 1988.
255) Man-gap Yi, *Socio-cultural Aspects of the Community Development Movement in Korea*, Korea Journal, Vol.13, No.1 (Jan, 1973), p.26.
256) 임희섭 (Lim Heesup)『사회변동과 가치관 (社会変動と価値観)』정음사 (Jungumsa) 1986、p.26.
257) 최운실 (Choi Unshil) 他：1993, op.cit., pp.69-70.
258) 산업교육진흥법 개정법률안 (産業教育振興法改正法律案) 第 2525 号 (1973.2.22).
259) Ibid., 第 3059 号 (1977.12.31).
260) 학원의 설립 운영에 관한 법률안 (学院の設立・運営に関する法律案) 第 719 号 (1975.12.31).
261) 교육법 중 개정법률안 (教育法における改正法律案) 第 2586 号 (1973.3.10).
262) Ibid., 第 3059 号 (1974.12.24).
263) Ibid., 第 3054 号 (1977.12.31).
264) 鄭英甲『社会教育行政の変遷に関する考察』慶尚大学校教育大学院 1990、p.22.
265) Ibid., p.23.
266) 総務処 1988、op.cit., p.664.
267) Ibid., p.98.
268) 권건일 (Kwon Gunil)、op.cit., p.98.
269) 중앙대학교 부설 한국교육문제 연구소 (中央大学校付設韓国教育問題研究所) 編、op.cit., p.600.
270) 文教部『文教統計年報』1971&1976.
271) 교육부 (教育部)『근로청소년 교육을 위한 특별학급 및 산업체 부설학교 현황 (勤労青少年の教育のための特別学級および企業付設学校の現況)』各年度の資料参照.
272) 최운실 (Choi Unshil) 他：1993, op.cit., pp.101-102.
273) 文教部『文教統計年報』各年度参照.
274) 문교부 (文教部)『방송통신고등학교 설치 기준령 (放送通信高等学校設置の基準令)』第 2 条 및 제 4 조 (第 2 条および第 4 条)
275) 문교부 (文教部)：1980, op.cit., p.440.
276) Ibid., p.443.
277) 한국방송통신대학교 (韓国放送通信大学)『대학생활안내 (大学生活案内)』1972、p.26.
278) 최운실 (Choi Unshil) 他：1993, op.cit., pp.73-76.
279) 대한교육연합회 (大韓教育連合会)：1970, op.cit., p.119.
280) 金宗西「새마을교육의 성격과 목표」(セマウル教育の性格と目標)、韓国教育開発院『새마을교육의 이론과 실제』(セマウル教育の理論と実際)、1973、p.28.
281) 金鍾喆『교육행정의 이론과 실제』(教育行政の理論と実際) 教育科学社、1965、p.41.

282) 郷学とは、高麗時代から始まった中央政府の方針によって設置された国学の地方教育機関である。地方子弟の教育の地方文化の発展を目指していた。
283) Ibid., p.42.
284) Ibid., p.43.
285) ユネスコウンクラ派韓教育計画使節団『大韓民国の教育再建最終報告書』パリ、1953.2.『文教月報』(特報) 1954.3.31、pp.12-16.
286) Ibid.
287) 金恩雨訳『地域社会と学校』(E. G. Olsen, *School and Community*) 中央教育研究所、大韓教育連合会刊、1954.
288) 京畿道教育委員会「지역사회학교를 건설하자!」(地域社会学校を建設しよう)『京畿道奨学方針』1956.
289) 洪大植・洪東植「새마을교육의 실천방안」(セマウル教育の実践方案)『調査研究』(第16集) ソウル、韓国教育開発院、1974、p.14.
290) 1960年3月に行われた第4代大統領選挙において、李承晩政権は大規模な不正選挙実施した。李承晩政権の長期間の独裁と不正選挙に反発した学生や市民は馬山地域でデモに参加した学生が警察によって殺害されるなど、政権の弾圧が強度を増すことによって全国的民衆デモが発生するに至った。そのデモにより、当時第4代韓国大統領の座にあった李承晩が下野する事件が起きた。この事件が発生することを招いた民主主義を熱望した民衆のデモの中で、最も大規模なデモが発生した日が4月19日であったことから、韓国ではこの政治的事件を4・19革命という。
291) 金鍾喆 (1965)、op.cit., p.166.
292) 文教部「향토학교란?」(郷土学校とは)『郷土学校建設資料』(第1号) 1961.
293) 洪大植・洪東植、op.cit., p.15.
294) 10年史編集委員会『セマウル運動史』(総論編) 1980、p.10.
295) 洪大植・洪東植、op.cit., p.17.
296) 文仁元「새마을교육의 효율성 진단」(セマウル教育の効率性の診断)、仁川教育大学教育研究所『セマウル教育シンポジウム報告書』1974、pp.11-12.
297) 文教部『国民教育憲章理念具現のための奨学資料16』1972.(가)
298) 金鍾喆他、「새마을교육에 관한 연구」(韓国セマウル教育に関する研究)、『韓国教育学会』、1974、p.18.
299) 洪大植・李枝榮「새마을교육의 실태와 사회심리학적 요인에 관한 연구」(セマウル教育の実態と社会心理学的要因に関する研究)『研究報告』(第6号) 韓国教育開発院、1973、pp.8-9.
300) Ibid., p.10.
301) 金宗西 (1973)、op.cit., p.33.
302) 洪大植・洪東植、op.cit., p.18.
303) 陳元重「지역사회의 변화」(地域社会の変化)、韓国教育開発院 op.cit., pp.47-48.

304) Ibid., p.50
305) 朴容憲・李相周「教育의社會化方案」(教育の社会化方案)、『政策研究』(第11号)、大韓教育連合会 1970、pp.19-22.
306) 白賢基「학교와 지역사회와의 연계」(学校と地域社会との連携)、『教育』(第13号) ソウル大学師範大学教育会、1962、p.17.
307) Ibid., p.18
308) Gunner Myrdal, *Asian Drama: An inquiry into the poverty of nations*, Vol. Ⅲ, New York Pantheon. 1968, pp.1540-1551.
309) Ibid., p1551.
310) Ibid., p1551.
311) 朴容憲「새마을교육과 교사의 역할」(セマウル教育と教師の役割)、韓国教育開発院 op.cit., p.132.
312) Ibid., p.134.
313) Ibid.
314) 宋海均「새마을교육의 심화 방안」(セマウル教育の深化方案)、韓国教育開発院 op.cit., pp.47-48.
315) 金宗玉「76年度 새마을교육 방향」(76年度セマウル教育方向)、『時事』(第15巻・第4号) 1976、p.57.
316) Ibid., p.58.
317) 内務部『새마을 교육기관 일람』(セマウル教育機関一覧)、1980、p.31.
318) Ibid., p.42.
319) Ibid., p.53.
320) Ibid.
321) Ibid., p.54.
322) Ibid.
323) Ibid., p.58.
324) Ibid., p.62.
325) Ibid., p.73.
326) Ibid., p.74.
327) Ibid.
328) 内務部『새마을 교육기관 일람』(セマウル教育機関一覧)、1979、pp.7-9.
329) Ibid., pp.225-232.
330) Ibid., pp.481-485.
331) セマウル指導者研修院『1978年度統計資料』1979、p.23.
332) Ibid., p.25.
333) 京畿道教育委員会『地方公務員教育院の予算内訳』1978、p.11.

334) Ibid., p.14.
335) 現代重工業研修院『現代重工業セマウル教育の実施報告書』1979、pp.31-33.
336) 이재희（Lee Jaehi）「1970년대 후반기 경제정책과 산업구조의 변화（1970年代後半期経済政策と産業構造の変化）」、『1970년대 후반기의 정치사회변동（1970年代後半期の政治社会変動）』백산서당（Baksansudang）1999、p.132.
337) 김용조・이강복（Kim Yongjo・Lee Gangbok）『위기 이후 한국 경제의 이해（危機以降の韓国経済の理解）』새미（Saemi）2006、p.32.
338) 정영수（Jung Youngsu）他『한국 교육정책의 이념（韓国教育政策の理念）』한국교육개발원（韓国教育開発院）1987、pp.50-58.
339)
340) 김승한（Kim Sunghan）「평생교육과 사회교육법（生涯教育と社会教育法）」、유네스코 한국위원회 & 한국평생교육기구（ユネスコ韓国委員会&韓国生涯教育機構）共編『평생교육 기초와 체계（生涯教育の基礎と体系）』법문사（法文社）1983、p.304.
341) 대한민국 국회사무처（大韓民国国会事務処）『제114회 국회 문교공보위원회 회의록（第114回国会文教公報委員会の会議録）』第13号 1982、pp.9-19.
342) 韓国の「開放大学」の概念は、日本では一般的に「大学開放」として使われている概念が類似している。但し、本書では、韓国の政策用語の意味をより正確に伝えるために、「開放大学」という訳語で説明する。
343) 教育法改正法律案第3525号（1981年12月31日）
344) 図書館法案第3972号（1987年11月28日）
345) 사설강습소에 관한 법률 제3433호（私設講習所に関する法律第3433号）、（1981年4月13日）
346) 한국사회교육협회（韓国社会教育協会）『한국사회교육연구（韓国社会教育研究）』1985、pp.142-145.
347) Ibid., p.145.
348) Ibid., p.146.
349) 総務処 1988、op.cit., p.665.
350) 文教部『文教部予算概要』1985年-1989年。
351) 한국방송통신대학（韓国放送通信大学）『방송대학 20년사（放送大学20年史）』1992、p.308.
352) Ibid., pp.319-324.
353) Ibid., p.186.
354) 문교부（文教部）『문교통계연보（文教統計年報）』1974年以降の各年度資料参照に基づき筆者作成。
355) 대한민국정부（大韓民国政府）『행정백서（行政白書）』1981、p.356.
356) Ibid., p.357.

357) 대한민국정부（大韓民國政府）『행정백서（行政白書）』1982、p.426.
358) 문교부（文教部）『문교행정（文教行政）』1983年1月号、p.23.
359) 문교부（文教部）『문교통계연보（文教統計年報）』1984年から1990年まで記録されている統計の各年度資料から抜粋（筆者作成）。
360) 최운실（Choi Unshil）他：1993、op.cit., p.107.
361) Ibid., p.149.
362) 경희대학교 한국 지역사회문제 연구소（慶熙大学校韓国地域社会問題研究所）『경희대학교 사회교육 요강（慶熙大学校社会教育要綱）』1981、pp.3-4.
363) 계명대학교 사회교육원（啓明大学校社会教育院）『계명대학교 사회교육 요람（啓明大学校社会教育要覧）』1971、pp.2-4.
364) 국제대학교（国際大学校）『국제대학교 사회교육프로그램 안내（国際大学校社会教育プログラム案内）』1983、pp.5-8.
365) 덕성여자대학교 평생교육원（徳成女子大学校生涯教育院）『평생교육 편람（生涯教育便覧）』1984.9、pp.3-8.
366) 명지대학교 사회교육원（明知大学校社会教育院）『사회교육과정 프로그램 안내（社会教育課程プログラム案内）』1987、pp.10-17.
367) 숙명여자대학교 박물관（淑明女子大学校博物館）『숙명여자대학 평생교육과정 안내（淑明女子大学校生涯教育課程案内）』1987、p.5.
368) 이화여자대학교（梨花女子大学校）『평생교육원 입학 안내（生涯教育院入学案内）』1984、pp.4-5.
369) 전북대학교（全北大学校）『입학안내（入学案内）』1980、p.211.
370) 한양대학교 평생교육원（漢陽大学校生涯教育院）『평생교육과정 안내（生涯教育課程案内）』1987、p.3-7.
371) 홍익대학교（弘益大学校）『입학안내（入学案内）』1984、p.89.
372) 박부권（Park bukwon）「평생교육사제도：계몽적 낙관 불확실한 전문성（生涯教育士制度）：啓蒙的楽観と不確実な専門性」、김신일・한승희（Kim Shinil・Han Sunghee）編『평생교육학（生涯教育学）』교육과학사（教育科学社）2001、p.224.
373) 1990年代に入り、生涯教育法案の整備に伴い社会教育という用語の代わりに、生涯教育が社会教育を含む包括的用語として使われはじめた。したがって、本章では、社会教育という用語の代わりに生涯教育として用語を統一する。ただし、1980年代までの内容を検討する際には、社会教育という用語をそのまま使用する。
374) 안병영（An Byungyoung）「세계화와 신자유주의（世界化と新自由主義）」、안병영・임혁백（An Byungyoung・Lim Hyuckbek）編『세계화와 신자유주의（世界化と新自由主義）』나남출판（ナナム出版）2000、pp.42-43.
375) 천보선・김학한（Chun Bosun・Kim Hakhan）『신자유주의와 한국교육의 진로（新自由主義と韓国教育の進路）』한울출판사（ハンウル出版社）1998、pp.71-72.

376） 교육개혁위원회（教育改革委員会）『신교육체제 수립을 위한 교육개혁 방안Ⅰ（新教育体制の樹立のための教育改革方案Ⅰ）』1995、pp.11.-14.
377） Ibid., pp.21-22.
378） Ibid., pp.23-26.
379） 신현석（Shin Hyunsuk）『한국의 교육개혁 정책（韓国の教育改革政策）』학지사（学志社）2000、p.70.
380） Ibid., p.71.
381） 이종태（Lee Jongtae）「2000년 한국교육의 개관（2000年韓国教育の概観）」、한국교육개발원（韓国教育開発院）編『한국교육평론（韓国教育評論）』2000、pp.2-8.
382） 신현석（Shin Hyunsuk）「정책 입안 및 시행에 대한 포괄 평가（政策立案および施行に対する包括的評価）」、한국교육개발원（韓国教育開発院）編『2002 한국교육평론（2002 韓国教育評論）』2002、pp.9-15.
383） 윤종혁（Yoon Jonghyuk）『교육개혁 추진 성공 전략 탐색（教育改革の推進のための成功戦略探索）』한국교육개발원（韓国教育開発院）2002、p.29.
384） 정용덕（Jung Youngduk）『노무현 정부의 개혁 과제（盧武鉉政府の改革課題）』、경기논단（京畿論壇）봄호（春号）2003、p.4.
385） 한국교육신문（韓国教育新聞）1998年3月25日
386） 21세기 위원회（21世紀委員会）『21세기를 향한 한국교육의 발전목표와 정책전략（21世紀に向けて韓国教育の発展目標と政策戦略）』1991、pp.63-64.
387） 남정걸、권이종、최운실（Nam Jongguel, Kwon izong, Choi unsil）『평생교육 행정 및 정책（生涯教育行政および政策）』교육과학사、2001、p.149.
388） 教育改革委員会「新教育体制樹立のための教育改革方案（Ⅲ）、第4次大統領報告書（1996、8、20）、p159. 최운실、권두승他、『生涯教育の法的制度および行政支援体制の構築方案研究』教育部学術支援政策研究、1999.
389） 教育部『生涯教育白書』1998、pp.311-318.
390） Ibid., pp.312-313.
391） 教育部『生涯教育法令解釈資料』2000、p.15.
392） Ibid., p.17.
393） 教育部：1998、op.cit., p.364.
394） 教育部『生涯教育白書』2000、p.361.
395） 教育部『生涯教育白書』1999、p.591.
396） 教育科学技術部ホームページの部署別業務内容を参照し、筆者が作成。
397） 남정걸・권이종・최운실：2001、op.cit., p.51.
398） http://www.sen.go.kr/homepage/index._a.html、ソウル特別市教育庁のホームページより（2007年現在）。
399） 남정걸、권이종、최운실：2001、op.cit., p.269.

400) Ibid.
401) 교육부 (教育部)『93 교육정책 추진성과와 과제 (93 教育政策の推進成果と課題)』1994、pp.168-169.
402) 教育部：1999、op.cit., p.269.
403) 한국방송통신대학교 (韓国放送通信大学)『한국방송통신대학교 발전계획 1996-2000 (韓国放送通信大学の発展計画 1996-2000)』1998、p.19.
404) Ibid., p.118.
405) 文教部『教育白書』1990、p.262.
406) 教育部：1999、op.cit., p.593.
407) 教育部：1998、op.cit., p.31.
408) Ibid., p.32.
409) Ibid., p.36. (単位取得認定などに関する法律第1条)
410) Ibid., p.39.
411) Ibid., p.41.
412) Ibid., p.42.
413) 教育部：1999、op.cit., p.178.
414) Ibid., p.191.
415) 백현기『教育行政学』을유文化社 (Ulyu 文化社) 1962、pp.78-79.
416) 김정철・이정재『教育行政の理論と実際』教育科学社 1994、p.184.
417) 남정걸・권이종・최운실：2001、op.cit., p.414.
418) Ibid., pp.414-415.
419) 教育人的資源部『報道資料』(2007 年 6 月 29 日)
420) 尹敬勳『韓国の国家発展と教育』ブーツソリューション 2005.
421) 韓国銀行「経済成長と国民所得統計の推移」、『韓国銀行経済統計システム ECOS』(http://ecos.bok,or.kr/) 2007 年 10 月.
422) 최운실 (Choi Unshil) 他：1993、op.cit., p.185.
423) 정윤형 (Jung Yunhyoung)「개방체제로의 이행과 1960 년대의 경제개발의 성격 (開放体制への移行と 1960 年代経済開発の性格)」、변형윤 (Byun Hyungyun) 他『한국사회의 재인식 I (韓国社会の再認識)』한울 (Hanul) 1984、p.82.
424) 이희수 (Lee Heesu)『미군정기의 성인교육의 정치사회화 기능 (米軍政期成人教育の政治社会化機能)』중앙대학교 대학원 박사학위논문 (中央大学校大学院博士学位論文) 1996、p.41.
425) Ibid., p.43.
426) 류승렬 (Ryu Sungryul)『뿌리 깊은 한국사 샘이 깊은 이야기 7 (根が深い韓国史：泉深い話 7)』솔출판사 (ソル出版社) 2003、p346.
427) 최장집 (崔章集)『민주화 이후의 민주주의－한국민주주의 보수적 기원과 위기 (民主化以

注 *271*

　　降の民主主義―韓国民主主義の保守的起源と危機)』フマニタス 2005、p.68.
428)　Ibid., pp.69-72.
429)　한승희 (Han Sunghee)：2004, op.cit., p.353.
430)　강순회 (Gang sunhe) 他『사회학습망 구축방안 (社会学習網の構築方案)』노동연구원 (労働研究院) 2003、p15.
431)　이돈희 (Lee Donhee) 他『지식기반사회와 교육 (知識基盤社会と教育)』교육부 (教育部) 1999、p.25.
432)　정기오 (Junggio)『인적자원개발 관점의 초・중등・고등、평생교육 혁신방안 연구 (人的資源開発の観点の初・中等・高等、生涯教育の革新方案の研究)』교육인적자원부 2003、p.55.
433)　최돈민외 (Choudonmin 他) 2005、op.cit., p.171.
434)　韓国教育新聞 (2006 年 6 月 5 日字)。
435)　류방란 (Ryu Bangran)：2006, op.cit., p.173.
436)　최돈민외 (Choudonmin 他) 2005、op.cit., p.141.
437)　教育疎外階層は、知識基盤社会の経済体制下で知識を活用した雇用の機会を剥奪された集団を指す。2000 年の時点では、韓国の学校教育の平均履修期間は 10.6 年で、これは小学校 1 年から高校 2 年までの期間と一致する。あくまで平均とはいえ、この学歴では、知識基盤社会の経済体制のなかで職を得るのが難しい場合も多いだろう。
438)　한승희 (Han Sunghee)：2004, op.cit., pp.395-396.
439)　教育部：1998, op.cit., p.487.
440)　韓国経済新聞 (2003 年 4 月 2 日字)
441)　教育科学技術部ホームページより (http://www.moe.go.kr/organization/organization12.html?pageNum=1&subNum=8).
442)　Ibid., pp.12-16. (補論)
443)　최운실 (Choi Unshil) 他：1993, op.cit., p.432.
444)　한국교육개발원 (韓国教育開発院)：2006 (補論)、op.cit., p.13.
445)　최장집 (崔章集)：2005, op.cit., p.227.
446)　辻中豊・廉載鎬「第 18 章結論」、辻中豊編『現代韓国の市民社会・利益団体―日韓比較による体制移行の研究』木鐸社 2004、p.456.
447)　최장집 (崔章集)：2005, op.cit., p.210.

参考文献一覧

韓国語（ガナダラ順）

강길수（Gang Kilsu）『한국교육행정사연구（韓国教育行政史研究）』재동문화사（Jaedong-munhwasa）1976.

강무섭（Gang musup）『OECD 한국 교육정책 검토 후속 보고』（OECD 韓国教育政策の検討の後続報告）한국교육개발원（韓国教育開発院）1999.

강순희（Gang sunhe）他『사회학습망 구축방안（社会学習網の構築方案）』노동연구원（労働研究院）2003.

강영혜외（Kang Younghe 他）『교육격차의 실태와 해소방안 연구』（教育格差の実体と解消方案に関する研究）한국교육개발원（韓国教育開発院）2004.

강영혜외（Kang younghe 他）『양극화 해소를 위한 교육분야 대책 수립 연구』（両極化の解消のための教育分野の対策樹立研究）한국교육개발원 수탁연구（韓国教育開発院受託研究）CR2005-27 2005.

경기도교육위원회（京機道教育委員会）「지역사회학교를 건설하자！」（地域社会学校を建設しよう）『京機道奨学 方針』1956.

경기도교육위원회（京機道教育委員会）『地方公務員教育院の予算内訳』1978.

경희대학교 한국 지역사회문제 연구소（慶熙大学校韓国地域社会問題研究所）『경희대학교 사회교육 요강（慶熙大学校社会教育要綱）』1981.

계명대학교 사회교육원（啓明大学校社会教育院）『계명대학교 사회교육 요람（啓明大学校社会教育 要覧）』1971.

공은배외（Gong unbe 他）『평생교육 종합발전계획 수립연구』（生涯教育の総合発展計画に関する研究）한국교육개발원（韓国教育開発院）2001.

광주부（Kwang jubu）『해방전후 회고－현대사자료집（解放前後の回顧－現代史資 料集）』돌베개（Dolbege）1984.

교육개혁위원회（教育改革委員会）『신교육체제 수립을 위한 교육개혁 방안Ⅰ（新教育体制の樹立のための教育改革方案Ⅰ）』1995.

교육부（教育部）『평생교육백서（生涯教育白書）』창간호（創刊号）선명인쇄（鮮明印刷）1997.

교육법 중 개정법률안（教育法における改正法律案）第2586号（1973.3.10）교학사（教学社）『문교법전（文教法典）』교학사출판사（教学社出版社）1988.

국제대학교（国際大学校）『국제대학교 사회교육프로그램 안내（国際大学校社会教育プログラム案内）』1983.

권건일（Kwon Gunil）『한국사회교육 정책에 관한 연구』（韓国社会教育政策に関する研究）

1995。

권두승（Kwon Dusung）『한국 사회교육의 변천에 관한 사회학적 분석』（韓国社会教育の変遷に関する社会学的分析）고려대학교 박사학위논문（高麗大学博士学位論文）1990.

김경근（Kim gyungun）「한국사회의 교육격차의 실태 및 결정요인」（韓国社会の教育格差の実態および決定要因）、한국교육사회학회（韓国教育社会学会）『교육사회학연구』（教育社会学研究）15(3) 2005.

김기남・방화남（Kimginam/BangHwnam）「고등교육에 있어 가족배경의 영향과 성별격차：한국과 일본의 경우」（高等教育における家族背景の影響と性別格差）『한국사회학』（韓国社会学）39(5) 2005.

김남석（Kim Namsuk）『일제하 공공도서관의 사회교육활동에 관한 연구（日本植民地　支配下の公共図書館の社会教育活動に関する研究）』단국대학교 대학원 박사학위논문（檀国大学大学院博士学位論文）1990.

金道洙「우리나라의 근대社会教育政策과 活動形態의 展開過程―日帝統治時代를 中心으로―」（わが国の近代社会教育政策と活動形態の展開過程―日本帝国統治時代を中心に―）檀国大学校教育大学院『教育論集』（創刊号）1985.

김동휘편（Kimdonghwi編）『평생교육개론』（生涯教育概論）교육과학사（教育科学社）2000.

김동춘（Kim Dongchun）他『NGO 란 무엇인가（NGOとは何か）』도서출판 아르케（図書出版アルケ）2000.

김병태（Kim Byungtae）他『한국경제의 전개 과정（韓国経済の展開過程）』돌베개 1981.

김수영（Kim Suyoung）『성인학습과정으로서의 시민운동의 교육적 경험구조에 관한 연구（成人学習過程としての市民運動の教育的経験構造に関する研究）』동국대학교 대학원（東国大学校大学院）석사학위 논문（修士学位論文）1998.

김신일（金信一）『교육사회학』교육과학사 2003.

김신일・한숭희（Kim Sinil・Hansunghi）編『평생교육학：동향과 과제』（生涯教育学：動向と課題）교육과학사（教育科学社）2001.

김영민（Kim Youngmin）『한국의 정치변동과 관료제、1945-72：국가관료제의변천과정（韓国の政治変動と官僚制、1945-72：国家官僚制の変遷過程）』서울대학교 박사논문（ソウル大学博士論文）1991.

김영철（Kim YongChul）『서울시 지역간 교육격차 해소방안』（ソウル市の地域間教育格差の解消方案）한국교육개발원（韓国教育開発院）2003.

김용조・이강복（Kim Yongjo・Lee Gangbok）『위기 이후 한국 경제의 이해（危機以降の韓国経済の理解）』새미（Saemi）2006.

김일중（Kim iljung）『한국 사회교육정책의 변천과 과제에 관한 연구』（韓国社会教育政策の変遷と課題に関する研究）1997.

김은우（金恩雨）訳『地域社会と学校』（E. G. Olsen, *School and Community*）中央教育研究所、大韓教育連合会刊、1954.

김정철・이정재『教育行政の理論と実際』教育科学社 1994.

김종서・황종건・김신일・한숭희 (Kim Jongsu・Hwang Jonggun・Kim sinil・Han Sunghi)『평생교육개론』(生涯教育概論) 교육과학사 (教育科学社) 2000.

김종서 (Kim Jongsu) 他『평생교육개론 (生涯教育概論)』교육과학사 (教育科学社) 2000.

김종옥 (金宗玉)「76年度 새마을교육 방향」(76年度セマウル教育方向)、『時事』(第15巻・第4号) 1976.

김종철 (Kim Jongchul)『한국교육의 행정의 제문제 (韓国教育の行政の諸問題)』교육과학사 (教育科学社) 1993. 김홍명他『국가이론과 분단 한국 (国家理論と分断韓国)』Hanul、1986.

김종철 (金鍾喆)『교육행정의 이론과 실제』(教育行政の理論と実際) 교육과학사、1965.

김종철 (金鍾喆) 他、「새마을교육에 관한 연구」(韓国セマウル教育に関する研究)、『韓国教育学会』1974.

남궁용권 (南宮勇権)「일제에 대한 민족적 저항기의 사회교육」(日帝に対する民族的抵抗期の社会教育)、韓国教育史学会『韓国教育史学』(第16集) 1994.

남정걸、권이종、최운실 (Nam Jongguel, Kwon izong, Choi unsil)『生涯教育行政及び政策』教育科学社、2001.

내무부 (内務部)『새마을운동 10년사 (セマウル運動10年史)』1980.

내무부 (内務部)『새마을 교육기관 일람』(セマウル教育機関一覧) 1979.

내무부 (内務部)『새마을 교육기관 일람』(セマウル教育機関一覧) 1980.

농협 (農協)『농업연감 (農協年鑑)』1970.

대한교육연합회 (大韓教育連合会)『한국교육연감 (韓国教育年鑑)』새한신문사 (セハン新聞社) 1970.

대한민국정부 (大韓民国政府)『행정백서 (行政白書)』1969.

대한어머니회 중앙연합회 (大韓母の会中央連合会) 編『한국교육의 30년사 (韓国教育の30年史)』대한어머니회 중앙연합회 출판국 (大韓母の会中央連合会出版局) 1977.

대한민국 국회사무처 (大韓民国国会事務処)『제114회 국회 문교공보위원회 회의록 (第114回 国会文教公報委員会の会議録) 第13号 1982.

덕성여자대학교 평생교육원 (德成女子大学校生涯教育院)『평생교육 편람 (生涯教育便覧)』1984.9.

류방란 (Ryu Bangran)『한국사회 교육복지 지표 개발 및 교육격차 분석 – 교육복지 지표 개발』(韓国社会の教育福祉指標開発および教育格差の分析—教育福祉指標開発) 한국교육개발원 (韓国教育開発院) 2006.

류방란 (Ryu Bangran)『교육격차 해소와 교육안전망』(教育格差の解消と教育安全網) 한국교육 개발원 (韓国教育開発院) 2006.

류승렬 (Ryu Sungryul)『뿌리 깊은 한국사 샘이 깊은 이야기 7 (根が深い韓国史：泉深い話 7)』솔출판사 (ソル出版社) 2003.

문인원 (文仁元)「새마을교육의 효율성 진단」(セマウル教育の効率性の診断)、仁川教育大学教

育研究所『セマウル教育シンポジウム報告書』1974.

명지대학교 사회교육원 (明知大学校社会教育院)『사회교육과정 프로그램 안내 (社会教育課程 プログラム案内)』1987.

민승규외 (Min sunggyu 他)『소득양극화의 현황과 원인』(所得両極化の現況と原因) 삼성경제 연구소 (三星経済研究所) 2006.

민주주의・민족전선 (民主主義・民族戦線) 編集『해방조선 I (解放朝鮮)』과학과 사상 (科学 と思想) 1988.

민주주의・민족전선 (民主主義・民族戦線) 編集『해방조선 II (解放朝鮮)』과학과 사상 (科学 と思想) 1988.

박종철 (Park Jongchul)『한국 근대화정책과 국가의 역활 1948-1972): 제 1 공화국과 제 3 공화 국의 비교연구 (韓国近代化政策と国家の役割 1948-1972): 第一共和国と第三共和国の比較研 究)』、고력대학교 박사논문 (高麗大学博士論文) 1988.

박현채 他『한국사회의 재인식 (韓国社会の再認識)』한울 (Hanul) 1989.

박현채 (Park Hyuche) 他『해방전후사의 인식 3 (解放前後史の認識 3)』한길사 (Hangilsa) 1987.

박현채 (Park Hyunche)「분단 40 년의 한국자본주의와 농업 (分断 40 年の韓国資本主義と農 業)」、『한국사회연구 (韓国社会研究)』No.3 한길사 (Hangil-sa)、1985.

박형민 (Park Hyungmin)『유네스코 평생교육의 형성과 전개』(UNESCO の生涯教育の形成と 展開) 서울대학교석사학위논문 (ソウル大学修士学位論文) 2004.

산업교육진흥법 개정법률안 (産業教育振興法改正法律案) 第 2525 号 (1973.2.22)

박용헌・이상주 (朴容憲・李相周)「教育의社会化方案」(教育の社会化方案)、『政策研究』(第 11 号)、大韓教育連合会 1970.

백현기 (白賢基)「학교와 지역사회와의 연계」(学校と地域社会との連携)、『教育』(第 13 号) ソウル大学師範大学教育会、1962.

백현기『教育行政学』을유文化社 (Ulyu 文化社) 1962.

변형윤 (Byun Hyungyun) 他『한국사회의 재인식 I (韓国社会の再認識)』한울 (Hanul) 1984.

새마을지도자연수원 (セマウル指導者研修院)『1978 年度統計資料』1979.

손인수 (Son-insu)『한국교육사 (韓国教育史)』문음사 (Munumsa) 1987.

손호철 (Son Hochul)『해방 50 년의 한국정치 (解放 50 年の韓国政治)』새길 (セギル) 1995.

송건호 (Song gunho) 他『해방전후사의 인식 (解放前後史の認識)』한길사 1979.

송병순・이영호 (Song Byungsun・Lee youngho)『평생교육의 이론과 실제』(生涯教育の理論 と実際) 교육과학사 (教育科学社) 2000.

숙명여자대학교 박물관 (淑明女子大学校博物館)『숙명여자대학 평생교육과정 안내 (淑明女子 大学校 生涯教育課程案内) 1987.

신현석 (Shin Hyunsuk)『한국의 교육개혁 정책 (韓国の教育改革政策)』학지사 (学志社)

2000.

심지연（Shim jiyun）『해방정국 논쟁사 I （解放政局論争史 I）』도서출판 한울（図書出版 Hanul）1986.

심지연（Shim Jiyun）『한국 민주당 연구 II - 한국 현대 정당론 （韓国民主党研究 II - 韓国現代政党　論）』실천문학사（実践文学社）1984.

심지연（Shim Jiyun）『조선혁명론 - 해방정국 논쟁사 2（朝鮮革命論 - 解放政局論　争史）』실천문학사（実践文学社）1984.

아베히로시（阿部洋）『해방후한국의교육개혁（解放後の韓国の教育改革）』서울（ソウル）한국연구원（韓国研究院）1987.

안병영・임혁백（An Byungyoung・Lim Hyuckbek）編『세계화와 신자유주의（世界化と新自由主義）』나남출판（ナナム出版）2000.

안상헌（An Sanghyun）『1980년대 사회교육정책의 정치경제학적 분석』（1980年代の社会教育政策の政治経済学的分析）1993.

여유진외（Yo yujin 他）『빈곤의 불평등의 동향 및 요인 분해』（貧困の不平等動向および要因　分解）한국보건사회연구원（韓国保健社会研究院）2005.

오천석（O chunsuk）『한국교육사下（韓国教育史下）』光明出版社 1975.

유명길（Ryu Myunggil）『한국 사회교육정책의 변천과정에 관한 연구 : 1945-1999』（韓国社会教育　政策の変遷過程に関する研究）2000.

유한구（Ryu Hangu）『사회계층과 교육격차（社会階層と教育格差）』한국직업능력개발원（韓国職業能力開発院）2006.

유네스코 한국위원회（ユネスコ韓国委員会）編『평생교육의 기초와 체제（生涯教育の基礎と体制）』法文社 1983.

유네스코（ユネスコ）ウンクラ派韓教育計画使節団『大韓民国の教育再建最終報告書』パリ、1953.2.『文教月報』（特報）1954.3.31.

유네스코 한국위원회 & 한국평생교육기구（ユネスコ韓国委員会＆韓国生涯教育機構）共編『평생교육 기초와 체계（生涯教育の基礎と体系）』법문사（法文社）1983.

윤여각, 최돈민, 양병찬（Yoon Yogak, Choi donmin, Yang Byungchan）『평생교육의 활성화를 위한 고등교육 체제 개혁 방안 연구』（生涯教育の活性化のための高等教育体制改革の方案の研究）한국　교육개발원（韓国教育開発院）2000.

윤종혁（Yoon Jonghyuk）『교육개혁 추진 성공 전략 탐색（教育改革の推進のための成功戦略探索）』한국교육개발원（韓国教育開発院）2002.

이길상（Lee Gilsang）編『해방 전후사 자료집 II - 미군정 교육　정책（解放「解放」後の史資料集 II - 米軍政の教育政策）』원주문화사（原州文化社）1992.

이대근・정운영（Lee Daegun・Jung Unyoung）編『한국 자본주의론（韓国資本主義論）』까치（Kachi）1984.

이대근（Lee Daegun）『한국전쟁과 자본축적（韓国戦争と資本蓄積）』까치（KACHI）1987.

이돈희 (Lee Donhee) 他『지식기반사회와 교육（知識基盤社会と教育）』교육부（教育部）1999.

이만갑외 (Lee Mangap 他)『새마을운동의 이념과 실재 : 새마을운동 국제학술회의 논문집（セマウル運動の理念と実際：セマウル運動国際学術会議論文集）』서울대학교 새마을운동종합연구소（ソウル大学 セマウル運動総合研究所）1980.

이무근, 김신일, 강무섭, 최온실 (Lee mugun, Kim sinil, Kang musub, Choi unsil)『국제기구의 평생교육 정책동향 및 발전모델 비교분석』（国際機構の生涯教育政策動向および発展モデルの比較分析）교육인적자원부（教育科学技術部）2001.

21 세기 위원회 (21 世紀委員会)『21 세기를 향한 한국교육의 발전목표와 정책전략（21 世紀に向けて韓国教育の発展目標と政策戦略）』1991.

이옥분 (Lee Okubun)「한국사회교육사（韓国社会教育史）」『평생교육연구（生涯教育研究）』제 4 권제 1 호（第 4 巻第 1 号）1998.

이응호 (Lee Ungho)『미군정기의 한글운동사（米軍政期のハングル運動史）』성청사 (Sungchungsa) 1974.

이재희 (Lee Jaehi)「1970 년대 후반기 경제정책과 산업구조의 변화（1970 年代後半期経済政策と産業構造の変化）」,『1970 년대 후반기의 정치사회변동（1970 年代後半期の政治社会変動）』백산서당 (Baksansudang) 1999.

이종만 (Lee Jongman)『평생교육체제의 확립을 위한 사회교육 관련 법규 연구（生涯教育体制の確立のための社会教育関連法規研究）』서울대학교 박사학위 청구논문（ソウル大学博士学位請求論文）1991.

이종복 (Lee Jongbok)「근대화와 정치체제의 변화（近代化と政治体制の変化）」『한국정치학회회보（韓国政治学会回報）』（第 19 集）1985.

이해주 (Lee Haeju)「민주시민성과 사회교육의 관련성（民主市民性と社会教育の関連性）」,『사회 교육학연구（社会教育学研究）』3(2) 1997.

이화여자대학교（梨花女子大学校）『평생교육원 입학 안내（生涯教育院入学案内）』1984.

이희수 (Lee Heesu)『미군정기의 성인교육의 정치사회화 기능（米軍政期成人教育の政治社会化機能）』중앙대학교 대학원 박사학위논문（中央大学校大学院博士学位論文）1996.

임경택『한국권위주의 체제의 동원과 통제에 관한 연구 : 새마을운동을 중심으로』（韓国権威主義体制の動員と統制に関する研究：セマウル運動を中心として）고려대학교 정치외교학과 박사논문 1991.

임방현 (Lim Banghyun)「5.16 정신과새마을정신（5.16 精神とセマウル精神）」『세대（世代）』1972, 7 月号.

임희섭 (Lim Heesup)『사회변동과 가치관（社会変動と価値観）』정음사 (Jungumsa) 1986.

전국경제인연합회（全国経済人連合会）『산업사회와 도시（産業社会と都市）』경제・기술조사센터（経済・技術調査センター）1977.

전북대학교（全北大学校）『입학안내（入学案内）』1980.

정기오 (Junggio)『인적자원개발 관점의 초・중등・고등、평생교육 혁신방안 연구 (人的資源開発の観点の初・中等・高等、生涯教育の革新方案の研究)』교육인적자원부 2003.

정석구 (鄭硯九)「사회교육의 법제와 행정 (社会教育の法制と行政)」『社会教育研究』(第11巻) 韓国社会 教育協会 1986.

정영갑 (鄭英甲)『社会教育行政の変遷に関する考察』慶尚大学校教育大学院 1990.

정영수 (Jung Youngsu) 他『한국 교육정책의 이념 (韓国教育政策の理念)』한국교육개발원 (韓国教育 開発院) 1987.

정용덕 (Jung Youngduk)『노무현 정부의 개혁 과제 (盧武鉉政府の改革課題)』、경기논단 (京畿論壇) 봄호 (春号) 2003.

정재철 (Jung Jaechul)『일제의 대한국 식민지 교육 정책사 (日本帝国の韓国に対する植民地教育の政策史)』일지사 (一志社) 1985.

정찬영외 (Jeng Chanyoung)『OECD 교육분야 정책분석 연구』(OECD 教育分野の政策分析研究) 한국교육개발원 (韓国教育開発院) 1998.

정태수・신세호 (Jung Taesu・Shin Seho) 編『전환기의 한국교육 (転換期の韓国教育)』예지각 (Yejigak) 1991.

조종현 (Jo jonghyun)『한국정치연표 (韓国政治年表)』국회도서관 (国会図書館) 1984.

중앙대학교 부설 한국교육문제 연구소 (中央大学校付設韓国教育問題研究所) 編『문교사 (文教史)』중앙대학교출판부 (中央大学校出版部) 1974.

차갑부 (Cha gapbu)『열린사회와 평생교육』(開かれた社会と生涯教育) 양서원 (Yangsuwon) 1997.

천보선・김학한 (Chun Bosun・Kim Hakhan)『신자유주의와 한국교육의 진로 (新自由主義と韓国教育の進路)』한울출판사 (ハンウル出版社) 1998.

총무처 (総務処)『대한민국 정부조직 변천사 (大韓民国政府組織変遷史)』総務処 1988.

최경수 (崔慶株)「사회통의 과제와 저소득층의 향상」(社会統合の課題と低所得層の増加)、韓国開発研究院『경제위기 10 년』(経済危機以降 10 年) 2008.

최돈민역 (Choi donmin 訳)『OECD 교육정책 분석、평생학습 정책을 중심으로』(OECD 教育政策の分析、生涯学習政策を中心に) 대통령자문 교육인적자원 정책위원회 (大統領諮問機関、教育人的資源政策委員会) 2000.

최돈민 (Choi Donmin)『한국의 평생교육 수준 진단 : OECD 국가를 중심으로』(韓国の生涯教育水準診断) 한국교육개발원 (韓国教育開発院) 2004.

최돈민・양흥권・이세정 (Choudonmin・Yanghunggwon・Leesejung)『한국성인의 평생학습 참여 실태 조사』(韓国成人の平生学習の参加実態調査) 한국교육개발원 (韓国教育開発院) 2005.

최상용외 (Choi Sangyong 他)『현대한국정치와 국가 (現代韓国政治と国家)』법문사 (法文社) 1986.

최운실편역 (Choi unsil 編訳)『OECD 의 평생학습 실현을 위한 정책과 방향』(OECD の平生学

習の実現のための政策と方向）한국교육개발원（韓国教育開発院）1995.

최운실（Choi Unshil）他『한국 사회교육의 과거・현재・미래 탐구（韓国社会教育の過去・現在・未来探求）』한국교육개발원（韓国教育開発院）1993.

최운실, 권두승他,『生涯教育の法的制度及び行政支援体制の構築方案研究』教育部学術支援　政策研究、1999.

최은영（choi unyoung）「학력자본 재생산의 차별화와 빗장도시의 형성」（学歴資本の再生産の差別化と貧困都市地区の形成）『대한지리학회지』Vol.39.(3) 2004.

최장집（崔章集）編『한국현대사（韓国現代史）』열음사（Yulumsa）1985.

최장집（崔章集）편『한국자본주의와 국가』（韓国資本主義と国家）한울（Hanul）1985.

최장집（崔章集）「과제：성장국가의 형성과 정치균열의구조（課題：成長国家の形成と政治亀裂の構造）」『한국사회연구（韓国社会研究）』（第 3 集）한길사（Hangil-sa）1985.

최장집（崔章集）『민주화 이후의 민주주의－한국민주주의 보수적 기원과 위기（民主化以降の民主主義―韓国民主主義の保守的起源と危機）』フマニタス 2005.

최재만（Choi jaeman）「문맹퇴치교육에관하여（識字教育に関して）」『문교월보（文教月報）』（第 49 号）1959.

하봉운（Ha boungun）「지방분권시대 지역간 교육격차 실태 및 개선 방안 연구：서울시를 중심으로」（地方分権時代の地域間教育格差の実態および改善方案の研究）『교육행정학연구』8(2) 2005.

학원의 설립 운영에 관한 법률안（学院の設立・運営に関する法律案）第 719 号（1975.12.31）

한국교육개발원（韓国教育開発院）『새마을교육의 이론과 실제』（セマウル教育の理論と実際）1973.

한국교육개발원（韓国教育開発院）編『한국교육평론（韓国教育評論）』2000.

한국교육개발원（韓国教育開発院）編『2002 한국교육평론（2002 韓国 教育評論）』2002.

한국교육개발원 평생교육센터（韓国教育開発院生涯教育センター）編『국가경쟁력 강화 평생 교육이 해법이다』（国家競争力の強化、生涯教育が解決策である）한국교육개발원（韓国教育開発院）2004.

한국교육개발원（韓国教育開発院）『KEDI 교육정책포럼－교육격차 무엇이 해법인가？』（KEDI 教育政策フォーラム：教育格差何が解法なのか）2006 年 5 月.

한국 교육 십년사 간행회（韓国教育十年史刊行会）編『한국 교육 십년사（韓国教育 十年史）』풍문사（Pungmunsa）1960.

한국교육학회（韓国教育学会）『교육학연구』（教育学研究）1999.

한국경제학회（韓国経済学会）編『한국사 시대구분』（韓国史の時代区分）서울（ソウル）을유문화사（Ulyumunhwasa）1991.

한국 기독교 사회문제 연구원（韓国キリスト教社会問題研究院）編『한국사회 변동연구（韓国社会の変動研究）』민중사（Minjungsa）1984.

한국농어촌 사회연구소（韓国農漁村社会研究所）編『한국자본주의와 농촌사회（韓国資本主義

と農村社会)』사회문화연구소 (社会文化研究所) 1991.
한국방송통신대학교 (韓国放送通信大学)『대학생활안내 (大学生活案内)』1972.
한국방송통신대학 (韓国放送通信大学)『방송대학 20년사 (放送大学 20年史)』1992.
한국방송통신대학교 (韓国放送通信大学)『한국방송통신대학교 발전계획 1996-2000 (韓国放送通信大学の発展計画 1996-2000)』1998.
한국사회교육협회 (韓国社会教育協会)『한국사회교육연구 (韓国社会教育研究)』1985.
한숭희 (Han Sunghee)『평생교육론 (生涯教育論)』学志社 2004.
한양대학교 평생교육원 (漢陽大学校生涯教育院)『평생교육과정 안내 (生涯教育課程案内)』1987.
현대중공업연수원 (現代重工業研修院)『現代重工業セマウル教育の実施報告書』1979.
홍대식・홍동식 (洪大植・洪東植)「새마을교육의 실천방안」(セマウル教育の実践方案)『調査研究』(第16集) ソウル、韓国教育開発院、1974.
홍대식・이지영 (洪大植・李枝榮)「새마을교육의 실태와 사회심리학적 요인에 관한 연구」(セマウル教育の実態と社会心理学的要因に関する研究)『研究報告』(第6号) 韓国教育開発院、1973.
홍선이 (Hong suni)『양극화 해소를 위한 전문대학에서의 소외계층의 직업교육 지원 방안』(両極化の解消のための専門大学における疎外階層のための職業教育支援方案) 교육인적자원부 (教育科学技術部) 2006.
황인정 (In-jeong Hwang)『행정과 개발 (行政と開発)』서울대학교출판부 (ソウル大学出版部) 1970.
홍익대학교 (弘益大学校)『입학안내 (入学案内)』1984.
황종건 (Hwang Jonggun)『한국 사회교육 (韓国の社会教育)』교육과학사 (教育科学社) 1985.
황종건 (Hwang Jonggun)『향토학교 건설의 문제점 조사연구 (郷土学校建設の問題点と調査研究)』중앙교육 연구소 (中央教育研究所) 1963.

(雑誌・政府機関資料)
교육부 (教育部)『生涯教育白書』1998.
교육부 (教育部)『生涯教育白書』1999.
교육부 (教育部)『生涯教育白書』2000.
교육부 (教育部)『生涯教育法令解釈資料』2000.
교육부 (教育部)『93 교육정책 추진성과와 과제 (93 教育政策の推進成果と課題)』1994.
대한민국정부 (大韓民国政府)『행정백서 (行政白書)』1981.
대한민국정부 (大韓民国政府)『행정백서 (行政白書)』1982.
『새한 (Saehan)』창간호 (創刊号) 1946.12.
문교부 (文教部)『文教統計年報』1951年

문교부（文教部）『文教統計年報』1952 年
문교부（文教部）『文教統計年報』1953 年
문교부（文教部）『文教統計年報』1954 年
문교부（文教部）『文教統計年報』1955 年
문교부（文教部）『文教統計年報』1956 年
문교부（文教部）『文教統計年報』1957 年
문교부（文教部）『文教統計年報』1958 年
문교부（文教部）『文教統計年報』1959 年
문교부（文教部）『文教統計年報』1960 年
문교부（文教部）『私設講習所に関する法律案』（第 719 号）1961.
문교부（文教部）「향토학교란？」（郷土学校とは）『郷土学校建設資料』（第 1 号）1961.
문교부（文教部）『문교통계년보（文教統計年報）』1966.
문교부（文教部）『文教統計年報』1971 年
문교부（文教部）『文教統計年報』1972 年
문교부（文教部）『文教統計年報』1973 年
문교부（文教部）『文教統計年報』1974 年
문교부（文教部）『文教統計年報』1975 年
문교부（文教部）『文教統計年報』1976 年
문교부（文教部）『한국교육 30 년（韓国教育の 30 年）』1980.
문교부（文教部）『문교행정（文教行政）』1983 年 1 月号。
문교부（文教部）『문교통계연보（文教統計年報）』1984 年
문교부（文教部）『文教部予算概要』1985 年
문교부（文教部）『문교통계연보（文教統計年報）』1985 年
문교부（文教部）『文教部予算概要』1986 年
문교부（文教部）『문교통계연보（文教統計年報）』1986 年
문교부（文教部）『文教部予算概要』1987 年
문교부（文教部）『문교통계연보（文教統計年報）』1987 年
문교부（文教部）『文教部予算概要』1988 年
문교부（文教部）『文教 40 年史』文教部 1988.
문교부（文教部）『문교통계연보（文教統計年報）』1988 年
문교부（文教部）『文教部予算概要』1989 年
문교부（文教部）『문교통계연보（文教統計年報）』1989 年
문교부（文教部）『문교통계연보（文教統計年報）』1990 年
문교부（文教部）『教育白書』1990.
http://www.sen.go.kr/homepage/index a.html（ソウル特別市教育庁のホームページ）
한국은행（韓国銀行）「経済成長と国民所得統計の推移」、『韓国銀行経済統計システム ECOS』

(http://ecos.bok.or.kr/) 2007年10月

(新聞)
『동아일보 (東亜日報)』 1946年5月24日
『동아일보 (東亜日報)』 1946年5月29日
『동아일보 (東亜日報)』 1946年6月13日
『동아일보 (東亜日報)』 1946年7月24日
『동아일보 (東亜日報)』 1947年4月26日
『자유신문 (自由新聞)』 1947年12月12日
『한국교육신문 (韓国教育新聞)』 1998年3月25日
『한국교육신문 (韓国教育新聞)』 2006年6月5日
『한국경제신문 (韓国経済新聞)』 2003年4月2日
『한성일보 (漢成日報)』 1946年3月10日
『한성일보 (漢成日報)』 1946年5月29日
『한성일보 (漢成日報)』 1946年9月1日

英語

Alice, Amsden, *Aisa's Next Giants: South Korea and Late Industrialization*, New York, Oxford University Press, 1989.

Cho, In-won, *The Politics of Industrialization in South Korea*, Dissertation of Pennsylvania University, 1988.

Chung, Chung-kihl, *The Ideology of Economic Development and Its Impact on Policy Process*, The Korean of Policy Studies, Vol.1, 1986.

Cole,David& N. Lyman, Princenton, *Korean Development : The Interplay of Politics and Economics*, Cambridge, Harvard University Press, 1971.

Department of Education, Bureau of Culture, R.G. 332, Box36.

Coleman, J. *Equality of Educational Opportunity*, Wachington, D. C. Government Printing Office, 1966.

G. H. Q. US Army Forces, Pacific Office of Commanding General Yokohama, Japan, 7. September 1945, Proclamation No.1 "*To the People of Korea*" 「Official Gazette United States Army Military Government in Korea Vol.No.1」Sept, 1945-Sept, 1946, Part Ⅰ.

G. H. Q. U・S Army Forces, *Regulation of Political Parties*, Ordinance Number 55, 23 February 1946, 「Official Gazette United States Army Military Government in Korea Vol.No.1」, Sept, 1945-Sept, 1946, Part Ⅰ.

G. H. Q. U・S Army Forces, *Summation of No.4. Non-Military in Japan and Korea for the*

Month of January, 1946.

G. H. Q. U・S Army Forces, *Summation of U・S Military Government Activities in Korea* Vol.1. No.1-4., 1946.

G. H. Q. U・S Army Forces, *Summation of U・S Military Government Activities in Korea* Vol.4. No.22-26., 1946.

G. H. Q. U・S Army Forces, *Summation of U・S Army Military Government Activities in Korea* Vol.2. No.5-16, 1946.

G. H. Q. U・S Army Forces, *Sub-report for Korea Education Commission General Education21*, January, 1946.

G. H. Q. U・S Army Forces, *Education in South Korea (Summarized by Dr.H. G. Underwood*, 1947.6.

History of Adult Education Under United States Army Military Government in Korea, R. G. 332, Box35.

Ho, Sameul P. S., Rural-Urban Imbalance in South Korea in the 1970s, Asian Survey, Vol.19. No.7, July, 1979.

Koo, Hagen, *The Interplay of State, Social Class, and World System in East Asian Development: The Cases of South Korea and Taiwan* in Frederic C. Deyo (ed.), *The Political Economy of New Asian Industrialism*, Ithaca, Cornell University Press, 1987.

Koo, Hagen, The Political Economy of Income Distribution in South Korea: The Impact of the State's Industrialization, World Development, Vol.12, No.10, 1984.

Kim, Eunmee, *Big Business, Strong State: Collusion and Conflict in South Korean Development, 1960-1990*, State University of New York Press, 1998.

Kim, Kwang-Suk& Roemer, Michel, *Growth and Structural Transformation*, Cambridge, Harvard University Press, 1979.

Lee, Chae-Jin, South Korea: Political Competition and Government Adaptation, Asian Survey, Vol.12. No.1 Jan, 1972.

Lee, Young Jo, *Legitimation, Accumulation, and Exclusionary Authoritarianism*, Dissertation of Harvard University, 1990.

Lim, Youngil, *Government Policy and Private Enterprise : Korean Experience in Industrialization*, Berkely, Institute of East Asian Studies, University of California, 1981.

Meade, E. G., *American Military Government in Korea*, New York, Kings Crown Press, 1951.

Migdal, Joel S., Strong Societies and Weak State : State-Society Relations and State Capabilities in the Third World, Princeton University Press, 1988.

Moon, Pal-yong, *The Saemaul (New Community) Movement (1971)* in Lee-jay Cho and

Yoon-hyung Kim (eds.) *Economic Development in the Republic of Korea ; A Policy Perspective*, Hawaii, An East-West Center Book, 1991.

Myrdal, Gunner, *Asian Drama : An inquiry into the poverty of nations*, Vol.Ⅲ, New York Pantheon. 1968.

Ordinance Number6, 29 September 1945.「Official Gazette United Army Military Government in Korea」.

Park, Jin-Hwan, *Introduction in Chung Hee Park, Saemaul : Korea's New Community Movement*, Seoul, The Secretariat of the President, 1979.

Rhee, T. C., *South Korea's Economic Development and its Socio-Political Impact*, Asian Survey, Vol.13. No.7. July, 1973.

Stephan, Haggard&Moon, The State, Politics, and Economic Developmen in PostWar South Korea, in Koo, Hagen ed. *State and Society in Contemporary Korea*, Cornell University Press, 1993.

Yi, Man-gap, *Socio-cultural Aspects of the Community Development Movement in Korea*, Korea Journal, Vol.13, No.1 (Jan, 1973).

日本語

李正連『韓国における社会教育の起源と変遷に関する研究―大韓帝国末期から植民地時代までの近代化との関係に注目して―』大学教育出版　2008.

金侖貞「韓国生涯教育におけるパラダイム転換とその課題」、東京大学大学院教育学研究科生涯教育計画講座社会教育学研究室紀要『生涯学習・社会教育学研究』第29号　2004.

隈本繁吉「教化意見書」、『日本植民地教育政策資料集成』（第69巻）竜渓書舎　1991.

小林良彰・任燐伯編『市民社会における政治過程の日韓比較』慶応義塾大学出版会　2006.

新海英行・牧野篤編『現代世界の生涯学習』大学教育出版　2002.

朝鮮総督府編『施政二十五年史』朝鮮総督府　1935.

朝鮮総督府『施政三十年史』朝鮮総督府　1941.

朝鮮総督府学務局「朝鮮社会教育要覧」、『日本植民地教育政策資料集成』（第51巻）竜渓書舎　1991.

辻中豊編『現代韓国の市民社会・利益団体－日韓比較による体制移行の研究』木鐸社　2004。

山田三郎『韓国工業化の課題』アジア経済研究所　1971.

尹敬勲「韓国における生涯教育法の推進と課題」、日本社会教育学会編『社会教育関連法制の現代的検討』（第47集）東洋館出版社　2003.

尹敬勲『韓国の国家発展と教育』ブーツソリューション　2005.

魯在化「韓国の地方分権と自治体生涯教育の展望」、日本社会教育学会編年報『地方分権と自治体社会教育の展望（第44集）』東洋館出版社　2000.

謝　　辞

　本書は、東京大学大学院教育学研究科の博士論文（「解放」以降韓国における 社会教育（生涯教育）政策の展開　―社会教育・生涯教育政策の歴史的性格と構造的特質に関する考察を中心に―）をまとめたものである。博士論文を執筆するにあたり、激励とご指導、ご鞭撻を頂いた東京大学大学院教育学研究科教授牧野篤先生と白石さや先生に感謝申し上げます。そして、審査において、貴重なご助言を頂いた東京大学大学院教育学研究科根本彰先生、川本隆史先生、勝野正章先生と名古屋大学の李正連先生に心より感謝申し上げます。そして、研究を進めるにあたり、ご支援、ご協力してくださった数佐尚美氏と野口文氏にも心より感謝申し上げます。そして、研究成果を出版するに向けてご尽力頂いた佐藤守氏にお礼を申しあげます。

　最後に、日本に留学し、勉強するにあたり、物心両面で支えてくれた父と母に心から感謝の言葉を送りたいと思います。

■著者紹介

尹　敬勲（ユン　ギョンフン）

東京大学大学院教育学研究科博士課程単位取得退学（博士：教育学）
早稲田大学大学院アジア太平洋研究科博士課程修了（博士：学術）
現職　流通経済大学法学部専任講師

韓国の教育格差と教育政策
― 韓国の社会教育・生涯教育政策の歴史的展開と構造的特質 ―

2010年3月10日　初版第1刷発行

■著　者――尹　敬勲
■発 行 者――佐藤　守
■発 行 所――株式会社 大学教育出版
　　　　　　〒700-0953　岡山市南区西市 855-4
　　　　　　電話 (086) 244-1268　FAX (086) 246-0294
■印刷製本――モリモト印刷㈱

© Kaeunghun Yoon 2010, Printed in Japan
検印省略　　落丁・乱丁本はお取り替えいたします。
無断で本書の一部または全部を複写・複製することは禁じられています。
ISBN978-4-88730-960-9

好評既刊本

韓国社会教育の起源と展開
―大韓帝国末期から植民地時代までを中心に―
李　正連　著
ISBN978-4-88730-779-7
定価 2,940 円（税込）
社会教育概念の導入から植民地下の社会教育政策まで、教育史を多角的に検討。

シカゴにおける学校と社会
ジョージ.S.カウンツ　著
中谷　彪／伊藤良高／藤本典裕／佐伯知美　訳
ISBN4-88730-629-6
定価 2,310 円（税込）
シカゴにおける教育に影響を及ぼす社会的諸勢力の動向を紹介する。

フランス教育の伝統と革新
フランス教育学会　編
ISBN978-4-88730-899-2
定価 2,625 円（税込）
フランスの教育の思想・内容・歴史的基盤など全体にわたって紹介。

中国少数民族教育政策文献集（1950～1997）
金　龍哲　編訳
ISBN4-88730-271-1
定価 5,250 円（税込）
中国政府の少数民族教育政策に関する文書をまとめた貴重な文献集。